JN079936

大阪経済大学研究叢書第94冊

「スポーツがつくる未来」

30年後のあなたの地域と社会

相原 正道・大島 良隆 ［著］

晃洋書房

は じ め に

　本書は，『スポーツがつくる未来——30年後のあなたの地域と社会——』と銘打っている．我ながら，大それたタイトルをつけてしまったものだ．しかし，スポーツに携わる者として避けられない課題だと認識している．遠過ぎず近過ぎない未来となるため，敢えて30年後に設定させていただいた．自分自身が書いていることを今後検証していくことができるからである．

　日本は，経済停滞，少子高齢化と人口減少，世代間の負担格差，地方の衰退，子どもの貧困，経済格差，都市への人口集中，気候変動，経済安全保障リスクなどといった多くの社会問題に直面している．課題先進国である日本の現状を把握し，スポーツを通じた未来を検討していくことに価値があるのではないかと考えた．課題先進国である日本だからこそ，イノベーションを駆使して課題分野の解決に重点的に取り組むべきである．

　一方，日本のスポーツは，世界的なスポーツイベントの開催，スポーツ庁の活動，Jリーグ・Bリーグの方針などもあり，国内のスタジアム・アリーナの整備が進んでいる．従来「いかに良いスタジアム・アリーナをつくれるか」という建設フェーズが重視されてきたが，現在は「どうスタジアム・アリーナで収益をあげて，地域に貢献するか」という運営重視型へようやく移行してきた．運営重視型のスタジアム・アリーナを核とした地域貢献を実践していくならば，サービス提供者である事業者・団体の収益向上はもちろん，自治体による都市運営の効率化，市民生活における質の向上，および，社会・環境の改善などを創出しなければならない．

　スポーツは，運動効果，医療費削減，防災や防犯，環境教育を含めた社会問題啓発効果，コミュニケーション効果など，社会価値・経済価値・環境価値・教育価値が創出できる社会資源装置の機能を果たしていくべきだ．

　日本のスポーツ界は，スポーツの価値を効果的に活用し，イノベーションを駆使して課題解決に重点的に取り組むべきである．課題先進国である日本の独自ソリューションが世界でも必要とされる日がきっとやってくる．スポーツも競争力の高い将来の輸出産業になることが期待できる．

　本書は，3部からなる13章で構成している．幅広いスポーツの知見を網羅するため，多岐に及ぶ構成となっている．また，スペインのFCバルセロナ，ドイツのバイエルン・ミュンヘン，英国のロンドンオリンピックパーク，米国NYのマディソン・スクエア・ガーデン，西海岸ではサンフランシスコ49ers，シリコンバレーにあるGoogle，スタンフォード大学，スポーツメーカーとしてはNIKEとadidasなどへのインタビュー調査や海外視察の内容を盛り込んでいる．

　スポーツから未来を見ていくために，先ずは人口減少から見ていく．世界は今世紀半ば以降，20世紀の人口爆発から一転して，人口減少に直面する．人口は経済や社会，軍事などあらゆる分野の土台となってきたが，この構造は大きく揺らぐことになる．

　国立社会保障・人口問題研究所の長期推計では，日本の人口は2053年には1億人を割り込み，2100年には6118万人と現在の1億2570万人と比べて，ほぼ半減することになるという．日本は「縮小する国家」という現実にどう抗うのか．出生率の低下，人口政策，および，教育費の負担増などにより構造変化が起こっている．

　政府は子どもを持ちたい人の希望がすべて叶った場合の出生率1.8（希望出生率）を少子化対策の目標としている．だが，仮に1.8を実現しても人口減少が続くことに変わりない．少なくとも政府の対策が効果を発揮するまでには長い時間を要するため，向こう数十年間における日本の人口減少は確定的だ．日本は人口減少を前提とした社会を覚悟を持って模索していかなければならない．

　そこで，第1章では，「スポーツを核とした教育の未来」について述べている．「縮小する国家」という現実にどう抗うのか．日本は出生率の低下や教育費の負担増など構造変化を示すデータを検証し人口政策を探っている．

　国連における人口予測から推測して，21世紀における人口減少社会における世界の現状を鑑みている．人口減少社会における未来をデータ検証したのちに，幼少期におけるスポーツの未来とスポーツ環境の未来を予測している．特に，ニュースポーツであるランバイクやアーバンスポーツに焦点を当てている．未来を担う子どもたちの教育こそが国の根幹である．

　次に，第Ⅰ部として「スポーツを核としたDXの未来」とした．グローバル化とデジタル化が進展する世界において，人工知能（AI）やあらゆるモノがイ

ンターネットでつながるIoTなどを核とする第4次産業革命やSociety5.0が日本の成長戦略の鍵になることは間違いない．

　そこで，第2章として「第4次産業革命におけるスポーツファクトリー」，第3章として「スポーツDXの未来」を取り上げた．人口減少による人手不足の解決策は，4つしかない．働く女性を増やす，働く高齢者を増やす，日本で働く外国人を増やす，生産性を上げることだ．今の日本は総じて踏み込みが甘い．日本の現状を俯瞰して鑑みないことには何も始まらない．そこで，第4章として「日本におけるスポーツDXの可能性」についてまとめている．

　第Ⅱ部では「スポーツによる地域・社会の可能性」について最先端事例を含めて記述している．2014年に始まった政府の地方創生政策は2020年度より第2期に入っている．2019年6月に公表された「まち・ひと・しごと創生基本方針2019」では「新たなビジネスモデルの構築等による地域経済の発展」「海外から稼ぐ地方創生」「Society5.0の実現に向けた技術の活用」「スポーツ・健康まちづくりの推進」という4つの観点から，地方都市における質を高めるエンジンとして重要視している．スポーツや健康が都市の発展にどのように関わっていくかは重要な課題となっている．少子高齢社会が到来した日本において，デジタル化により促進されたグローバル社会を効果的に活用することがより重要となってきている．

　5G時代が到来し，高速で大容量なビッグデータが出現した今，Society5.0の実現に向けた技術の活用は，都市のデジタル化において幅広いテーマが想定される．「デジタル×まちづくり」に関する背景として，今までの取組みとの親和性，および市場性からスポーツ・観光・交通・健康・教育をキーワードとして検討していかなければならない．目指すべき都市×デジタルの姿として，都市の基盤および環境整備，地元企業の新規ビジネス創出，最終的には，地元企業の雇用拡大，観光客増加，地域の知名度・魅力向上につなげていく．地域でスポーツを享受する住民を中心とした住民主導型のまちづくりが可能となれば，Society5.0の実現に向けた技術を活用して地域住民の医療費削減を促進することが可能となる．

　そこで，第5章「スポーツによるまちづくりの必要性」，第6章「スポーツまちづくりの動向」，第7章「大規模スポーツイベントとまちづくり」，第8章「スポーツを核としたまちづくりモデル」として，KPMGコンサルティング株式会

社の大島良隆ディレクターが，これまでのスポーツ関連事業におけるご経験から幅広い知識を元に論述している．

　スポーツは，運動効果，医療費削減，防災や防犯，環境教育を含めた社会問題啓発効果，コミュニケーション効果など，社会価値・経済価値・環境価値・教育価値が創出できる社会資源装置の機能を果たしている．スポーツの特性を最大限活かすことができれば，効果的な地域創生プロモーションとなる．スポーツ庁が実施したスポーツを核としたテクノロジーや新たなスポーツビジネス等の創出に向けた動向調査では，スポーツビジネスの発展に向けた融合分野として，Fintech，データ／AI活用，IoT／ウェアラブル活用，AR（拡張現実）／VR（仮想現実）活用，映像コンテンツ活用，観光，医療・健康などに期待が寄せられていることが明らかになっている．特に，医療・健康，観光との親和性の高さがうかがえる．

　そこで，第Ⅲ部としては「スポーツを核とした地域の未来」とし，第9章「世界と日本のスポーツマネジメント比較」，第10章「NIKEのスポーツマーケティングとDX戦略」，第11章「地域スポーツにおける地方創生」，第12章「ガバナンス変革が求められる日本の大学経営と人材育成」，第13章「デザイン経営とアート支援におけるスポーツ文化」と，多岐に及ぶ幅広い話題を提供しながら，大学生にも理解しやすいよう論述した．

　「スポーツがつくる未来」が30年後のあなたの地域と社会にとってより良きものになることを切に願っている．

　　2023年11月5日　阪神タイガースが38年ぶり2度目の日本一になった日

　　　　　　　　　　　　　大阪経済大学　相 原 正 道

目　　次

第1章

スポーツを核とした
教育の未来

1 人口減少社会における未来

　今，我々は歴史に残るターニングポイントに立っている．眼前には新型コロナのパンデミックやデジタル革命，地球環境問題，働き方改革など，社会変革を促す条件が抽象的に揃っている．企業のあり方や教育などの社会システムを創造的破壊 (Creative destruction) する最大のチャンスである．成熟した社会は容易には崩壊しない．だが，このままでは人口減少・超高齢化という社会構造の変化とともに，経済は確実に下降していく．その過程で成長を望む人や企業は活躍の舞台をグローバルに求めるだろう．そうなると，日本国内は加速度的に空洞化する．こうした社会変革に対応するために，社会の破壊的変革をリードできる人材を輩出していかなければならない．現代社会において新たな価値を創造し続けられるような循環社会を構築するためにも生産性の向上はもちろん，教育が重要となることは間違いない．

　国連は2019年以来，3年ぶりに世界の人口推計を改定した．国連が2022年7月11日に発表した推計によると，世界的な少子高齢化や新型コロナウイルスの影響で，世界人口の増加率は2020年に初めて1％を割り込み，2022年は0.38％まで落ち込んだ．1％割れが明らかになったのは今回が初めてである (**図1-1**)．

　産業革命を経て世界人口は1900年の16.5億人から100年間で約4倍に急増し，20世紀の繁栄の基盤となってきた．2086年に104億人でピークを迎えると国連は予測している．前回推計ではピークは2100年の109億人としていたが，大幅に前倒した数値となっている[1]．

　これまで主要な働き手である生産年齢人口 (15から64歳) の比率が高い「人口ボーナス」が経済成長の重要な源泉だったが，急速な少子高齢化で好循環は幕を下ろそうとしている．人類史上でも特異な20世紀の経済成長を支えてきた人口爆発は間もなく終焉を迎えることになる．

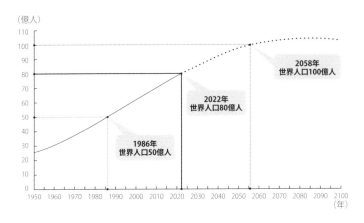

（億人）

2058年
世界人口100億人

2022年
世界人口80億人

1986年
世界人口50億人

1950 1960 1970 1980 1990 2000 2010 2020 2030 2040 2050 2060 2070 2080 2090 2100
（年）

図1-1　世界の人口推移

（出所）国連経済社会局（UNDESA）人口部「世界人口推計2022年版」.

中国の人口減少とインド・アフリカの台頭

　人口規模が世界最大の中国も長年の一人っ子政策などが響いて2022年から人口減少に転じ，2023年にはインドと逆転した．14億人という世界最大の中国市場はグローバル経済の場を創出してきたが，中国の人口は減少している．2019年の前回推計では2032年から中国の人口が減り始めると見積もったが，10年前倒しすることになってしまった．2050年時点で13億1200万人，2100年には7億6600万人に減少する．それぞれ前回推計より9000万人，3億人下ぶれした．中国の人口増加と急速な都市化は2001年の中国の世界貿易機関（WTO）の加盟もあって，世界の経済成長を押し上げてきた．今後は都市化に移り住む人も高齢化し経済を押し上げる力は弱まってくる．

　2023年にはインドの人口が中国を抜いて世界最大となった．しかし，インドも2063年の17億人弱でピークを迎える．その後，人口増加が目立つのはアフリカぐらいだ．ただインドやアフリカは経済育成や雇用拡大が人口増加に追いつかない恐れがあり，中国のように世界経済を牽引することは期待しにくい．

　現在，アフリカの人口は13億人．国連人口基金の予測では2025年には25億人になり，世界の総人口の4分の1を占めている．人口で台頭するアフリカ地域の中でもサハラ以南のアフリカは既に欧州・北米と同じ人口規模に達しており，人口増加率も2.5%と高い．2022年から2050年にかけて，同地域の人口はほぼ倍

増し，2040年代後半には20億人を超す．2100年には40億人になるとの推計が示されている．2022年から2050年までの世界人口の増加の半分以上は，コンゴ民主共和国，エジプト，エチオピア，インド，ナイジェリア，パキスタン，フィリピン，タンザニアの8カ国に集中すると国連は推計している．中でもコンゴ民主共和国とタンザニアは2022年から2050年にかけ，年率2から3％台の人口増加が予想されている．世界全体の人口増加は鈍っているが，世界全体の合計特殊出生率は1960年代に5.3まで高まり，人口爆発が懸念されたが，衛生環境や医療の整備，家族計画の普及などで出生率は低下を続け，2.3まで下がった．サハラ以南のアフリカは依然4を上回るが，北アフリカ・西アジアで2.8，中央・南アジアで2.3と，人口が長期的に増えなくなる置換水準の2.1に近づいている．出生率が低下しても高齢化には時間がかかるため，労働に適した年齢の人口が全体に占める割合が高まる．いわゆる「人口ボーナス」の局面だ．サハラ以南のアフリカの大半の国，アジア・ラテンアメリカ・カリブ海諸国の一部は人口構成が成長に追い風となる．

　人口ボーナスは日本の高度成長や東アジアの急速な発展を後押しした．国連の報告書は「良好な年齢分布による利益を最大化するために，すべての年齢層でヘルスケアと質の高い教育への機会を確保するとともに，質の高い雇用に，人的資本の発展に投資すべきだ」と強調する[2]．

　2022年8月27・28日，チュニジアで第8回TICADアフリカ開発会議が開催された．1993年にスタートしたTICADは日本政府が主導して開催された会議で，日本の対アフリカ外交の基軸である．今回のTICADでは「人への投資」「成長の質」を重視しつつ，今後3年間で官民総額300億ドル（約4兆円）の資金をアフリカに投入することなどを決定した．人口が急増するアフリカには「希望と不安」が混在している．アフリカ各国に民主主義がしっかりと根付き，経済成長によって所得が向上する．アフリカの消費経済の拡大は世界経済に大きく貢献してくれる．アフリカで民主主義が育ち，経済が発展することは，日本にも大きなチャンスが広がっていく．

　ただ，アフリカが世界経済の牽引役となれるかどうかは不透明だ．マリは8人に1人，ニジェールでは2.5％しか高等学校相当の教育を受けていない．ケニアは42％が高校を卒業しており，同地域の中では経済発展への期待が高いが，それでもインフラや教師の不足が慢性化している．最悪なシナリオがあるとするならば，貧困によるテロ，難民の多発，感染症が蔓延．気候変動の影響を受

け農業が壊滅すれば，食糧難や飢餓．民主主義が育たず政治，社会が不安定になれば，40億人のアフリカ大陸は暗黒の大陸となってしまう．

今後は少ない働き手の多くが高齢者を支える「人口オーナス」という逆風における国が増え，これまでのような経済発展を続けるのは難しくなる．自動化や人工知能（AI）の活用などで生産性を高め，人口増加に頼らない成長モデルを示した国が国際社会の新しい主役になるだろう．日本はどうなるのだろうか？

人口減少におけるスウェーデンの政策

人口減少は世界共通の課題だ．人口減少が加速する中，対策に乗り出し成果を上げている国がスウェーデンである．スウェーデンの出生率は大恐慌の1930年代当時，世界最低水準とも言われる1.7程度まで落ち込んだ．しかし，「多産多死」から「少産少死」への政策転換が進んだ．国の政策を変えたのがノーベル賞経済学者であるダンナ＆アルバ・ミュルダール夫妻が，出生率を再び高めるためにどうすべきかを示した共著『人口問題の危機』（1934年）である．

当時，多くの女性が働くようになり，それが少子化の原因になっているとみなされていた．働く女性が仕事を辞めず出産しないことを問題視し，出産率低下の責任は女性にあるとされていた．当時の世論は「女性の自由を制限してでも人口増につなげるべきだ」，「人口減は人々の生活水準を高めるので歓迎だ」と二分していた．ミュルダールはどちらの主張も批判し，働く女性が子どもを生み育てるのが難しい社会構造に問題があると主張した．政府が補助金を投入し質の高い公的な保育サービスを提供すべきだという考えである．未来の労働者である子どもに投資するのは，国の未来への投資とみなした．これが現代におけるスウェーデンの家族政策の礎となっている．

政府は人口問題の委員会を立ち上げミュルダールも参加した．1938年までに17の報告書を作り，女性や子育て世帯の支援法が相次ぎ成立した．これが「スウェーデンモデル」と呼ばれる社会保障制度の基盤となっている（リビア・オラー，ストックホルム大学[3]）．1974年には世界で初めて男性も参加できる育休中の所得補償「両親保険」が誕生した．妊娠手当，子ども手当，修学手当等の支援は手厚く，大学までの授業料や出産費用も無料だ．育児給付金は育休前の収入の原則8割弱である．税負担は重いが，十分な恩恵を得られている．女性の修学率は高く，現政権の閣僚も半数が女性だ．家族支援のための社会システムは

国内総生産（GDP）比でスウェーデンが3.64%あり，ドイツ（2.18%）や日本（1.32%）をはるかに凌いでいる（**図1-2，図1-3**）.

　「90年の大計」をもってしても少子化に施行するのは簡単ではない．それでも少子化対策は未来への投資だ．「ミュルダールは特に若い層向けの福祉政策を人的資本の投資と捉え生産性を高める経済政策を兼ねると考えた．その理念は今も生きている」（藤田菜々子，名古屋市立大学）[4]．

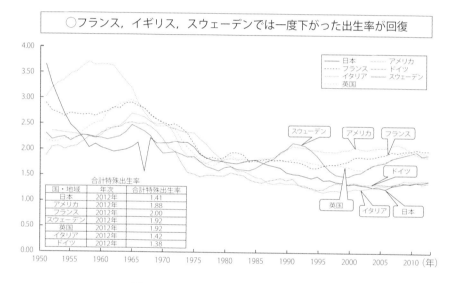

図1-2　主な国の合計特殊出生率の動き

（資料）ヨーロッパは1959年まで United Nations "Demographic Yearbook" 等，1960年以降は OECD Family database（2013年2月更新版）による．ただし，2012年の英国，イタリア，ドイツは各国の政府統計機関．アメリカは，1959年まで United Nations "Demographic Yearbook"，1960年以降はOECD Family database（2013年2月更新版）による．ただし，2012年はアメリカの政府統計機関．日本は1959年までは厚生労働省「人口動態統計」，1960年以降は OECD Family database（2013年2月更新版）による．ただし，2012年は厚生労働省「人口動態統計」．
（出所）内閣府「平成26年版少子化社会対策白書」．

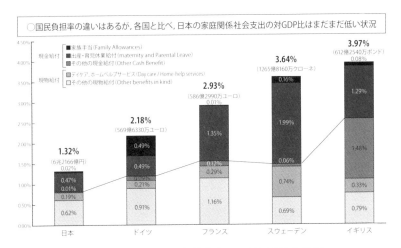

○国民負担率の違いはあるが,各国と比べ,日本の家庭関係社会支出の対GDP比はまだまだ低い状況

図1-3　各国の家族関係社会支出の対GDP比の比較

※ドイツ,フランス,スウェーデン,イギリスは2011年のデータ
　（OECD（2013),"Social Expenditure：Aggegated data",*OECDE Social Expenditure Stotistics*（database)
　2015年1月7日取得データより作成.）
※日本は2012年のデータ
（出所）国立社会保障・人口問題研究所「平成24年度社会保障費用統計」.

人口減少におけるドイツの政策

　スウェーデン以外で,合計特殊出生率が過去最低の1.26まで低下した日本の
参考になるのは「時間政策」で出生率を向上させたドイツだ.企業や社会の意
識を改革して家族で過ごす時間を増やした政策は示唆に富む.政策転換でドイ
ツの出生率はじわじわと上昇し,21年には1.58に持ち直した.多産とされる移
民の増加が大きな要因だが,ドイツ人女性の出生率も向上している.

　ドイツは1990年代,出生率が1.2台まで落ち,欧州連合（EU）のなかでも深
刻な少子化に陥った.「ナチス政権下の反省から,国家が人口政策に関与する
ことはタブー視され,歴代政権は出生率向上策に消極的だった」（横井正信・福
井大学名誉教授）という.その歴史は同じ敗戦国の日本と重なる.「男性は仕事,
女性は家庭」という伝統的な性別役割分担意識が強かったことも共通する.

　ドイツは手当給付を中心とした家族政策を2000年代に大きく変える.金銭的
支援に加え,保育所などのインフラ整備,時間の確保の3つの柱を打ち出し,
党派を超えて共有.なかでも注目すべきなのは,家族で過ごす時間を確保でき

るようにする「時間政策」だ.

　時間にゆとりが持てなければ子育ての先行きを見通せず, 子どもは増やしにくい. 独アレンスバッハ世論調査研究所の報告書によると, ドイツではここ30年で両親ともに子どもと過ごす時間が増えた. 1993年には父親の場合, 平日1.9時間だったが, 2019年には3時間に増えた. 母親も3.4時間から5.9時間に増加した.

　時間政策を具体化する仕組みの1つが「家族のための地域同盟」だ. 家族に優しい地域を目指し, 行政や地元企業, 労働組合, 教会など各機関の代表が同じテーブルに着いて話し合う. 政府や企業など参加団体が活動資金を出しており, 父子向けの余暇活動や職場復帰支援など多様なサービスを提供する. 地域主導で家族支援の方針を決め, 実際に問題解決につなげる. 家族は企業の成功の核だということを企業も共有し, 社会と企業が家族に配慮していこうという機運が高まったのである. 地域主導で家族支援を実施していくことに活路があるようだ.

　翻って日本は, 国連児童基金によると, 父親が取得できる育児休業が世界で最も長いことから育休に関するランキングはトップだ. 問題はこうした制度が使われにくい状況にある. 企業が少子化にどれだけ危機感を持ち, 家族がいる社員に配慮した働き方を提供できるかが重要になる[6].

人口減少における日本の未来

　日本も1989年に出生率が戦後最低を記録した1.57ショック以降, 少子化への意識が高まったが一貫したビジョンを持って対処してきたとは言い難い. 国家存亡の危機に際し, スウェーデンのように大胆な改革に踏みきれるかどうかが国の浮沈を左右する.

　日本の人口の推移は, 1192年頃 (鎌倉幕府成立時) に800万人程度しか存在しなかった. 現在の愛知県 (約744万人) とほぼ同じ程度である. その後, 人口は増加し, 江戸時代に3000万人程度で均衡状態となる. 江戸時代は外国との交易が限られていた鎖国の時代である. 国内で食糧, エネルギーなどが全て賄われ, 戦争もない安定していた時代だった. 国民の幸せ度が極めて高かったとも言われている [筧 2015:12].

　その後, 明治時代に突入し, 急激なペースで増え始め, 20世紀初頭に5000万人だった人口は, わずか100年で2.3倍まで急増し, 2008年に1億2808万人とピー

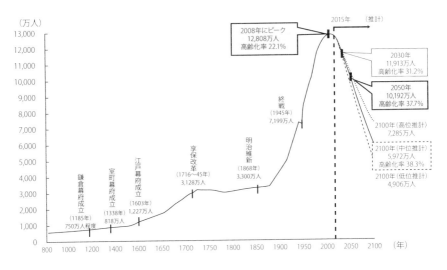

図1-4　日本の人口推移 (超長期)

（注）　1920年までは，国土庁「日本列島における人口分布の長期時系列分析」（1974年），1920年から
　　　　は総務省「国勢調査」．なお，総人口のピーク（2008年）に係る確認には，総務省「人口推計年報」
　　　　及び「平成17年及び22年国勢調査結果による補間補正人口」を用いた．2020年からは国立社会
　　　　保障・人口問題研究所「日本の将来推計人口（平成29年推計）」を基に国土交通省国土計画局作成．
（出所）　国土交通省［2020］「『国土の長期展望』中間とりまとめ 参考資料」（https：//www.mlit.go.jp/
　　　　policy/shingikai/content/001365995.pdf, 2023年11月21日閲覧）．

クを迎えた．この人口が今後100年かけてほぼ同じペースで減少し，2053年に
は1億人を割り込み，2100年には5000万人を割ると推測されている（**図1-4**）．
　少子化現象を表す指標として，女性1人が一生で産む子どもの数を表す指標
が合計特殊出生率である．戦後直後の1947年には4.54人と女性1人が5人弱産
んでいた．その後10年間で急激に減った後，1950年代後半から2.0人強で安定
していた．人口を安定的に維持するためには，合計特殊出生率が2.08が必要だ
と言われている．女性1人が一生で産む子どもの数なので，男性の分と合わせ
て少なくとも2人生まないと人口は減少してしまう．また日本の人口の増減に
は，ボリュームが大きい2つの世代が大きな影響を及ぼしている．1つは団塊
世代と呼ばれる第二次世界大戦直後生まれの世代である．もう1つはその世代
の産んだ子どもを中心とした1970年代前半生まれの団塊ジュニア世代である．
団塊ジュニア世代が生まれた第二次ベビーブームの末期，1973年より合計特殊
出生率は低下し始め，2005年に最低の1.26まで落ち込んだ．その後は1.4前後ま

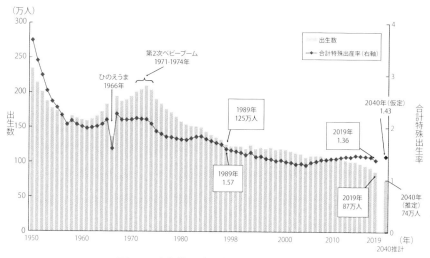

図1-5　出生数，合計特殊出生率の推移

（資料）2019年までは厚生労働省政策統括官付参事官付人口動態・保健社会統計室「人口動態統計」（2019年は概数），2040年の出生数は国立社会保障・人口問題研究所「日本の将来推計人口（平成29年推計）」における出生中位・死亡中位仮定による推計値.

（出所）厚生労働省［2020］「人口動態統計」『令和5年版 厚生労働白書』（https://www.mhlw.go.jp/stf/wp/hakusyo/kousei/19/backdata/01-01-01-07.html, 2023年11月21日閲覧）.

で若干回復したが，人口維持できる2.08には程遠い低水準にとどまっている（**図1-5**）.

　団塊ジュニア世代が生まれてすぐの1979年は国公立大入試で共通一次試験が初めて実施され，偏差値という言葉が一気に広まった．1984年に中曽根康弘内閣が設置した臨時教育審議会の「私立大にも参加を求める共通テストを実施」という答申を受けて，1990年からセンター試験が始まったことで，さらに偏差値社会が定着化した時代でもある．

　日本は経済成長が低減していき，社会経済的格差が拡大し，社会経済的移動ができなくなってきた．日本は中流意識から格差社会へと移行している．東北学院大学の神林博史によると，団塊ジュニア世代が生まれた1970年代からの日本はすでに完全な平等社会とは言えず，雰囲気を象徴する言葉だったという．社会学者の原純輔と盛山和夫は，生活上のあらゆる資源やサービスを含む広い意味での財を「基礎財」と「上級財」に分類している．豊かさが拡大する時に，早い段階で普及していくのが基礎財，後になって豊かな層から徐々に普及して

いくのが上級財である．白黒テレビ，冷蔵庫，洗濯機の「三種の神器」は1970年代までにほぼ普及し，基礎財の平等化が実現した．基礎財は耐久消費財に限定されず，例えば高校進学も基礎財とみなすことができる．1960年に58％だった高校進学率は1974年には90％を超えた．このような急激な基礎財の平等化は画期的だった．これに加えて，1970年代は所得格差が戦後で最も低い時期だったことがわかっている．高度経済成長期に生じた基礎財の平等化，平均賃金の増加，所得格差の縮小といった経験があったからこそ，冷静に考えれば疑問点の多い「中流意識・総中流・平等社会」が受け入れられたのだろう[7]．したがって，高度経済成長期に達成された基礎材の平等化や所得格差の縮小は，人々の生活に大きな影響を与えたため，このような時代の雰囲気を象徴する言葉として，中流意識や総中流は最適だった．それ以降，中流意識や総中流は日本社会を語る際の基本枠組みとなっていった．

　一般的に，生活程度や階層帰属意識は，職業・学歴・収入といった社会経済的地位が高い人ほど高めに，地位が低い人ほど低めに回答する傾向があるため関連性がある．社会経済的地位と生活程度および階層帰属意識の関連性は1950年代から1970年代にかけて弱まり，1980年代以降再び強まったことが判明している．

　1970年代以降に生じた関連の変化を単純化すると，1970年代の人々は自分の社会経済的地位の高低とあまり関係なく，上中下を回答した．そのため，中流意識と総中流を枠組みとして社会を語るのに最適であり，1970年代から1980年代に成立したのが「昭和モデル」と言われている[8]．

　日本の社会経済的な不平等度は1980年代から拡大に転じるが，多くの人々がそれを認識したのは1990年代以降であった．高度経済成長期は所得や生活水準が急激に上昇し，社会の上中下の構造や，その中での自分の位置を正確に把握するのは困難だった．このため生活程度や階層帰属の回答は曖昧なものになりがちだが，経済の低成長期には平均所得や生活水準は大きく変化せず，時間が経過するほど社会の実態と，その中での自分の位置がよくわかるようになった結果，自分の生活程度や階層帰属をより客観的に回答できるようになった．1990年代以降，相対的貧困率や生活保護率は上昇を続け，1990年代後半からはバブル経済崩壊の悪影響が誰の目にも明らかとなり，「リストラ」「中流崩壊」といった言葉が流行した[9]．

　2000年代に入って登場した「格差社会」という言葉が定着してきた．2005年

ごろから「格差社会」という言葉が広く使われるようになり，社会経済的な格差への関心が高まった．格差の進行を語る際によく参照される数値であるジニ係数，相対的貧困率，非正規雇用労働者数はいずれも1980年代から上昇している．21世紀の日本における格差の特徴は，社会経済的地位が低い人たちの増加にある[10]．

　格差が大きくなるほど，社会経済的地位の高低がもたらす有利不利も大きくなる．それゆえ地位の高い人々は自らの地位を維持または上昇させることに必死になり，地位の低い人を気遣う余裕を失いがちになる．むしろ，地位の低い人たちを怠惰な敗者として蔑視するようになるかもしれない．一方で地位の低い人々，特に自力で高い地位を得ることが困難な人は，努力が報われない社会とその支配層を憎悪するか，無気力や自暴自棄に陥ってしまう．結果として，社会は豊かな層と貧しい層の間の無理解，不寛容や分断がまん延する殺伐としたものになると予想できる．

　生活保護バッシングや貧困たたきのように，社会経済的に不利な立場にある人々に対する自己責任論的な非難が公然と行われるようになってきた．また，「下流」「底辺」「上級国民」「分断」など，社会経済的地位に関する刺激的な言葉が多く使われるようになった[11]．社会経済的地位が異なる人々の間で無理解や分断が進むとすれば，まず格差の進行を抑制する必要がある．何もしなければ格差が改善する見込みは低いため，その進行を政策的にコントロールすることが重要となる．その上で，自分と同じような社会経済的地位の人たちと交流しがちとなるため，社会経済的地位が異なる人たちと積極的に交流することが必要となる[12]．

人口減少における教育の未来

　経済協力開発機構（OECD）が実施する学習到達度調査（PISA）は，生徒の学校での成績は今なお経済・社会的背景に大きく左右されるという．OECD全加盟国で社会・経済的階層が上位25％に属する子どもは，下位25％に属する子どもより数学と読解力の成績が大幅に良い．上位25％と下位25％の差は平均して教育2年分以上に相当する．平均点が非常に高い国（例えば，数学は日本，読解力はカナダ）でさえ，下位25％に属する子ども成績は，OECD全加盟国平均を大幅に下回る．コロナ禍により教育不平等はいっそう拡大している．学校閉鎖により2021年春までの1年間で子どもたちは平均17週間，学校教育を受けられな

かった．対面授業がオンライン学習や自宅学習に切り替えられたが，学校閉鎖は子どもたちの学習に重大な負の影響を及ぼした．最も深刻な影響を受けたのは社会的・経済的に最も低い階層に属する子どもたちだ．

政府は2022年度の年次経済財政報告「経済財政白書」を公表した．新型コロナウイルス危機からの出口を探る日本経済の現状と課題を「人への投資」として解説している．経財白書は，総務省の家庭調査の個票データを分析している．コロナ禍で子育て世帯の教育・保育への支出額は落ち込んだ．2019年比で2020年は15.1%，2021年は8.3%減少した．2019年10月からの幼児教育・保育の無償化や，コロナによる臨時休園児の保育料減免などが大きい．逆に，支出が増えている項目もある．学習塾の月謝などを含む学校以外での教育費は2年連続でコロナ前を上回る．経済産業省の調査でも学習塾の売上高は2021年前半にコロナ前の水準を概ね回復している．

しかし，実態は均一ではない．世帯収入を5段階に分けた最上位層（実収入平均額が月額112.1万円）は 2021年の「幼児・小学校補修教育」への支出が2019年に比べ44%増えた．この層は「中学校補修教育」も増えている．年収の高い世帯は休校などによる学習時間を塾や家庭教師など学校外の勉強でカバーした可能性がある．

他の4段階の支出に大きな変化はない．共働き世帯で妻の休業が増えるなど，休校期間中に保護者が仕事を控えて子どもの勉強を手助けしていた傾向もうかがえる．所得が下押しされ，学校外教育を増加させる余裕の少なかった世帯もあった可能性がある．[13]

青山学院大学の耳塚寛明によると，出身家庭の経済力や文化的環境によって学力差が生まれ，難関大学への進学状況にも差が出る構図が鮮明になってきている．学力に影響を及ぼす最大の要因は学習時間でも指導方法でもなく，親の所得や学歴などの水準ということがデータの分析でわかってきた．この水準を示すのが社会経済的地位（SES）と呼ぶ指標で，文部科学省の全国学力・学習状況調査（全国学力テスト）では社会経済的地位が低い家庭の子どもほど学力が低い傾向が見られた．

社会経済的地位と小学6年の学校外での学習時間，全国学力テストの正答率の関係が典型的だ．最も社会経済的地位が低いグループが1日に3時間以上勉強した場合でも，全国学力テストの平均正答率は，最も高いグループが全く勉強しない場合よりも低かった．勉強時間の長短だけでは家庭の社会経済的地位

による差を覆すのは難しいことを示している．勉強の仕方という問題もあるが幼少期からの幅広い体験の差が影響しているのだろう[14]．

　教育は投資であるという考え方は，アダム・スミスが『国富論』で取り上げたのが最初である．1960年代には「人的資本」の概念が経済学に定着した．子どもを教育すると，知識の増加や道徳心・社会性の定着という形で「資本」として蓄積され，その成果は将来就業した場合の生産性の高さとして表れ，賃金所得の向上として実現するという考え方である．教育水準と賃金の正の相関関係は「人的資本の差」として理解されている（赤林英夫，慶応義塾大学）[15]．

　19世紀，米国の教育改革者であるホーレス・マンは，教育は「人間の状態を評価する偉大な仕組みだ」と述べた．質の高い教育をすべての人に提供すべきだとの理想を掲げ，どのような環境に生まれた子どもでも，成功する機会を平等に手にすることができると考えた．今日では多くの国の教育制度がこの理想の下に構築されている．無料の公立学校，大学への公的助成，全国統一のカリキュラムなどが代表例である．学校は「偉大なる平等化装置」と言う考え方がある[16]．学校に通うことで生まれにかかわらず高い地位を得られるというものだ．身分制の下では一部の人の能力しか活用できなかったが，より多くの人々の力を社会の発展に生かせるようになった．「本来，学歴によって地位が決まることは望ましいことだ．学歴位しか努力によって獲得できそうなものがないからだ．しかし，現在は出身家庭による不平等が大きく，それが問題になっている」と耳塚寛明（青山学院大学特任教授）はいう．低所得世帯の子は進学が困難になり，地位向上の機会が奪われるため悪循環となる[17]．

　多くの国で社会の二極化現象が見られるが，このような傾向の一因は経済の停滞，風評等の拡大，社会的移動性の低下にあると考えられる．この関係性から経済的不平等が拡大する現在の傾向は，教育の不平等をいっそう深刻化させる．そうなれば経済は原則停滞し，社会的移動性はいっそう低下することが懸念される．この悪循環を断ち切るには，教育不平等の根本的原因が何かを理解する必要がある．最近の研究は，今日の生徒に見られる不平等の多くが，学校の外で得られるリソース（資源）や教育的配慮や支援といった要素に起因することを示している[18]．

　教育不平等の拡大と社会的移動性の低下に歯止めをかける必要がある．貧しい世帯の子どもにより良い機会を与えるためにできることは数多い．幼少期に未就学児向けの質の高い保育と教育を提供し，平等化を促す仕組みとしての教

育の役割を強化することだ．幼少期のスキル形成が決定的に重要だから，すべての子どもにしかるべきリソース（資源）を提供すれば大きな効果が期待できる．

幼児教育の経済学

　OECD（経済協力開発機構）の報告書「スターティング・ストロング（人生の始まりこそ力強く）」では，経済合理性から幼児教育の重要性を指摘している．経済的に恵まれない子どもが質の高い就学前教育を受けて成長した場合，学力や持ち家比率が高くなり，生活保護受給率が低くなるというノーベル経済学賞受賞者であるジェームズ・ヘックマン教授の研究成果を取り入れている．就学前の子どもに対する教育投資効果に着目し，人的資本投資の収益率を年齢別に推計した．その研究において，子どもの年齢が小さいほど投資の収益率が高いことを明らかにしている［Heckman: 2006 ; 2007 ; Knudsen et al. : 2006］．

　ヘックマンの提唱する幼児教育は，就学前の教育に力を入れることがその後の人生の豊かさにつながるというものである．米国で実際に行われたペリー就学前プログラムとアベセタリアンプロジェクトもその研究結果を裏付けており，子どもにとって早期の幼児教育は最重要であることを結論付けている．

　1960年代に始まった幼児教育の研究プロジェクト「ペリー就学前実験」が代表的だ．3から4歳の子どもを，高い幼児教育プログラムを2年間，受講するグループと受講していないグループに分けて，約40年にわたって比較調査した．その結果，受講したグループは受講しなかったグループに比べ，高校卒業率，生活保護受給率や逮捕者率が低いという傾向が表れた．米国の特定幼稚園が対象で一概に結論付けられないが，研究結果からは就学前教育による非認知能力の重要性が認識された．幼少期に習得したスキルが子どもの長期的な成功に重要な影響を与えることが指摘されている．ここで言うスキルとは読み書きといった計算可能な認知能力ではなく，やる気や根気や頑張りといった非認知能力と分類されるものだ．

　非認知能力とは，肉体的・精神的健康，根気強さ，注意深さ，意欲，自信といった社会的かつ情動的性質と言及している［ヘックマン 2015］．

　通常，IQ（知能指数）テスト，学力テスト，OECDの生徒学習到達度調査（PISA）によるテストなどによって測定される認知スキルばかり注目されるが，実は非認知的性質もまた社会的成功に貢献しており，認知的な到達度を測定するために使われる学力テストの成績にも影響する．認知能力は，読み，書き，算

盤，IQ（知能指数），英語力などで，検定や測定における学力テストで点数（数値）化が可能だが，非認知能力は点数（数値）化が困難である．

　不平等の多くはおおむね4歳までというごく早い時期に現れる．ほとんどの国で義務教育が始まる前だ．文部科学省の提言によると，小学校に入るまでの幼児に対して行う教育が「幼児教育」に該当する．親の中には，幼児に施す英才教育を幼児教育だと考えている人がいるが，実際は幼児に行う教育全般を指す言葉である．幼稚園や保育園はもちろん，家庭や習い事教室など，様々な場面で実施されている教育はいずれも幼児教育である．幼児教育の目的は，子どもの好奇心や探求心を伸ばすことである．幼児期のうちに学習意欲を身につけた子どもたちは，生涯にわたって勉強の意欲を保ち続ける可能性が高まる．なお，幼児教育に似た言葉に「早期教育」があるが，早期教育は幼児段階から知識を吸収させ，学力向上につなげようとする試みである．幼児教育とは根本的に目的が異なっている．

　2017年には幼稚園教育要領が，2020年には小学校の学習指導要領が改定され，非認知能力を重視した内容が盛り込まれた．近年，非認知能力が重要視されるようになった背景として，「人工知能（AI）などの科学技術が劇的に革新した結果，2045年には，世界がシンギュラリティー（技術的特異点）を迎えると予想され，AIによって仕事が奪われるという危機感もあおられるようになった．また，科学や医療の進歩により，人生100年時代も間近に迫っている．これらの時代における人間の役割を考えたとき，知識偏重の教育や学歴社会で対応できなくなるのは火を見るより明らかである．さらに，コロナ禍の影響も加わり，マニュアルが通用しない，未知のものへの対応力が問われることが浮き彫りになった」と中山芳一（岡山大学）はいう[19]．

　日本の教育において，幼児教育から小学校教育への移行にも大きな課題がある．小学校に入学したての新一年生の教室が荒れる「小1プロブレム」という課題があり，現在その見直しが行われている．子どもにしっかりとした学びへの意欲があれば小学校入学へ向けた家庭での無理な準備は必要ない．しかし，入学してすぐ45分間「きちんと席について前を向き，先生の話を聞きましょう」という授業である．このような従来型の教育では，新しい環境に馴染めずこぼれてしまう子どもたちが存在した．21世紀型教育では，幼児期で大切にされてきた子どもに即した教育に準じて，緩やかに学校へ馴染んでもらうことである．子どもたちの興味・関心を引き出しながら教科学習へ向かうと，多くの子が新

図1-6　幼児期の終わりまでに育ってほしい11の姿

（出所）厚生労働省［2020］「人口動態統計」『令和5年版 厚生労働白書』（https：//www.mhlw.go.jp/
　　　stf/wp/hakus（出所）「幼児期の終わりまでに育ってほしい幼児の具体的な姿（参考例）」（https：
　　　//www.mext.go.jp/b_menu/shingi/chukyo/chukyo3/057/siryo/attach/1364730.htm, 2023年11月
　　　21日閲覧）を基に筆者作成.

しい環境へ馴染みやすい.

　幼稚園や保育所では子どもの主体的な活動がメインなのに，小学校入学が近づくと急に，席に座れるための指導をするなど，逆効果になりかねない状態が続いていた. 今回の学習指導要領改訂の趣旨は主体的で対話的で深い学びの教育への転換である. 日本の教育も，従来型教育から脱却し新しい21世紀型教育へ変換する.

　「プログラミングや英語のスタートばかりが話題となったが，「スタートカリキュラム」も大きな柱である」（大豆生田啓友，玉川大学）. その接続として，幼児期の終わりまでに育って欲しい11の姿が示され（**図1-6**），それを受けて小学校1年生がスタートする[20].

　幼児期の終わりまでに育ってほしい11の姿は，① 健康な心と体は，体を動かし様々な活動に目標を持って挑戦したり，困難なことにつまずいても気持ちを切り替えて乗り越えようとしたりして，主体的に取り込む. ② 自立心は，自分のことは自分で行い，自分でできない事は教職員や友達の助けを借りて自分で行う. ③ 協同性は，相手にわかるように伝えたり，相手の気持ちを察して自分の思いの出し方を考えたり，我慢したり，気持ちを切り替えたりしながら，分かり合う. ④ 道徳性の芽生えは，他者の気持ちに共感したり，相手の

立場から自分の行動を振り返ったりする経験を通じて，相手の気持ちを大切に考えながら行動する．⑤ 規範意識の芽生えは，みんなで使うものに愛着をもち，大事に扱う．⑥ いろいろな人との関わりは，小学生・中学生，地域の様々な人々に，自分からも親しみの気持ちを持って接する．⑦ 思考力の芽生えは，身近なものや用具などの特性や仕組みを生かしたり，いろいろな予想をしたりし，楽しみながら工夫して使う．⑧ 自然との関わり・生命尊重，公共心などは，自然に出会い，感動する体験を通じて，自然の大きさや不思議さを感じ，畏敬の念を持つ．⑨ 数量や図形，標識や文字などへの関心・感覚は，生活や遊びを通じて，自分たちに関係の深い数量，長短，広さや速さ，図形の特徴などに関心を持ち，必要感を持って数えたり，比べたり，組み合わせたりする．⑩ 言葉による伝え合いは，遊びを通して文字の意味や役割を認識したり，記号としての文字を獲得する必要性を理解したりし，必要に応じて具体的なものと対応させて，文字を読んだり，書いたりする．⑪ 豊かな感性と表現は，生活や遊びを通して感じたことや考えたことなどを音や動きなどで表現したり，自由に描いたり，作ったり，演じて遊んだりする．

学習指導要領の改訂で転換期を迎えている教育のあり方

「小1プロブレム」は，今に始まったことではない．はじめに話題になったのは平成元年頃に問題となってきた．平成元年は幼稚園教育指導要領が子どもを主体とした遊びを中心にした内容に変わった年である．それは，子どもの本来持つ資質・能力を伸ばすために，主体的に意欲的に取り組む教育の重要性が見直されたからだ．子どもの主体的な学びを重視する教育は，幼児教育がずっと重視してきたものである．しかし，それと同じ頃から小学1年生の教室が荒れる問題が出てきた．そのため，幼稚園や保育所が遊びばかりやっているからだと問題視されてしまった経緯がある．しかし，幼児期の遊びが重要と考えられ，小学校1年生の受け入れとの段差が課題となり，幼児教育から小学校への接続を丁寧に見ていこうと見直しがなされている．そこで，小学校の新学習要領には，1年生を向かえ入れる際に「スタートカリキュラム」を行うよう記載され，2020年4月以降小学1年生の受け入れ時から適用されている．小学1年生のスタートを，幼児期の延長から始める．最初から45分間きちんと席につく授業ではなく，生活科や総合学習の時間などを組み合わせながら，子どもの興味・関心を大切にする活動をするなど，柔軟にスタートするものである．

教育が変わり，１年生の受け入れに「スタートカリキュラム」が導入される中で，保護者に届く情報はまだまだ逆のことが多い．席につくのはもちろん，文字や計算などができないと小学校で困るという情報が溢れ，親たちが躍起になり事前準備を子どもに強いるケースがある．それがむしろ学びへの意欲を失わせる．

保護者がいつも怒ってばかりで，「座って勉強しなさい」とやりすぎると，学びは面白くないと感じる．入学当初は文字や数が理解できて楽でも，長い目で見ると，学習意欲が削がれた子どもは勉強嫌いになる心配がある．「これができないとダメ」と怒られると，このままではダメだと感じ，子どもの学習意欲も育たない．入学前に読み書き計算ができるようにと過剰な勉強をさせることはむしろ逆効果である．保護者は，心配しすぎて教育過剰にならないように注意しなければならない．

子どものやっていることについて，親が「ここが良いよ」など具体的に褒めてあげることによって子どもの自己肯定感が育ち，自ら気になるものを見つけて深く学ぶ子どもに育つ．幼児期に夢中になって遊びこめる子は，興味・関心・意欲を持ち，やりたいことに集中して取組み，うまくいかないことがあっても工夫しながら乗り越える力がある．それは大人にさせられているのではなく，自分が興味・関心を持っているからできるのである．遊びを通じて育てられた興味・関心は，入学後の学びにつながり，あと伸びする力がつく．幼児期に大切に育ててきたものを小学校でも引き継げる[21]．

2　人口減少における幼児期スポーツの未来：ランバイク

今，問題となっている「小１プロブレム」は，小学校への「接続」の仕方・あり方である．体験重視の幼稚園から認識重視の小学校教育への移行のギャップは，昔から重要な課題となっていた．しかし，現代の小学校教育で求められる高いレベルの学習，先端教育・制度設計などにおけるギャップはますます極端化し，現代の「小１プログラム」へとつながった．幼稚園の「遊び」から小学校の「学び」へ円滑に接続するためには，制度設計やカリキュラムの微調整ではなく，人間の成長に関する本質的な教育が必要なのであろう．

岸田政権は「成長と分配の好循環」を目指しており，経済財政白書は「付加価値を生み出していく原動力は“人”だ」と改めて強調している．その土台と

なる教育の格差の広がりに対する危機感が見え隠れする．コロナ禍における問題は一過性ではない．足元ではエネルギーや食品など生活必需品を中心に進む物価高も家庭にのしかかる．「誰もが家庭の経済事情にかかわらず学ぶことができる環境整備を進め，質の高い教育を実現していくことが重要」という経済財政白書の指摘は重い．

　特に，都市の貧困世帯では自然体験が少なく，文化的体験も制約がある．学力が出身家庭によって制約を受けるのは大きな問題であり，見直す必要がある．難関校に一部の限定的な階層の子が集まるだけでは，子どもが異質なものに触れ合う機会がなくなる．学校は社会の縮図と言われてきたように，いろいろな人が学校に集まり，多様な価値観にもまれる体験ができる方が人間形成に良いことは明らかだ．

　幼稚園も保育所も5歳時の活動の基本は遊びだ．その中で文字への興味や数量への関心が育ち，科学的な好奇心，人とのコミュニケーション力などが養われている．「これからの20世紀型教育とは，すでに幼児教育や保育の世界が大切にしてきたものである．暗記的な知識はAIが担うことが増え，人は様々な課題に対して試行錯誤し，仲間と協力する力が大切になる．つまり，非認知能力が必要だ．環境問題や社会の分断も深刻な課題である．だからこそ，社会課題を解決していける21世紀型スキルが求められているのである」と，大豆生田啓友（玉川大学）はいう[22]．非認知能力の重要性が増してくることは間違いない．

　子どもたちは，自分で自律的，主体的に人生を切り開いていくための能力の獲得・向上が必要不可欠である．自己肯定感を高め，あと伸びする子を育成していかなければならない．肉体的・精神的健康，根気強さ，注意深さ，意欲，自信といった社会的かつ情動的性質という非認知能力を養うのにスポーツが良いと考えている．

　オランダの歴史家ヨハン・ホイジンガの『ホモ・ルーデンス』（1938）の中で，人を「遊ぶ（ludens）存在」と定義したように，古来，人間は様々なゲームを生み出し，遊びを創出してきた．また，フランスの文芸批評家で社会学者・哲学者のロジェ・カイヨワは，『遊びと人間』（1958）の中で，遊びをアゴン（競争），アレア（運），ミミクリ（模擬），イリンクス（眩暈）の4つに分類している．

　幼児教育において非認知能力を教育するために，スポーツを享受することを活用すべきである．以前より，幼稚園や保育所が遊びばかりやっているからだと問題視されてしまった経緯があった．しかし，小学校の学習指導要領である

「スタートカリキュラム」が示すように，「幼児期の遊び」が重要と考えられ，小学校1年生の受け入れとの段差が課題となり，幼児教育から小学校への接続を丁寧に見ていかなければならない．

　しかし，幼児期における遊ぶ場と時間が変化し，世帯収入の格差による差異により，その結果が，体力テストなどにおける運動能力の低下に如実に表れている．

　幼児期における遊ぶ場の変化であるが，30年以上前は，木に登って木の実を取ったり，屋根の上から山積みされたわらに飛び降りたり，人の家の石垣の上を歩いたり跳んだりと，今では考えられない遊びをしていたが，今は木登りをしている子どもがいたら誰かが注意してやめさせるかもしれない．社会全体が子どもたちから危険なことを遠ざける風潮が強く，運動の代わりになるような遊びができなくなっている．ましてや都市の貧困世帯では自然体験が少なく，文化的体験も制約がある．学力が出身家庭によって制約を受けるのは大きな問題であり，見直す必要がある．外での遊び方が変わってきている．

　遊び場の減少に伴い，幼児期における外で遊ぶ時間は減っている．「シチズン意識調査　子どもの時間感覚35年の推移」によると，外で遊んでいる時間は，1981年で2時間11分であったが，2016年で1時間12分と，34年間で約1時間減少している（**表1-1**）．

　外遊びが低下すれば，「走る」「飛ぶ」「投げる」といった基本的な運動能力

表1-1　子どもが使う時間

行　　　為	2016年	2001年	1981年
睡眠時間	8時間21分	8時間29分	8時間48分
朝食時間	18分	26分	21分
お母さんと話をする時間	58分	1時間16分	53分
お父さんと話をする時間	30分	36分	28分
家で勉強している時間	58分	56分	1時間05分
外で遊んでいる時間	1時間12分	1時間47分	2時間11分
テレビを観ている時間	1時間43分	1時間19分	2時間09分
音楽を聴く時間	29分	46分	23分
読書の時間	29分	44分	34分

（出所）「シチズン意識調査　子どもの時間感覚35年の推移」（https：//www.citizen.co.jp/research/time/20160610/01.html, 2023年11月21日閲覧）.

が低下する．2020年にスポーツ庁が公表した「体力・運動能力調査」におい
て，1985年以降，『走る：50m走』『跳ぶ：立ち幅跳び』『投げる：ボール投げ』
のようなスポーツ活動の基礎となるテスト項目の成績は，2000年ころまでの間
に大きく，急激に低下している事実がある．緩やかに向上傾向の50m走も未だ
1985年の水準に回復していない状況である．30年以上前までの子どもたちは，
外遊びで身につけていたので，取り立てて運動の必要性を啓発する必要がな
かった（**図1-7**）．
　また，学力同様，スポーツにおいても，家庭の経済格差によって子どもたち

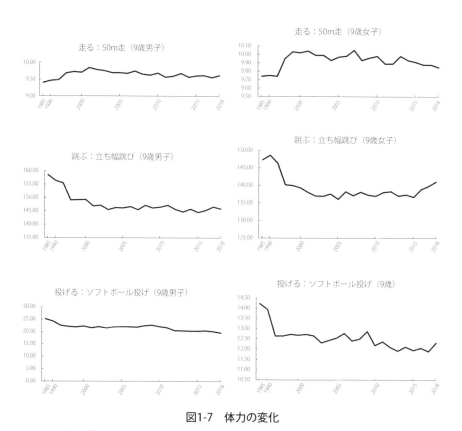

図1-7　体力の変化

（出所）スポーツ庁［2020］「令和元年度体力・運動能力調査結果の概要及び報告書」，「令和元年
　　　度体力・運動能力調査報告書」（https：//www.mext.go.jp/sports/content/20201015-spt_
　　　kensport01-000010432_7.pdf，2023年11月21日閲覧）を基に，筆者作成．

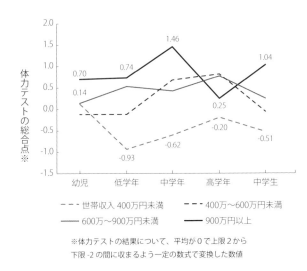

図1-8　世帯収入と体力

（出所）清水・春日・中野ほか［2021］．
　　　幼児期における遊ぶ場所と実施時間が変化し，世帯収入による差異により，その結果が，運動能力の低下に如実に表れている．

の体力が二極化している．経済的に豊かな家庭の子のほうが，低収入の家庭の子よりも体力テストの総合点が高い．特に，世帯収入400万円未満の子どもの体力の低さは深刻だ（**図1-8**）．

　清水等［2021］は子どものスポーツ格差について次のように定義している．「子どもが生まれ育つ家庭や地域，学校などの条件が原因となって生じる①スポーツ機会へのアクセス，②運動習慣，③運動への意欲，④スポーツ活動によって獲得される体力や運動能力等の諸能力，にかかわる許容できない不当で不平等な差異のこと」である．これは，子ども自身が選択・操作できず，自らの努力や能力によらない不条理な差であり，人的災害である．

　こうした格差の実態を明らかにする清水等［2021］が実証研究をした結果，学力が低い子どもは体力・運動能力も低い傾向があり，この傾向は学年が進むにつれて顕著になることを明らかにしている．また，スポーツが不得意な子や，体力が相対的に低い子どもたちは，学校生活への満足度が低く，休み時間はひとりぼっちで過ごす傾向が強い．家庭の経済力は体力や運動能力だけでなく，

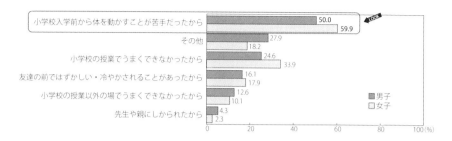

図1-9 運動やスポーツが「ややきらい」「きらい」と回答した児童の運動がきらいなったきっかけ

(出所) 文部科学省「平成26年度 全国体力・運動能力，運動習慣等調査結果報告書」.

学校生活全般の豊かさにも大きく影響していた.

　さらに，文部科学省の全国体力・運動能力，運動習慣等調査結果報告書によると，運動をすることについて「ややきらい」「きらい」と回答した児童にその理由をたずねたところ，「小学校入学前から体を動かすことが苦手だったから」との理由が男女ともに50.0％以上を占める結果が出ている．この結果を踏まえ，男女ともに，幼少期の運動経験や好き・きらいがその後の運動習慣や体力・運動能力に大きな影響を与えていることがうかがえる（**図1-9**）.

　苦手意識は，幼児期に運動遊びやスポーツの経験値が低いこと，子どもの身体活動量の低下や運動ばなれ，運動に対する興味・関心の低下，幼児期からすでに起こっている．体を動かすこと（身体活動）の重要性を軽視する風潮や，体全体を使った遊びやスポーツに関わる時間，仲間，空間（場所）を確保することが難しくなっていることなど，子どもを取り巻く社会的・物理的な環境変化の影響が大きい.

　小学校で国語や算数と同様，体育は6年間授業を受けなければならない．だが，入学前から体育のことが，好き・嫌い，または，得意・苦手が決まってしまっている.

　このような状況では，意欲や気力の減弱，対人関係などコミュニケーションをうまく構築できないなどの弊害が出ると，自己効力感や有能感が育まれない．子どもの心の発達にも重大な影響を及ぼすことにもなりかねない．小学校への入学前になるだけ多くの子どもに運動嫌いを失くしたい．そのために，危険ではない場所を見つけて，たくさん体を動かせる環境を与えてあげることが重要

である．

　スキャモンの発達・発育の曲線は，リンパ型・神経型・一般型・生殖型の4つに分類されており，どのパーツがどの時期に成長するのかを示している（図1-10）．神経系は生まれて5歳頃までに成人の80％の成長を遂げ，12歳までにほぼ100％まで達するといわれている．この時期は，神経系の発達が著しく，様々な神経回路が形成されていくことで，プレ・ゴールデンエイジ，ゴールデンエイジと呼ばれている．神経回路は，一度その経路が形成されるとなかなか消えにくい．例えば，いったん自転車に乗れるようになると何年間も乗らなくても，いつでもスムーズに乗れることができる．この時期に多くの刺激を与える，多種多様な動きを経験させることが重要である．

　一般型は身長・体重や胸腹部臓器の成長を示す．生まれてすぐに早い成長を見せるが，徐々に緩やかに成長する時期を経て，10歳過ぎ頃から一気に成人の能力へと成長する．

　リンパ型は免疫力を向上させ扁桃，リンパ節などのリンパ組織の発達を示す．急激な上昇を見せることから，子どもの回復力の強さが確認できる．

　総合して言えることとして，特に9歳頃から12歳頃までの，神経型はほぼ成人の能力，一般型は安定期，リンパ型は，成人の能力の倍ほどの時期は，すべ

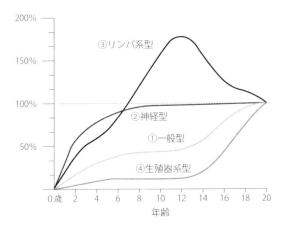

図1-10　スキャモンの発達・発育の曲線

（出所）松尾［1998：5］．

てのことが吸収可能な特別時期となりゴールデンエイジと呼ばれるほど大切な時期である.

　特に,神経系である運動神経の発達は,8歳くらいまでに大人の約80〜90%ができ上がる.骨格の形や大きさ,筋肉の質といったものは遺伝の影響を受ける場合があるが,運動神経は素質だけで決まるものではないという.環境や本人の努力などの影響によって大きく左右されるのが運動能力である.幼児期に体を動かして遊ぶことは,幼児にとって運動神経を発達させることでもある.体を動かして遊ぶ機会が減少することは,その後の運動神経の向上が抑えられてしまう.

　神経系をつかさどるゴールデンエイジは,3つの期間に分類されている.子どもが3〜8歳の時期は,プレ・ゴールデンエイジといわれ,神経回路が80%まで確立するという急激な成長を迎える時期である.実は,運動能力の基盤はこの年齢で形成されると言っても過言ではない (**図1-11**).

　プレ・ゴールデンエイジに相当する3歳から8歳の子どもたちは,たくさん体を動かすことが重要である.何かスポーツの習い事をするだけではなく,と

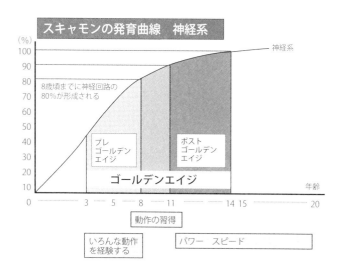

図1-11　神経系におけるゴールデンエイジの3期間

（出所）いさはやスイミングセンター（https://www.isahaya-swimming.com/blog2019070401/, 2023年11月21日閲覧）.

りあえず子どもが興味を示すことをどんどんやらせてあげることが大切である.

　今の子どもたちが昔に比べて運動能力が下がっているといわれるのには，この時期に外で遊ぶ機会が減少していることが原因という研究がなされている.したがって，3～8歳の時期には，遊びで豊富に体を動かす方が良い.

　一般にゴールデンエイジといわれる時期は，9～12歳の頃を指す.この時期には，神経系の発達がほぼ100％になるので，様々な動きに対応できるようになる.運動神経系において最も成長が著しい時期なので「ゴールデンエイジ」と呼ばれている.この時期には，プレ・ゴールデンエイジで磨いた運動能力に輪をかけて，高度なテクニックも習得できる.9～12歳のときに覚えた感覚は，大人になってもずっと記憶しているので，様々な動きを覚えられる.ただ，この時期は，まだ筋肉は未発達なので感覚を磨くには適しているが，パワーやスピードは次の時期を待つべきである.筋トレの要素より，テクニックを重視した方が良い.

　ポスト・ゴールデンエイジに相当する13歳から14歳の時期には運動に適した筋力がついてくるので，パワーやスピードを鍛える時期となる.13～15歳で骨格や筋力が急激に発達して，パワーやスピードが備わってくる.その反面，新たなテクニックの習得には不向きで，同時に，今までにできていた技術が一時的にできなくなることもある.なので，ポスト・ゴールデンエイジの時期では，テクニックは自然と身体に身についているので，さらなる筋力のパワーアップを図ると良い.ただし，個々に合ったトレーニングを与えて，1つずつクリアできるようにしていくのが大切である.

　ゴールデンエイジの期間については上記で説明した.ならば，神経が形成される「プレ・ゴールデンエイジ」の幼児期にはどのような身体の動きを覚えるのが，今後の運動神経を高めるうえで効果的なのだろうか.スポーツが非認知教育に適しているのは，スポーツをする時，子どもは夢中に楽しんで遊ぶことができる.「好きなことを夢中で続ければ，子どもは勝手に成長して能力を身に付けていくものである.PDCAサイクル「Plan（計画）→Do（実行）→Check（評価），Action（改善）」が自然に回る」（畠山祐輔，グローバルスポーツアカデミー代表）.幼児でも好きなゲームなら勝ちたいとルールを理解する.運動という遊びの中で咄嗟に降りかかる状況に対応するため，脳を始め神経回路の発達が急ピッチで進む.がむしゃらに努力するだけでは，将来的に目標や意欲を失ってしまうこともある.スポーツ競技を通じて目標を達成する意欲や粘り強さなど，非認

知能力が育まれる[23].

　運動能力の基礎を育われる3歳から8歳の「プレ・ゴールデンエイジ」には様々な体験をさせたい.

　ここでは,文部科学省「幼児期運動指針ガイドブック」より6歳までに身に着けたい3つの動作を紹介する.

　　① 体のバランスをとる動作.「立つ」「座る」「寝ころぶ」「起きる」「回る」「転がる」「渡る」「ぶら下がる」などがあげられる.幼児期において獲得しておきたい基本的な動きには,将来人間の動作として基盤となるものが主となるため,これらの動作がしっかり身についていることで,その後の運動における体のバランスが変わってくる.

　　② 体を移動する動作.「歩く」「走る」「はねる」「跳ぶ」「登る」「下りる」「這（は）う」「よける」「すべる」などの動きのことである.これは,バランスをとる動きよりも動作が大きくなっている.これらのことを思い切り行うことによって,上手に体を移動させることができるようになる.

　　③ 用具などを操作する動作.「持つ」「運ぶ」「投げる」「捕る」「転がす」「蹴る」「積む」「こぐ」「掘る」「押す」「引く」などの動きをいう.これらは幼児期では,主に遊ぶことによって習得していく動作である.

　上記で述べたような動作を遊びや生活経験などから学び,やさしい動きから難しい動きへと変換していき,様々な動作を獲得していくことになる.

スポーツ教育を通じて非認知能力を育む

　スポーツ体験は,スポーツ技術を上達させ,勝利するために,課題を知り,課題を克服する力と,自分の得意や個性を見つけ,それを伸ばす力が養われる.また,自分がそのスポーツの世界で今どのレベルかを客観的に把握し,目標を定め,そこに向けて取り組む力も身に付けることが可能である.

　幼児期教育「プレ・ゴールデンエイジ」のスポーツとして,ランバイクを推奨したい.ランバイクは,自転車と同様に2輪でサドルとハンドルがついているものの,ペダルがなく,直接地面をキックして推進する仕様となっている.幼少期に三輪車や自転車を乗り始める代わりにランバイクを乗ることにより,その後の運動の発達,とくに疾走動作の発達に良い影響があることが期待されている.

　ランバイクとは，足で地面を蹴って走る，新しいタイプのキッズバイクである．ランバイクは，ランニングバイク，バランスバイク，メーカー名からストライダーとも呼ばれている．2歳前後から乗ることができるため，初めての乗り物である三輪車からランバイクへ移行するのが主流である．主力メーカー「ストライダー」は，世界累計販売台数：約300万台，日本国内：約70万台が流通している．競技人口は約2万人．2016年の未就学児人口から算出すると，ストライダーの販売台数から未就学児の10人に1人が所有していると考えられ，ランバイクメーカーは複数あるため，さらに高い所有率が期待できる[24]．

　三輪車や自転車のプッシュ動作によるペダルの漕ぎ方では，1991年東京世界陸上男子100m において当時の世界記録で優勝したカール・ルイス（米国）の足のスウィング動作ができない．日本人の疾走動作の特徴として膝関節を伸展するプッシュの動作があげられ，これにより高いスピードにおける脚のスウィングを妨げてしまう．自転車と同様に2輪でサドルとハンドルがついているものの，ペダルがなく，直接地面をキックして推進するスウィング仕様となっているランバイクは，疾走スピードを高めることに優れている．低年齢におけるプッシュ動作は三輪車や自転車において強くなる可能性があるため，幼い頃からペダリング運動の代わりにスウィング動作によるランバイクやキックボードのような乗り物を推奨する．

　近年では，小学校以前の年齢においてランバイクが競技化されており，その競技を経験した子どもたちが短距離走のみならず，サッカーやスキーなど多様なスポーツにおいて活躍していることが報告されている．幼少期においてランバイクを高いスピードで競争することは疾走動作以外にも好影響がある可能性が考えられる．

　ランバイクの効果として，① 幼児期に様々な運動能力の獲得ができる．全てのスポーツの基礎である，コーディネーション能力（バランス能力，リズム能力，反応能力，定位能力，変換能力，連結能力，識別能力）の獲得に最適なスポーツであること．② うまく乗れない→乗れるようになる→少しずつ上手に乗れるようになる→早く乗れるようになるといった小さな成功体験を積み重ねられるスポーツのため，自己効力感や自己有能感を育むことができること．③ パパ・ママとともに取り組むスポーツであることより，家族の"絆"が育まれやすい．また，レースに参加するようになると，様々なつながりができるようになり，社会性も育まれやすい環境で取り組むことができること．④ レースになると，

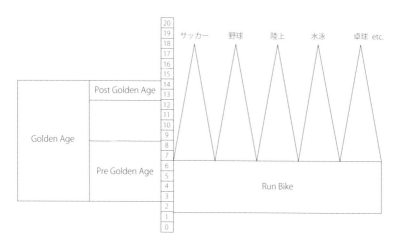

図1-12 ゴールデンエイジとランバイクのクラウン型育成モデル

（出所）筆者作成.

そこには健全な"競争"が発生する．自己以外の誰かと同じ時間，同じスポーツを幼児期に共にすることで，健全な競争心を育むことができる．現状，幼児期にこれを提供できるのは，ランバイクというスポーツのみである．

ランバイク競技を卒業した子どもたちの中から，様々な競技でチャンピオンが誕生し始めている．**図1-12**のように，チャンピオンの冠を意味する「クラウン型育成モデル」を構築していく．ランバイクの目的は，あくまで様々なスポーツ競技の基礎となる競技である．そのため，6歳以下を意味するアンダー6」はキーワードとなる．「体力面」でも「アスリート精神の構築」の面でも，様々なスポーツの「基礎」となり優秀なスポーツ選手を輩出することが期待されている．

保育所の待機児童は大幅減

ランバイクの器具は約3000円からという安価であるため，幼稚園などの団体でも購入しやすい．世帯収入による差異をさほど感じず，幼稚園の広場などでも実施できるため遊ぶ場所にも問題ない．外遊びをしながら，運動能力を向上させることができる．ランバイクの効果でも記述したが，非認知能力の向上に

も寄与できることが大いに期待できる.

　子どもはランバイクを,見よう見まねで身につけている.そういう場をつくってあげることが,親や地域社会では必要なことである.幼児期の子どもたちに必要なのは,仲間づくりのきっかけをつくってあげることだ.そういう意味でもランバイクには大いに期待している.

　学童保育に対して,保育所の待機児童は全国的に減少傾向だ.保護者が希望しても保育所に入れなかった待機児童が,かつて8000人を超えていた東京都も,2022年4月には3000人まで激減した.受け皿の不足が親の行動を阻んでいると批判を浴び,施設整備が進んだ.全国の待機児童数は2021年4月時点で5634人いた.1994年の調査開始以降初めて1万人を割ったことになる.6割（3516人）が首都圏や近畿圏など都市部に集中し,青森,福井,鳥取など12県は0人だった.子どもを預けやすい駅近くの保育所にニーズが偏るなど待機児童が都市問題である構図は変わっていない.希望通りの施設に入れないという問題も残る.出生数は国の推計を上回るペースで減っている.今後は都市部でも保育所余りが進む見込みだ.1時期1000人以上の待機児童がいた東京都世田谷区もここ3年はゼロ.待機児童をめぐる状況は様変わりした.今後は,数を優先した保育所整備から,保育士の配置を手厚くするなど質の向上に焦点を移すことになるだろう.外遊びとなるランバイクで非認知能力の向上することを期待している.[25]

3　人口減少におけるスポーツ環境の未来：アーバンスポーツ

公園における調整池を有効活用したスケートパーク整備事業

　アーバンスポーツであるスケートボードは,東京オリンピック・パラリンピックの好影響もあり,国内の競技人口が拡大している.競技人口が拡大しているのだが,スケートボードを楽しめる場所がなく,公園や駐車場など禁止されている場所で競技を行っている若者が多く見られるため健全とはいえない状況である.違反行為を防止してほしい地域住民にとっても,競技者にとっても,スケートボードパークを整備して欲しいという要望が市民から多数寄せられているのが現状である.[26]

　スケートパークを新設することで,市民のスポーツ機会の創出と青少年の健全育成を図ることができる.また,競技力の向上を図り,高いレベルで競える選手を輩出できる効果が期待できる.

　設置場所においては，公園における空きスペースの有効活用施策として積極的に新設している．近江八幡市では健康ふれあい公園の調整池を新設地としている．通常，調整池は大雨などの時のため池の役割を果たしている．大雨などが降らない場合は，ただの空きスペースとなっている．河川の土手沿いの野球やサッカーのグランドをイメージしてもらいたい．通常，野球やサッカー，ゴルフなどの河川沿いのグランドであるが，台風などで大雨が降った時は，グランドは防災対策として，水たまりの調整池となっている．この原理とまったく同じことである．調整池として機能していない時に，河川敷の野球場のようにスケートパークを行政や指定管理事業者などが運営していくのである．

　建設費用もコンクリートを敷設し，バンクなどを仮設で設置するだけなので，比較的安価で建設可能である．建設費用においては，ふるさと納税寄付金を活用することで予算低減を図れる．公園内における調整池を有効活用し，初心者から上級者までがスケートボードを楽しめる専用のパークを設置することで，個々のレベルに合わせたスポーツ教室を開催することができる．屋外スペースの有効活用法を検討すれば，さらに新しいスポーツ施設などとして併用ができる．アイススケートが滑れる特殊な樹脂を使用したシートを敷設すればアイススケート場としても活用できる．コンクリート敷設した場所は，トラックなどの大型車両がステージ近くまで搬入できるようになるため，音楽を含めた文化イベントを設置するのに適している．NYのマディソン・スクエアガーデンをイメージしてくれればよい（第9章1参照）．その逆は，体育館の舞台である．床が木造であると，トラックの搬入口は体育館外となり遠くなってしまう．

　子どもたちに必要なのは，仲間づくりのきっかけをつくってあげることだと考える．家庭によって分断されてしまったり，習い事によって分断されてしまったり，仲間関係が固定化されて少人数化しているため，子ども自身が広げようとしても，子どもたちだけでは難しいのが現状だ．大人が，異年齢集団，縦割り集団をつくり，お世話してくれるお兄さんやお姉さんとつなげてあげることができれば，子どもたち自身が仲間の輪を広げていくはずである．

学童保育においてスポーツ環境を提供

　子ども同士が楽しく遊べる時間や場所を奪い，スポーツ産業やブラック部活で囲い込んできたのは大人の問題である．その結果，スポーツも体を動かすことも好きではない国民を増やしてきたのではないだろうか．楽しいからスポー

ツをする国になるには，子どもたちの遊ぶ権利や時間を大切にし「上からの指導」ではなく「子どもと楽しみ一緒に上達を喜ぶ」，安全安心な場を増やしていくことが近道ではないだろうか．子どもの体験格差はスポーツに限らず，放置されてきたが，部活改革と同時に国の家計補助も充実させるべき政策である．

　質の高い教育を実現するために，自治体・NPO・民間企業が運営する「学童保育」の強化に期待したい．働く親が家を留守にしている放課後の時間に小学生を預かる施設である．夕方以降に開いている施設も2021年5月時点で全体の6割近くを占めている．料金は自治体が運営する場合で月3000～7000円程度．民間施設は，2万円を超えるケースが多く，10万円程度まで幅広い．

　スポーツメーカーのミズノは，社内ベンチャーのアイデア募集から創出された学童保育事業「あそりーとAFTER SCHOOL」を展開している．ミズノ独自の「プレイリーダー」という資格制度を持つ資格者が「遊び場がない，時間がない」という困りごとがある中で，子どもたちに楽しく身体を動かすことを教え，遊びを見守るノウハウを提供している．夏休みにはミズノ大阪本社の敷地内に福利厚生として期間限定の「あそりーとAFTER SCHOOL」を設置した．ミズノ独自の資格制度であるが，社内向けというわけではなく，子どもと触れ合うことが多い企業に勤める人や教育関係者も受講可能である．他の企業の福利厚生として「あそりーとAFTER SCHOOL」が拡大していく可能性がある．

　厚生労働省によると，2021年5月の全国の学童施設は，2万6925カ所と5年前から3000カ所あまり増え，利用者は25万人ほど増えて134万8275人となった．しかし，小学生向けの放課後児童クラブ（学童保育）に預ける希望を出して断られた子どもの数は，2021年の調査では1万3416人もおり，2021年度末までに全国の待機ゼロにする目標は達成できなかった．

　子どもの小学校入学後，夕方や夜まで預ける場所がなくなり，親が仕事を諦めることを「小1の壁」と呼ぶ．就業希望を叶え人手不足を改善し，コロナ禍からの経済回復を持続するためにも，学童保育の需要の増えた地域などできめ細かな対応が必要だ．施設ができることで就労を諦めている保護者が働きに出ることを考え，利用希望者が増えることになるだろう．2023年4月に発足した子ども家庭庁が司令塔となり，2023年度中に新たな対策をまとめる．政府や自治体は小学校の教室を活用したり，学校近くの児童館と連携を強化して受け入れ拡大を急ぐが，職員の確保も課題に上る．2021年5月時点で職員の64.5%は非常勤が占めている．学童保育は開いている時間が短く，働ける時間が限られ

ることなどが問題とされる．政府や自治体は職員になるために必要な指導員資格の取得を広く呼びかけ，新たな担い手の増加を目指してほしい．大阪市教育委員会では，中学校の部活指導に教員免許取得を目指す学生がアルバイトで指導することができる制度がある[27]．

　学校は最後のセーフティーネットであるが限界はある．学校に次ぐセーフティーネットは身近な地域社会だろう．先ずは，子どもの自然な遊びの場を公園などでつくってあげることだ．スポーツは大人が教えなければいけないという考えが強くあるが，昔でいえば，ドッジボールや鬼ごっこ，虫とりは，地域のお兄ちゃんやお姉ちゃんが教えてくれたものだ．今だって子どもはスケートボードやローラースケート，ランバイク，ダンスなどを，見よう見まねで身につけている．そういう場をつくってあげることが，親として，地域社会の一員として，必要なことだと考える．

　そういう意味で遊び場となるアーバンスポーツには大いに期待している．第11章2において，アーバンスポーツについて後述している．

　教育不平等の拡大は2つの重大なリスクを招くことになりかねない．ノースウエスタン大学のマティアス・デゥプケ教授は，2つのリスクがあるという．第1に現代の経済成長の原動力となるのは人的資本の蓄積，すなわち労働力人口の教育，知識，スキルの積み重ねであるが，裕福な世帯の子どもだけが教育を通じて知識とスキルを身につけるとしたら社会における人的資本は必然的に滞る．

　第2に教育の不平等は社会情勢と密接な関係にある．低所得者世帯の子どもが社会の階段を登り詰め，経済的・社会的に成功することを阻む公的・法的な障害はほぼ存在しない．それでも多くのデータが，教育機会の平等という理想が実現されていないことを示す．低所得世帯出身の子どもに地位向上のチャンスがなければ，社会の絆や自由民主主義への支持は危うくなる．多くの国で社会の2極化現象が見られる．こうした傾向の一因は経済の停滞，風評等の拡大，社会的移動性の低下にあると考えられる．

　この関係性から経済的不平等が拡大する現在の傾向は教育の不平等をいっそう深刻化させる．そうなれば経済は原則停滞し，社会的移動性はいっそう低下することが懸念されている．この悪循環を断ち切るには，教育不平等の根本的原因が何かを理解する必要がある．最近の研究は，今日の生徒に見られる不平等の多くが，学校の外で得られるリソース（資源）や教育的配慮や支援といっ

た要素に起因することを示す。[28]

　学校や行政は抜本的な改革が難しくても，少しずつ改善策をとっていく必要がある。困窮家庭への経済的援助や塾に通えない子どもに対する学校での補修の拡充などの是正に向けた支援を強化すべきだ。

注

1）『日本経済新聞』朝刊1面，2022年7月13日。

2）『日本経済新聞』朝刊5面，2022年7月13日。

3）『日本経済新聞』朝刊5面，2022年8月2日。

4）『日本経済新聞』朝刊1面，2022年7月26日。

5）『日本経済新聞』朝刊3面，2023年6月18日。

6）同上。

7）『日本経済新聞』朝刊26面，2019年12月11日。

8）『日本経済新聞』朝刊25面，2019年12月19日。

9）『日本経済新聞』朝刊29面，2019年12月13日。

10）『日本経済新聞』朝刊13面，2019年12月16日。

11）『日本経済新聞』朝刊29面，2019年12月17日。

12）『日本経済新聞』朝刊30面，2019年12月18日。

13）『日本経済新聞』朝刊5面，2022年8月3日。

14）『日本経済新聞』朝刊42面，2022年5月21日。

15）『日本経済新聞』朝刊31面，2017年12月12日。

16）『日本経済新聞』朝刊3面，2022年8月19日。

17）注14）に同じ。

18）注16）に同じ。

19）FQ Kids Learning 2021 SPRING ISSUE, p. 12.

20）FQ Kids Learning 2021 AUTUMN ISSUE, p. 8-9.

21）同上。

22）同上。

23）FQ Kids Learning 2021 SPRING ISSUE, p. 34.

24）STRIDER JAPAN（https://www.strider.jp/oontehts/3million 2023年11月1日閲覧）。

25）『日本経済新聞』朝刊3面，2022年8月29日。

26）『日本経済新聞』朝刊9面，2022年4月24日。

27）注25）に同じ．

28）注16）に同じ．

参考文献

赤林英雄・中村亮介・直井道夫・敷島千鶴・山下絢［2010］「子供の学力には何が関係しているか：JHPS子供特別調査の分析結果から」（https://www.pdrc.keio.ac.jp/uploads/DP2010-009.pdf, 2023年7月25日閲覧）．

筧裕介［2015］『人口減少×デザイン』英治出版．

苅谷剛彦［2020］『階層化日本と教育危機』有信堂高文社．

経済協力開発機構（OECD）［2011］『OECD保育白書——乳幼児期の教育とケア（ECEC）の国際比較——』明石書店．

————［2022］『OECDスターティングストロング白書——乳幼児期の教育とケア（ECEC）政策形成の原点——』明石書店．

清水紀宏・春日晃章・中野貴博・鈴木宏哉［2021］『子供のスポーツ格差——体力二極化の原因を問う——』大修館書店．

シュライヒャー，A.［2019］『教育のワールドクラス』明石書店．

白井俊［2020］『OECD Esucation2030プロジェクトが描く教育の未来』ミネルヴァ書房．

スミス，A.［2020］『国富論 上・下』（高哲男訳），講談社．

田中充・森田景史［2021］『スポーツをしない子供たち』扶桑社．

中室牧子［2015］『学力の経済学』ディスカバリー・トゥエンティーワン．

ハンセン，A.［2022］『運動脳』（御舩由美子訳），サンマーク出版．

ヘックマン，J. J.［2015］『幼児期の経済学』（古草秀子訳），東洋経済新報社．

ホイジンガ［2019］『ホモ・ルーデンス』（高橋英夫訳），中央公論新社．

松尾保［1998］『小児保健医学』日本小児医事出版社．

村尾隆介［2021］『ミズノ本』ワニブックス．

山口慎太郎［2021］『子育て支援の経済学』日本評論社．

吉村やすのり［2015］「家族関係支出の国際比較」（yoshimurayasunori.jp, 2022年10月1日閲覧）．

渡部晶［1998］『ホーレス・マン教育思想の研究』学芸図書．

Caillois, R.［1958］*Les jeux et les hommes: Le masque et le vertige*（Folio Essais），Paris : Gallimard（多田道太郎・塚崎幹夫訳『遊びと人間』，講談社，1990年）．

Heckman, James J. [2006] "Skill Formation and the Economics of Investing in Disadvantaged Children," *Scinece*, 312 (5782), pp.1900-1902.

―――― [2007] "The Economics, Technology, and Neuroscience of Human Capability Formation," *PNAS*, 104 (33) ,pp.13250-13255.

Knudsen, Eric I., James J. Heckman, Judy L. Cameron, and Jack P. Shonokoff [2006] "Economic, Neurobiological, and Behavioral Perspectives on Building American's Future Workforce," *PNAS*, 103 (27) ,pp.10155-10162.

Myrdal, A. and G. Myrdal [1934] *Kris i befolkningsfrågan*, Stockholm: Bonnier.

Scammon, R. E. [1927] "The first seriatim study of human growth," *American Journal of Physical Anthropology*, 10 (3) pp. 329-336.

Scammon, R. E. [1930] "The measurement of the body in childhood," in Harris, J. A., Jackson, C. M., Paterson, D. G. and Scammon, R. E., eds., *The Measurement of Man*, Minneapolis : University of Minnesota Press.

ウェブサイト

スポーツ庁 [2018]「数字で見る！『6』歳までの幼児期における運動習慣が与える影響」（https://sports.go.jp/special/value-sports/importance-of-sport-habit-until- 6 -years-old.html, 2023年11月21日閲覧).

内閣府 [2022]「令和 4 年度 年次経済財政報告（経済財政政策担当大臣報告）」（https://www5.cao.go.jp/j-j/wp/wp-je22/index_pdf.html, 2023年11月21日閲覧).

文部科学省 [2012]「幼児期運動指針ガイドブック」（https://www.mext.go.jp/component/a_menu/sports/detail/_icsFiles/afieldfile/2012/05/11/1319748_4_1.pdf, 2023年12月25日閲覧).

第 I 部

スポーツを核としたDXの未来

第2章

第4次産業革命における
スポーツファクトリー

1　第4次産業革命におけるデータ

　世界は14世紀以降，それまでの農村社会に手工業社会（家内制手工業）を重ね
てきた．それが劇的に変化したのが，18世紀後半に英国で第1次産業革命が起
こってからである．

　産業革命は1世紀をかけて世界に広まり，工業社会を出現させた．19世紀前
半には，鉄道が出現し，工場も機械化され，情報社会が形成された．

　第4次産業革命時代が到来し，学生は今までとはまったく違う世界を生き抜
いていかなければならない．20世紀の資本主義は人と設備が中心だった．21世
紀のデータキャピタリズムはデータを軸に企業が富を生み出す．自己資本利益
率（ROE）同様，ROD（Return On Data）の発想が問われる．今，産業界の地殻
変動が起きているのである．

　AI（人工知能）を組み込んだ自動運転やドローン飛行どの次世代技術の実用
化で日本企業の国際競争力を保てるかが課題となる．学生はある会社に就職す
るというよりも第4次産業革命の市場に就職するのだと考えておいた方がよい．

　思い起こせば，忠臣蔵において赤穂藩主（現在の兵庫県）の浅野内匠頭が，葬
式や接待を司る吉良上野介を江戸城は松の廊下で切りつけたのは，今の暦だと
1701年4月21日のことであった．浅野内匠頭は取り押さえられ，その日のうち
に幕府からの切腹を命ぜられる．殿中における刃傷沙汰の一報を家臣2人が国
元に伝えた．とはいえ，6人がかりの早籠を宿場ごとに替え，約620kmの道の
りの走破に4日半かかっている．その半日後には，「殿，切腹」との第2報が
もたらされている．芝居などでは，命がけで揺られ続け，やつれ果てた姿で語
られる迫真の内容である．

　それから3世紀余りが経過し，情報の伝わる速度や量は当時の次元とははる
かに異なる．松の廊下の事件を伝える一報ならば，一瞬で電話やEメールで報

告できる．世界で１年間に生み出されるデータ量はギガ（10億）の１兆倍に相当する「ゼタ」バイトの規模に達している．しかも個人が手のひらで受信できることから，フェイクニュースや誤った情報が公然と巷に流れ，瞬く間に広がる事例も格段に増えている．差別感情をあおって分断を図ったり，他国の品位を貶めたりする勢力も目立つ．関心を引きたいために，災害や選挙といった暮らしの重大事にわざと嘘報をアップしたりする困りものも存在する．データの世紀における日常生活において，早くも厄介なことが発生している．

　今後はITリテラシー教育が一層重要視されることになるだろう．データの世紀は始まっている．データの渦に巻き込まれるも，乗りこなすのも自分自身である．ピンチとするもチャンスとするも自分自身であることを認識しておこう．

第４次産業革命の時代が到来

　相原等［2018:1-14］によると，IoT（インターネットオブシングス）やAI（人工知能）を使って新しい産業を生み出す第４次産業革命が注目を集めている．第４次産業革命という考え方は，ドイツで生まれた．米国では，インダストリーインターネットともいう．デジタルやネットの技術でものづくりの効率化や高度化を推進するのが目的である．

　18世紀後半に始まった第１次産業革命では，紡績機，蒸気機関，鉄道などが英国で開発された．19世紀末から20世紀の初頭の第２次産業革命は，電球，発電所，大量生産，T型フォードなどが米国で発明された．第１次・第２次産業革命は，ものづくりの革命であったといえる．20世紀後半の第３次産業革命は，半導体，コンピュータ，パソコン，インターネットなどが米国で開発され，デジタル技術の革命であった．今回の第４次産業革命は一段と進化したデジタル

表2-1　産業革命の概略

年代	名称	開始国	開発品
18世紀後半	第1次産業革命	英国	紡績機，蒸気機関，鉄道など
19世紀後半	第2次産業革命	米国	電球，発電所，大量生産，T型フォードなど
20世紀後半	第3次産業革命	米国	半導体，コンピュータ，パソコン，インターネットなど
21世紀初頭	第4次産業革命	ドイツ	IoT，AI，3Dプリンター，量子コンピュータなど

（出所）筆者作成.

技術とものづくりの技術が融合して始まった．さらに，生命を操るバイオ技術もデジタルやものづくりの技術に融合しつつある[1]．

最初の産業革命が日本に伝わるのに100年以上の時間がかかった．第2次産業革命の主役は電気だったが，100年以上経過した今も世界の10億人以上は電気のない生活を送っている．一方，第4次産業革命の先駆けともいえるスマートフォンは電気の通わない地域にも急速に広がっている．これまでの産業革命と違い，技術と伝播のスピードが格段に速いため，今回の産業革命は世界中をほぼ同時に巻き込んで進み，多くの人に様々な恩恵をもたらしつつある．

宇宙からは，モノの動きを見逃すまいと人工衛星の「目」が光る．港のタンカーの出入りやスーパーの駐車場の稼働状況から，公式情報より早く経済の動向を予測し，データを駆使するヘッジファンドが利益を上げる．ネットの検索履歴や車の走行情報が新サービスを生み，データがマネーを動かしている．

20世紀は大量生産による画一的なサービスが通用したが，21世紀は違う．刻々と変わる顧客ニーズに柔軟にこたえる経営が重要である．大量生産から多品種少量生産へ移行する．つまり，規模の経済からマスカスタマイゼーションに移行するのである．データから世の中の動向を正確につかみ，迅速な意思決定を図ることが重要である．

2　IoTとAIの進化

米国GE（ゼネラル・エレクトリック）は，ジェットエンジンや発電装置などにセンサーを取り付け，大量のデータを収集し，それを分析することで故障などを予測することに成功した．人間相手のビジネスをサイバー空間で変革したのが，これまでのネット革命だとすると，機械や装置などの現実空間をネットで変えつつあるのだ．製造業が対象とするデータは，シリコンバレー型企業が得意とする消費者に関するデータではなく，生産行動，つまり製品を生み出すプロセスに関するデータであるという点である．消費データと生産データでは，データが持つ価値という視点で大きく扱いが異なる．消費データは単体では価値がほとんどないが，大量に集め処理することで，消費者ニーズなど価値ある情報を取り出すことができる．一方，生産データは価値そのものを生み出すプロセスの一部といえる．3Dプリンターの出現で，生産データがもつ価値の意識がさらに高まった[2]．

　大量のデータが発生すれば，クラウドや高速通信技術の分析が必要となる．そこで，AIが登場したのである．大量のデータを分析すれば，一種の法則性を見出すことができる．ディープラーニング（深層学習）と呼ばれているAIの学習方法である．生み出されるデータは膨大で種類も多岐にわたるほど，高度な解析によってデータの価値を引き出すのにAIは強力な武器となる．

　AI研究の発展過程は，主に3段階に分類できる．1956年に米国のジョン・マッカーシー博士が人によく似た判断や学習ができる可能性を信じ「AI」と名付けた．1960年代は迷路やパズルをクリアする探索推論が技術の中心だった．プログラマーが組み立てた通りにコンピュータが処理する単純なもので，応用範囲が狭いということがわかり終息した．1980年代になり，「エキスパートシステム」と呼ぶAIが流行した．人が大量のデータを与え，その中から答えを導き出す．「専門家（エキスパート）を代行できる」と期待され名付けられた．通商産業省（現：経済産業省）は，500億円以上をつぎ込んだが，初めての問題には対応できずうまくいかなかった．第3次は，2012年，カナダのトロント大学のジェフリー・ヒント教授らのチームが，自らの学習を繰り返すディープラーニング（深層学習）を活用し，画像認識コンテストで優勝し，爆発的なブームとなった．2017年3月には，大量の棋譜を学習した米国グーグルの「アルファ碁」が世界のトップクラスの囲碁棋士を破った．米国の発明家であり，グーグルに在籍しているレイ・カーツワイルは，AIが人間の知性を上回る「シンギラリティー（技術的特異点）」が2045年に来ると予想している．半導体や通信手段，記憶媒体などの急激なエクスポネンシャル（指数関数的）な機能進化をもたらし，「我々の脳はスキャンして作った第2の脳がよりスマートに考え長生きする．人類の知能は拡充し文明は新段階に入る」と予測している[3]．

　すでに囲碁や将棋では人知を超え始めた．情報を大量に保有したり，解析・活用したりする能力が機械へ偏在するのは確実だろう．ビックデータ解析から必勝の手法を何億通りと覚え込まされたコンピュータは，人間の頭脳をはるかに超える正確さと速度で「正解」を導く．わずか100年以内でしかないIT技術の発展は，地球生命体が数億年かけて進化してきたことを実現してしまう．

　囲碁などの特定分野に止まらず，あらゆる面で人間を超える「汎用AI」が2030年の実用化を目指して開発されている．実用化すれば，人間がしてきた仕事のかなりの部分が機械で置き換えられる．経済分野においても，かなりの変革がもたらされるだろう．

　スーパーコンピュータの能力を上回る量子コンピュータが，AIの持つ可能性を広げようとしている．AIは膨大なデータを基に学んだり分析したりする．量子コンピュータでは，さらに速度と正確性を向上させることが可能となる．通常のコンピュータは「0」と「1」からなる2進法である．2ビットならば，00，01，10，11と，4通りを1つずつこなす．量子コンピュータは，電子などの微小な領域で起きる現象を説明する「量子力学」の原理を使用する．「0」と「1」どちらでも「重ね合わせ」と呼ぶ現象を利用し，10億通り以上の計算でも1度で済ませることができる．AIの機械学習はデータの規則性などをもとに判断を下すが，厳密な答えを出せない場合がある．量子コンピュータは無数の情報をまとめて計算できる．AIが扱う非定型の膨大なデータをどう組み合わせれば最適化できるかといった計算をしており，不可能な計算や分析ができるようになると期待されている[4]．

　スーパーコンピュータで数千年かかる計算を数分で終えることができる．2019年にグーグルが量子コンピュータを使用し最先端のスーパーコンピュータで1万年かかる問題を約3分で解く「量子超越」を達成している．2021年にはIBMが127量子ビットのプロセッサーを実現するなど米国勢が先行している．だが，グーグルは2029年に実用化を目標に掲げているが，資金や人材の豊富なグーグルでも実現の壁は高い．量子コンピュータの概念は，もともとノーベル物理学賞を受賞した米国のリチャード・ファインマン教授らが1980年代に提唱し，1990年代以降に大学や研究機関における基礎研究が本格化してきた．日本も技術面において重要な研究を果たしてきた．理化学研究所は2023年3月に超電導量子コンピュータの「国産初号機」を本格始動した．NEC，富士通，日立製作所も事業化を見据えた開発に本腰を入れ始めている．国産機の開発は，素材や医薬，自動車などの幅広い産業に影響を及ぼす．矢野経済研究所が2021年にまとめた予測によると，量子コンピュータの国内市場は2022年の187億円から2030年には2940億円に拡大するという[5]．

米国株式市場における時価総額トップ5はIT企業のみ

　1980年代初頭，インターネットが冷戦時代の終結により民間へ開放された．インターネットを真っ先に活用したのが，電子商取引や金融，メディアといった産業で，恩恵を受けたのはパソコンをネットにつないでいる消費者だった．経済開発機構（OECD）では，けた違いな量（Volume），速度（Velocity），多様性

（Variety）の３つの要素を持つことで価値を生み出すデータをビックデータと呼称した．３つの特徴を活かし，データを活用した広告モデルで収益を上げ，さらなるサービスを提供し，さらに多くのデータを獲得するサイクルを持っている．つまり，ビックデータは企業にとってマーケティングの源泉となる消費者行動に関する豊富な内容を持ち，ゆえにデータが価値をもつのである．一握りのIT企業にデータや富，頭脳が集まるニュー・モノポリー（新たな寡占）市場が形成されている．その代表例となるのが，米国シリコンバレーのIT企業である．

　世界各地で毎日，企業の活動や個人の行動などから膨大な量のデータが生み出されている．全世界で１年間に生み出されるデータの量は既にギガ（10億）の１兆倍を意味する「ゼタ」バイトの規模に達する．米調査会社IDCの予測では，2025年に163ゼタバイトと2016年比10倍に増える．これは全人類一人一人が，世界最大の米議会図書館の蔵書に相当するデータを生み出すような規模だ．[6]

　世界の株式市場における時価総額は，106兆6735億ドル（約１京5212兆6786億円）あり，米国市場が最大である．ニューヨーク証券取引所とナスダック市場の合計47.8兆ドルで世界市場の約４割を占める．時価総額第１位は，アップルで429兆円．今世紀に入り時価総額が急成長している．[7],[8]

　米国における時価総額のトップ５の企業を20世紀末と比較すると，20世紀末では，第１位がGE（54.2兆円），第２位はエクソンモービル（34.5兆円），第３位はファイザー（33.1兆円），第４位はシスコシステムズ（30.7兆円），第５位はウォールマート・ストアーズ（27.1兆円）であったが，2023年12月末時点では，第１位がアップル（429兆円），第２位はマイクロソフト（396兆円），第３位はアマゾン・ドット・

表2-2　米国株式市場における時価総額のトップ5の企業

20世紀末			2023年12月		
順位	米国企業	時価総額	順位	米国企業	時価総額
第1位	GE	54.2兆円	第1位	アップル	429兆円
第2位	エクソンモービル	34.5兆円	第2位	マイクロソフト	396兆円
第3位	ファイザー	33.1兆円	第3位	アマゾン・ドット・コム	225兆円
第4位	シスコシステムズ	30.7兆円	第4位	エヌビディア	171兆円
第5位	ウォールマート・ストアーズ	27.1兆円	第5位	アルファベットA（グーグル）	119兆円

（出所）筆者作成．

表2-3 日本株式市場における時価総額のトップ5の企業

20世紀末			2023年12月		
順位	日本企業	時価総額	順位	日本企業	時価総額
第1位	NTTドコモ	18.9兆円	第1位	トヨタ自動車	41.5兆円
第2位	トヨタ自動車	13.7兆円	第2位	ソニー	16.6兆円
第3位	NTT	13.3兆円	第3位	NTT	15.5兆円
第4位	みずほFG	7.3兆円	第4位	キーエンス	15.5兆円
第5位	ソニー	7.2兆円	第5位	三菱UFJ銀行	14.9兆円

(出所) 筆者作成.

コム (225兆円), 第4位はエヌビディア (171兆円), 第5位はアルファベットA (グーグル) (119兆円) であった. 第6位はアルファベットC (グーグル) (116兆円) である. 米国のトップ5はすべて入れ替わっている. 資源や重厚長大企業をIT企業が取って代わった構図が鮮明に見て取れる[9].

一方, 日本における時価総額のトップ5の企業を20世紀末と比較すると, 20世紀末では, 第1位がNTTドコモ (18.9兆円), 第2位はトヨタ自動車 (13.7兆円), 第3位はNTT (13.3兆円), 第4位はみずほFG (7.3兆円), 第5位はソニー (7.2兆円), 2023年12月時点では, 第1位がトヨタ自動車 (41.5兆円), 第2位はソニー (16.6兆円), 第3位はNTT (15.5兆円), 第4位はキーエンス (15.5兆円), 第5位は三菱UFJ銀行 (14.9兆円) であった[10]. 米国との勢いの差は明らかだ. 日本の上位は今も昔もトヨタ自動車, NTT, ソニーの常連3社が占めている[11].

日本のトップであるトヨタ自動車でも, 世界の時価総額ランキングでは28位の存在である. 世界トップであるアップルと比較すると, アップルはトヨタ自動車の時価総額 (41.5兆円) の10倍以上に相当し, 日本のトップ20企業を合わせた総額 (約229兆円) でも金額が不足している. 1989年のバブル時代には世界最大であった東京株式市場は, 今やニューヨーク証券取引所とナスダック市場に次ぐ, 第3位の存在に降格したのも納得する.

21世紀はデータの時代

米国株式市場にトップ5のIT企業合計時価総額は2010年代前半に, かつて「セブン・シスターズ」と呼ばれた石油大手4社を逆転した. 20世紀を石油の世紀とすれば, 21世紀はデータの世紀といえる. 急拡大ぶりは, 勃興時の石油

産業の姿にも重なる.

　石油の大量供給は世界で自動車産業の発展をもたらした. 一方, 巨大化の弊害も指摘された. ジョン・ロックフェラーらが19世紀後半に設立したスタンダード石油は1911年に反トラスト法（独占禁止法）で分割した. その後, 石油輸出国機構（OPEC）が誕生し, 中東諸国による石油支配を生み出し, 石油危機を通じて先進国経済を大きく揺さぶった. そのアキレス腱を守ろうと米国が同地域に軍事介入する結果となった. データの世紀は米国1強にもみえるが, 世界のルールと一線を画す独自政策で, 官民を挙げて世界中からデータの収集にかかる中国のような国もある. ロシアもデータの力で世界を揺さぶる.

　データというのは, つぶさに分析すれば成長の原動力になる「新たな資源」だが, 人の行動を支配しうるリスクも抱える. 企業や国を巻き込んだ攻防も始まり, 世界はデータの世紀に入ったのである.

　ソーシャルメディアなどを通じて, 生活は便利になった半面, 新しい時代に順応できない人たちが増えている. 世界最大手のスーパーマーケットであるウォールマート・ストアーズの従業員は230万人が在籍する. 時価総額上位のITビック5（アップル従業員：11.6万人, アルファベット（グーグル）従業員：7.2万人, マイクロソフト従業員：11.4万人, フェイスブック従業員：1.7万人, アマゾン・ドット・コム従業員：34.1万人）の従業員総数は米国外を含めても66万人しかいない. 雇用数において, 5社が束になっても, ウォールマート・ストアーズ1社の3割にも満たない数値となっている. ITを中心となる第4次産業革命において, 少数精鋭の省力化の傾向はさらに強まるだろう.

自動車産業と家電産業が融合する時代が到来

　しかし, ソーシャルメディアを活用できる世界における携帯電話の回線契約数は約65億人で, ここ3年ほとんど変化がない. 携帯端末台数も約19億台で推移し, うち9割が買い替え需要だ. スマートフォンを含め携帯電話台数を使って電子部品需要を予測すべきではない. 電子部品の次の成長の舞台になるのが, 自動車業界である. 自動運転やコネクテッドカー（つながる車）, 電動化などの技術が普及し, 車載向け電子部品の数量は10〜20%増加するという. フランクフルト・モーターショーでは, 最先端の自動運転やコネクテッドカーが披露され, 電子部品の未来を占う重要な場となっている.

　一方, 世界最大の家電の見本市である「コンシューマー・エレクトロニクス・

ショー（CES）」では，世界の大手自動車メーカー9社が参加した．CTA（全米民生技術協会）が主催するCESは，2017年1月5〜8日ラスベガスで開催され，ソニーやパナソニック，韓国サムスン電子などの家電メーカーや米国インテルなどの半導体メーカーが参加するのが一般的である．しかし，9社の自動車メーカーが参加することで，家電の見本市はモーターショーのような雰囲気となった．自動車産業と家電産業の接点がCESの場に出来上がりつつあり，CESに参加する意義が変わりつつあるのだ．

　パソコンや携帯電話などの情報機器に加え，自動車なども通信・インターネット技術を活用するようになり，家電と自動車の業界の垣根は崩れつつある．家電業界そのものはスマートフォンによる既存市場の浸食や単価の下落に直面し，各社は収益低下に苦しんでいるものの，世界最大の規模のテクノロジーの祭典は，異業種を巻き込みながら，拡大基調を維持している．CESの開催に合わせ，グーグルはホンダや米国ゼネラル・モーターズなどの自動車メーカー4社と提携し，アンドロイドを搭載した車載情報システムの開発を目指す新団体「Open Automotive Alliance（OAA）」を発足させた．これまでスマートフォンやタブレット端末向けに発展してきたアンドロイドを車載情報システム向けに改良し，自動車領域における新たなイノベーションを呼び起こす方針である．

　家電メーカーが過当競争を抜け出すには，自動車をはじめとする異業種との連携が不可欠になってきている．自動車産業と家電産業が競合するのではなく，融合する時代が到来しているのである．

日本における自動車産業構造

　日本の自動車産業はトヨタ自動車などの完成車メーカーがエンジンを中心に中核技術を持つ形で，商品の企画・開発・製造・販売を担った．そこに，1次部品メーカーと2次部品メーカーが高品質な部品を安定的に供給する生産モデルであった．系列として長期にわたる独占的な関係を重視し，縦型のピラミッド産業を構築してきた．

　しかし，今後の自動車業界に大きな影響を及ぼす重要な要素は，コネクテッドカー，自動運転，電気自動車，車を所有から共有する「シェアード」というキーワードとなる．カーシェアリングの会員数は108万人で，5年間で6.5倍に増加している．新規分野を含め多分野にわたることから，自動車会社で単独で進化できる能力を持つ企業はない．これまで必要とされた部品の開発力に加え，

半導体や電池などハードウェア，IoT，AIに関連するソフトウェアに関する開発力が求められている．

　従来の縦型システムのままでは，量産効果や商品力などでグローバル企業に劣るリスクがあり，電動化による付加価値のシフトに追随できない．国内販売においても，系列による販売を日産自動車が2005年，ホンダは2006年に全社車種も販売できる体制にしている．トヨタ自動車も2019年4月より，直営の4つの販売会社を統合する予定である．

　一方で，日本にはモーターや電池などEVに活用できる技術を持つ企業は多い．EV化をチャンスとして捉え，産業の競争力を維持するためには，縦型のあり方の改革と，EV技術を持つ異業種を含めたエコシステムづくりが求められている．日本の自動車産業にとっては脅威ではあるが，同時にチャンスでもある．

　ガソリン車からEVへ大きく形を変えつつある自動車は，自動車メーカーがコントロールできる部分が少なくなる．一方で，部品メーカーにビジネスチャンスをもたらしている．独ローランドベルガーの調査によると，EVや自動運転化の加速により，自動車部品市場の規模は2015年の7000億ユーロ（約91兆円）から2025年に8500億ユーロ（約111兆円）以上に拡大すると予測している．[14] もはや自動車メーカーだけで車をつくる時代ではなくなった．自動車産業は既存車だけで，全世界で250兆円という巨大市場であるが，電子部品，化学，電機，半導体といった様々な業界が参入を図っている．

　独スタティスタは世界のEV市場は2021年の生産1200万台から2025年に4倍強の5400万台に成長すると予測している．[15] 電子部品や半導体メーカーは注力分野をスマートフォンから自動車に切り替えた．アップル銘柄と呼ばれた企業が，クルマ銘柄と呼ばれる日はそう遠くないかもしれない．

自動車産業とモータースポーツ

　自動車レースは，スポーツなのだろうか？　スポーツカーと呼ばれる自動車があるからだろうか．相手・ルール・審判が入れば，スポーツ競技として成立するので，自動車レースは間違いなくスポーツである．モータースポーツはスポーツとして存在しているのである．

　自動車の最高峰であるF1（フォーミュラ・ワン）グランプリにおいて，高速コーナーや激しい減速時にドライバーシートにかかる重力はどのくらいかご存

知だろうか？ 答えは，5 Gである．つまり，体重の5倍に相当する重力がド
ライバーシートにはかかるのだ．5 Gの負荷のかかる過酷な状況下で，ドライ
バーはサーキットを約60周しているのである．さらに，灼熱の地域でレースが
開催される場合，コックピットの温度は50度を優に超える状況となる．こうし
た状況下から判断すると，F1ドライバーには重力に耐えられる身体の強靭性，
1時間半に及ぶレースに耐え得る体力と心肺機能を備えた持久力，あらゆる状
況においても瞬時に自在に操縦できる俊敏性が必要となる．

　自動車に乗り込む競技は，自動車という道具そのものの性能が重要となる．
テニス，ゴルフ，スキー，スケートなどの競技同様，道具の比重が高いスポー
ツ競技である．F1のエンジンは1基につき約3000万円かかるという．年間で
も50基必要されるので，15億円かかることになる．1秒短縮するのに約100億
円が必要だとされている［田中 2006］．

　レース競技中におけるピットイン作業では，ピットクルーと呼ばれる整備士
のチームワークが重要となる．タイムトライアル競技なため，より速く，より
正確な作業が求められる．より速くすることを求めすぎた場合，ドライバーの
安全はどうなるだろうか．1つのミスが命を奪うような大きなリスクになりか
ねない．したがって，命に関わる安全管理（リスクマネジメント）が求められる
スポーツであるといえる［森脇 2014］．

　2015年にF1に復帰したホンダは，マクラーレンへエンジンを供給している．
エンジンのパワーユニットを安定させるため，車両に約150個のセンサーでデー
タを収集し，日本IBMのデータ解析システムで分析している．レース中に，燃
料の残量や故障の可能性を瞬時に割り出している．蓄積したデータはパワーユ
ニットの改善だけでなく，最適な給油タイミングなどレース本番の戦略立案に
役立てている[16]．

　自動車産業としてみた場合，自動車レースにより培ったノウハウを市販車に
活用している．企業が研究施設で商品開発を行っているところを，レースとい
う実証実験を通して商品開発を実践していると捉えてよかろう．日本は，トヨ
タ自動車，日産自動車，ホンダ，マツダ，スズキと世界最大の自動車販売台数
を誇る国である．

第4次産業革命における医療・福祉産業

新薬を創る上でもIoTとAIが力を発揮している．通常新薬の開発には1000億

円以上の費用と10年以上の期間が必要とされている．しかし，AIの適用範囲が広がれば，600億円のコスト削減や４年間の期間短縮が可能となる[17]．今は手術も薬も予想や経験が中心の医療だが，将来は多くの医師の経験を集約化し，シミュレーション（模擬実験）も活用して医療の精度を高めていく．患者ごとに最適な治療法を選ぶ「プレシジョン・メディシン」が注目されている．精密医療や個別化（テーラーメイド）医療とも呼ばれる．遺伝子情報などをベースに患者を分類し，個別レベルでそれぞれの治療や投薬をするという考え方である．米国のバラク・オバマ元大統領が一般教書演説で発表したことで注目されるようになった．米国人の遺伝子解析データを大量に集めると表明し，実際に国立衛生研究所（NIH）などが中心となり研究を進めている．

　遺伝子治療は，病気の原因となったり関連したりする遺伝子を改変することで発症や進行を防ぐことが可能となる．以前は，正常な遺伝子を導入するだけで，異常な遺伝子が体内に残るため，効果が上がらなかった．導入した遺伝子が染色体のどこに組み込まれるかわからず，細胞ががんになる恐れもあった．しかし，遺伝子を精度よく改変できるゲノム編集[18]の登場で，病気を引き起こす異常な遺伝子を切り取り，そこに正常な遺伝子を導入することができるようになった．従来の遺伝子治療では困難であった治療が可能となる．

　ゲノム編集を使う遺伝子治療は，２つに大別できる．１つは，患者から細胞を採取し，ゲノム編集を施してから体内に戻す手法．この手法は，再生医療等安全性確保法の対象であるため，ルールに沿えばこれまでも臨床研究を実施できた．もう１つの患者の体内でゲノム編集を直接起こす手法は，従来の日本の指針では想定外で，研究は進まなかった．そこで，日本政府は，2018年５月に指針を見直し，ゲノム編集を体内の細胞に直接施す遺伝子治療の臨床研究を解禁する．東京大学の濡木理教授のベンチャー企業である「エディジーン」は，ゲノム編集技術を使い医薬品開発に取り込んでいる[19]．

　また，IoT機器においては，スマートコンタクトレンズの開発が盛んである．コンタクトレンズは世界で数億人の人が着用する最も身近なウェアラブル商品である．米国のベンチャー企業である「Mojo Vision」は，指先に乗る直径17mmのレンズでソフトコンタクトレンズより大きい．レンズには緑色の電子基板が埋め込まれている．日本のコンタクトレンズメーカーであるメニコンとも共同開発中である「Mojo Vision」は，アディダスなどスポーツブランドと提携しているほか，日本のKDDIも出資し，ディズニーが主催するスタートアッ

プ支援プログラムにも採択されている．「移動中」や「運動中」，人との「会話中」でも，動作を中断させることなく，欲しい情報にアクセスできるようになる．視覚障がい者支援はもちろん，自転車やジョギング，ウォーキングなどの活動中に電話や時計に視線を落とさず，前を向いておくアクティビティに最適なデバイスとなりそうだ[20]．

　米国アルファベットは2017年4月，傘下企業を通じ1万人の心拍などの健康情報を少なくとも4年間集めるプロジェクトを始めた．日本でも内閣府と東京大学や京都大学が共同で2018年6月から，IoT技術を使い生活環境と血圧の関係を即時測定する実証実験を始め，病気リスクを軽減させる．あらゆるモノがネットにつながるIoTならぬ，身体がネットにつながる「IoB（Internet of Bodies」という言葉が登場している．

　さらに，ロボット業界は，有望市場として医療・福祉分野に注目している．従来，自動車や電機など大型製造工場の自動化で培った技術を他分野に応用することで需要を広げてきた．国際ロボット連盟によると，2012年に16万台だった世界の産業用ロボット販売台数は2022年に50万台に増加している[21]．人件費を抑えるため，従来型の引き合いは中国などが依然として強いが，さらに近年では食品や化粧品の箱詰めなど新たな用途を開拓し需要を上積みしている．

　安川電機など国内外の大手各社は，工場向けで培った高精度の制御技術を医療分野でも活用できると判断し，ロボットのアームに医療機器を取り付け遠隔操作するなど，新しい使用用途を模索している．高齢化に伴う患者数の増加や人手不足に悩む医療・福祉分野の現場にロボットが一役買いそうである．

　医療事故を防ぐ法整備や，機器によっては数億円かかる導入コストの低減など課題も残るが，高齢化や人手不足は日本に限らず世界中で深刻な課題となっている[22]．AIの技術進展も含めロボットが担える役割は今後も広がるとみられ，医療・福祉分野で人とロボットが「協働」する場面が増えるだろう［相原等2018：1-14］．

　海外では高度な専門人材の待遇を広範囲に引き上げる企業が増えている．日本ではデータサイエンティストなど一部の職種や人材に留まっていたが，高度人材の処遇を手厚くする動きが出てきた．専門知識やスキルを持つ人材を厚く処遇しようと，日本の産業界でも従来の年功序列型や終身雇用型の人事・給与体制から転換を目指す動きが活発になっている．ソニーグループはエレクトロニクスや半導体事業などの従業員向けに役割に対する報酬を明確に定義した

「ジョブグレード制度」を導入している．また，日立製作所や富士通でもジョブ型を導入し，職務内容に応じて給与が決まるようにして，新たな事業に必要な人材を機動的に配置できるようにしている．

　ニコンは2022年10月から専門知識を持つ人材や管理職の賃金を大幅に引き上げた．年収ベースで最大で２割増やす．日本の大手企業が年収を最大２割の規模で引き上げるのは珍しい．ニコンは足元で市場が縮小する一眼レフカメラの開発を取りやめるなど事業転換を加速している．再生医療向け細胞の受託生産など成長が見込める新規事業の育成に力を入れている．事業構造改革を進めるためにも一段と人材確保が必要とみている．2022年10月以降，ベースとなる基本給で平均３％引き上げる．賞与も増やし年収は平均５％増となる試算になる．最も評価が高い課長級の年収は約1300万円から1500万円規模になる．ニコンが新規事業として注力する医療分野など成長が見込める分野では国内外で人材獲得競争が激しくなっている．[23]

ドイツの「インダストリー4.0」の最先端事例　アディダスのスピードファクトリー

　第４次産業革命の動きを代表するのがドイツで推進されている「インダストリー4.0」である．ものづくりの現場である工場中心だった改革は，自動車，アパレル，金融，メディアなど幅広い業種へ拡大している．省人化などの生産性の向上を目指すものから，ビジネスモデル自体の変革へ移行している．自動車業界において，一般的に自動車１モデルを開発するには，数百億円と4,5年の開発期間がかかるといわれている．しかし，ドイツ西部のアーヘン工科大学で誕生したスタートアップ「イーゴーモバイル」は試作数を極限まで減らし，開発費を3300万ユーロ（約39億円）に削減し，開発期間を２年半に短縮している．４人乗りの小型電気自動車（EV）の開発モデルが完成できたのは，開発工程にある．イーゴーモバイルは，試作車で集めたデータを基に「デジタル模型」を再現する．様々な条件でシュミレーションを繰り返し改良を加える．現実世界のモノをデジタルで精緻に再現する「デジタルツイン（デジタル上の双子）」という開発手法である．モノづくりの現場とデジタル技術が融合したからこそ達成できたのである．

　スポーツ産業における先端的な事例は，ドイツのアディダスが2017年７月にドイツで完成させた新工場「スピードファクトリー」である．スピードとは，

少ない数量でも顧客が望めば，素早く設計し，生産するという意味である．従来のスポーツシューズは，企画から出荷まで1年以上かかっていたが，新工場では顧客の手元に届くまでの時間を数日から遅くとも数週間に短縮可能となった．しかも，従来のスポーツシューズと同様の価格で顧客に提供できるのである．

　従来のビジネスモデルでは，ドイツでマーケティングやデザインについて企画し，アジアで生産し，ドイツで販売していた．新たなビジネスモデルでは，企画から販売までのすべてをドイツで実施できるようになった．従来は人件費の安い遠方となるアジアで製造拠点を設けていたが，消費地の側で企画から製造まで完結できるようになったのである．

　スピードファクトリーの特徴は3つある．① 圧倒的なスピード，② 顧客に合わせた製品開発および ③ 従来品と同じ価格帯で商品提供していることである．

①圧倒的なスピード

　圧倒的なスピードを実現したのは，アディダスが採用した3Dプリンターにある．デジタルで描かれた設計図通りの立体物を作る「光造形法」を搭載した3Dプリンターは，デジタルデータを直接製造装置に転送し，即座にソールの生産を始められる．

②顧客に合わせた製品開発

　顧客のニーズもすべて個別にかなえる．欧米ではこれを「マスカスタマイゼーション」と呼び始めている．消費者一人ひとりのニーズに合わせて，生産するソールを変更できるようになる．今や購買層の中心に座るミレニアル世代（17～37歳）は欲しいものへの要求が一段とバラバラで，好みも移り変わりやすい．ミレニアル世代に対応するため，体重や身長，骨格など個人ごとに異なる特徴に応じて，ソールの形や重心の位置などをコンピュータで調整し，そのデザインデータを基に3Dプリンターで生産する．

③従来品と同じ価格帯で商品提供

　従来品と同じ価格帯で提供できるのは，ソールの製造に関するコストは上昇するものの，従来の開発工程で何度もやりとりしていた試作品の制作や，アジアから消費地までの輸送コスト，工場の人件費などを抑制できることから，全

体のコストはほぼ同水準に抑えられる．企画段階ではデザイナーが素材メーカーなどと打ち合わせを重ね，試作品をいくつも制作するため，その都度，打ち合わせや試作品作りに時間がかかった．試作段階における工場とのやり取りにかかる時間も大幅に短縮できたため，コストを下げられた．

　アディダスの求めるスピードとは，少ない数量でも顧客が望めば，素早く設計し，生産するという意味である．従来のスポーツシューズは，企画から出荷まで１年以上かかっていたが，新工場では顧客の手元に届くまでの時間を数日から遅くとも数週間に短縮可能となった．しかも，従来のスポーツシューズと同様の価格で顧客に提供できるのである．

　アディダスでは人件費が安く，大量生産に適していることから，販売する靴生産の約９割がアジアであった．デジタル化により，場所の制約から解放されれば，理論上，もはや安い労働力を求めて地球の裏側までサプライチェーンを伸ばさなくて良くなる．需要がある土地に工場を建て，市場の変化に応じて素早く流行にあった商品を投入できる．

　新商品の生産規模は，2017年で5000足というわずか１％のものだが，年内に米国ポートランドでもスピードファクトリーを稼働する．2018年には本格生産に入り，年末には10万足に拡大した．中長期的には50万足を目指している．アディダスの年間生産規模は３億足であるため，まだまだ少ないが，スピードファクトリーの生産比率をアジアを含めて徐々に高めていく方針である．

　アディダスの2016年12月期の売上高は192億9100万ユーロ（約2兆4800億円，１ユーロ=128円）で，NIKEに次ぐ世界第２位である．2015年に発表した中長期経営計画では，新興国での需要拡大やEC（電子商取引）事業の成長などを追い風に，2020年までに毎年11％程度の売上高を向上させる[24]．

　アディダスが実用化で先行している．従来のビジネスモデルをデジタル技術でゼロから作り直すことで，競争の土壌を自ら変え，デジタル技術の変化に素早く対応している．

　アディダスは，1993年以降，靴の生産の約９割をアジアに移行していた．人件費の安い国で集中生産し，ほぼ同じものを世界中に大量に供給する．そのようなマスプロダクションで規模の経済（Economies of Scale）を追いかけてきのたがこの四半世紀である．

　製造業の歴史は，規模の経済と品ぞろえの両立という二律背反と苦闘の歩み

である．米国自動車メーカーが雲の上の存在だった1950〜60年代に，トヨタ自動車が採用した戦略は米国企業より多くの車種を取りそろえ，顧客の選択肢を増やしつつ，その上で生産効率を落とさないという方針だった．そのために考案されたのが，「かんばん」や「ジャストインタイム」などの手法である．在庫を極限まで減らし，効率性を向上させる経営革新につながったのである．アディダスは，規模の経済を前提としつつ，顧客のニーズをすべて個別にかなえる「マスカスタマイゼーション」を実現しつつある．ドイツで推進されている「インダストリー4.0」の大きな成果といえる［相原等 2018：14-17］．

3　ITと映画

　コンピュータなどのデジタル技術を取り上げた映画で有名なのは，スタンリー・キューブリック監督の「2001年宇宙の旅」原題「2001: A Space Odyssey」（1968年）である．惑星探査船の頭脳であるコンピュータ「HAL」が人間の心まで読み取る能力を身に付ける．やがて，乗員の生命を奪うなどの反乱を起こす．まさにAI（人工知能）の世界を予測したSF作品となっている．古典SF映画としては，1926年フリッツ・ラング監督の「メトロポリス」（Metropolis）が挙げられる．西暦2000年代の未来都市を舞台に，金属製の邪悪なロボット「マリア」が都市を混乱に陥れる．1984年には，娯楽大作である「ターミネーター」（原題「TERMINATOR」）が公開される．人工知能「スカイネット」が指揮する機械軍によって人類は絶命の危機を迎えるが，抵抗軍の指導者である主人公が中心となり反撃するというストーリーだ．登場するロボットは非常に暴力的な存在であった．

　欧米では，ロボットが人間を脅かす暴力的な存在として描かれることが多かったが，日本では，「鉄腕アトム」や「ドラえもん」のように人類と共生する作品が多かった．最近では，映画「A.I.」（2001年）やアニメ「ベイマックス」（2014年）のように，人間からの愛を求めたり友情を育んだりと，パートナーのように共生する存在として描かれている．

　インターネットなどのデジタル技術による第3次産業革命を迎え，映画でもITを取り上げられている．1995年，Windows95の発売によってインターネットが一般家庭に急速に普及し，社会現象ともなったこの年に，アーウィン・ウィンクラー監督が「ザ・インターネット」原題「The Net」，イアン・ソフトリー

監督が「サイバーネット」原題「Hackers」を発表している.

　最近では，IT企業家を題材とした作品が多い．Facebookの創始者マーク・ザッカーバーグの半生を描いた映画「ソーシャルネットワーク」原題「THE SOCIAL NETWORK」（2010年）や，アップルの創設者，スティーブ・ジョブズの生涯を描いた映画「スティーブ・ジョブズ」原題「Steve Jobs」（2013年）がある．いかにしてIT企業を大企業まで押し上げていったかを小気味よいストーリーで展開している.

　実話に基づくエピソードを脚色する伝記的映画が多かったが，SNS企業そのものを舞台にしたサスペンススリラー映画「ザ・サークル」（原題: The Circle）が2017年に公開されている．エマ・ワトソンが主人公メイを，名優トム・ハンクスがカリスマ経営者ベイリーを演じている[25].

　おそらくGoogleをモチーフした映画であろう．米国サンフランシスコ州シリ

写真2-1　Google本社

（出所）筆者撮影.

写真2-2　オフィス棟の受付横にある滑り台

（出所）筆者撮影.

コンバレーにある巨大IT企業「Google」本社へは筆者も2017年９月に訪問している．広大な敷地に，開放的な空間が広がっていた．ペットと散歩する家族連れや観光客が多く見られ，どの人が社員なのかがあまり判別できなかった．オフィスというよりもキャンパスと呼ぶ方がふさわしい場所だった．筆者が訪問したオフィス棟の受付横には，滑り台が設置されていた．単なるオブジェだと思っていたが，社員が滑り台から滑り降りてきた時には驚いた．

　ギャヴィン・フッド監督が2016年に制作した「アイ・イン・ザ・スカイ　世界一安全な戦場」原題「Eye in the Sky」では，ドローンによる戦争の実用化と，そこから派生する倫理的な問題の両方を検証している力作である．テロリストを遠隔地から暗殺できる機会が到来した場合，誰が決断を下すのかが大きな課題となった．従来の戦争では，常に戦地の将軍は攻撃するか否かを決断する立場にあった．しかし，コンピュータ化された戦争では，映像が即座に世界中にいる全員のパソコンに送ることができるため，立場の異なる人々が現場に口を挟むことになる．決断を下すのは，ロンドンにいる将軍か，米国にいる将軍か，政治家か，ケニアにいる司令官かが大きな争点となってくる．さらに，巻き添え被害者の問題が浮上してくる．こうした標的破壊を議論しているのは，現場ではなく，各国にある安全な会議なのである．ちなみに，標的を狙撃する兵器もドローンから発射できるため，狙撃手も米国内の基地にいるので無人機が担うのである．邦題のサブタイトルになっている「世界一安全な戦場」とは皮肉を込めてよく言い当てている．ITを活用する危険性をよく理解できた．

　同時に，倫理観の育成が重視されなければならないと強く感じた．デジタルという明確に表現できるものほど，倫理や感性というアナログ的な人間の多様性が求められることになる．ITというか，IoTやAIを含めた現在のデジタル時代においては，スポーツの倫理性を活かしたモラル教育はより活用されるべきである．そのために，スポーツマンシップは大いに貢献できることができると考える．

　軍事用ドローン（無人機）を使用した「世界一安全な戦場」は映画の世界の話だけだったが，現実の世界でも多発してきそうな気配である．米国政府が軍事用ドローン（無人機）などの防衛装備品の輸出拡大に動いている．従来の規制では軍事用ドローンの輸出先は，英国，フランス，イタリアの３カ国に限られていたが，トランプ前大統領は，「同盟国の要請があれば，すぐに装備品を入手できるようにする」と強調した．ドローンなどの高度な軍事装備品の輸出

に慎重だったオバマ政権からの方針転換を明言している．軍事装備品の輸出が拡大すれば，第3国との関係を強化しようとしている中国に対抗できると同時に，雇用が生まれ投資が増える．その一方で，軍需産業の利益重視姿勢が強まれば，武器の悪用や拡散につながるリスクもある．

　現実社会における物騒な話は御免被りたい．映画の世界だけで楽しむ程度が丁度良い．

　オリンピックムーブメントを記述している者としては，世界平和を希求していきたい．

付記

　本章は，相原正道［2018］「第4次産業革命」，相原正道・庄子博人・櫻井康夫『SPORTS PERSPECTIVE SERIES 3　スポーツ産業論』晃洋書房：1-17を抜粋し，加筆・修正して掲載したものである．

注

1 ）『読売新聞』朝刊13面，2016年1月30日．

2 ）『日本経済新聞』朝刊27面，2017年9月8日．

3 ）『日本経済新聞』朝刊6面，2016年11月6日．

4 ）『日本経済新聞』朝刊24面，2017年11月1日．

5 ）『日本経済新聞』朝刊16面，2022年9月30日．

6 ）『日本経済新聞』朝刊1面，2018年4月3日．

7 ）岡三証券「外国株式投資の魅力」（https://www.okasan.co.jp/marketinfo/knowledge/pdf/attractive_foreign_stock.pdf. 2023年12月25日閲覧）．

8 ）1ドル（USD）＝142.41円（JPY）で換算（2023年12月25日）．

9 ）日本経済新聞「米国株 アメリカ企業時価総額 上位ランキング」（https://www.nikkei.com/marketdata/ranking-us/market-cap-high, 2023年12月25日閲覧）．

10）日本経済新聞「日本株 日本企業時価総額 上位ランキング」（https://www.nikkei.com/marketdata/ranking-jp/market-cap-high, 2023年12月25日閲覧）．

11）『日本経済新聞』朝刊17面，2017年9月7日．

12）『日本経済新聞』朝刊9面，2017年7月15日．

13）『日本経済新聞』朝刊16面，2017年9月9日．

14）『週刊エコノミスト』2017年9月12日号，p.21, 41．

15）PR TIMES「2027年の世界市場規模は約1兆4千億ドル」（https://prtimes. jp/main/html/rd/p/000000012.000052265.html, 2023年11月21日閲覧）.

16）『日本経済新聞』朝刊11面，2016年2月24日.

17）『日本経済新聞』朝刊20面，2017年12月4日.

18）ゲノム編集：生命の設計図であるゲノム（全遺伝子情報）の遺伝子の異常をほぼピンポイントで修復したり，不要な遺伝子を破壊したりする技術．遺伝子の狙った部分に導くガイド役のRNAと，その部分を切断する酵素を使用する．1996年に最初の技術が登場し,「クリスパー・キャス9」の登場が急速に広まった．医療への応用は体の細胞のほかに，受精卵や精子といった生殖細胞にゲノム編集を施す研究が世界で進んでいる．ただ，安全性は確立しておらず，親が望む容姿や運動能力などをもつ「デザイナーベイビー」の誕生につながる恐れがある．現在，日本では人の受精卵を改変することは基礎研究に限られている（『日本経済新聞』朝刊，2018年4月13日，35面）.

19）『日本経済新聞』朝刊35面，2017年4月13日.

20）NHKビジネス特集「新時代のコンタクトレンズ」（https://www3. nhk. or. jp/news/html/20220909/k10013809381000. html, 2022年11月1日閲覧）.

21）国際ロボット連盟「日本のロボット設置台数」（https://ifr. org/downloads/press2018/JP-2023-SEP-26_IFR_press_release_on_Japan_-_japanese. pdf, 2023年11月21日閲覧）.

22）『日本経済新聞』朝刊7面，2018年4月8日.

23）『日本経済新聞』朝刊2面，2022年9月29日.

24）『日経ビジネス』2017年8月21日号，pp. 22-26.

25）久保田和馬「映画は"インターネット"をどう描いてきた？」（https://moviewalker. jp/news/article/1130209/, 2023年11月21日閲覧）.

参考文献

相原正道［2016］『現代スポーツのエッセンス』晃洋書房.

―――［2017］『多角化視点で学ぶオリンピック・パラリンピック』晃洋書房.

相原正道・庄子博人・櫻井康夫［2018］『SPORTS PERSPECTIVE SERIES 3　スポーツ産業論』晃洋書房.

スポーツ庁・経済産業省［2016］「スポーツ未来開拓会議中間報告」p.9（https://www. meti.go.jp/policy/servicepolicy/1372342_1.pdf, 2023年11月21日閲覧）.

田中詔一［2006］『F1ビジネス――もう1つの自動車戦争――』角川書店.

森脇基泰［2014］『世界一の考え方』三栄書房.

第3章

スポーツDXの未来

1 スポーツ庁「スポーツ界におけるDXの推進」

　2022年3月25日に発表されたスポーツ庁の第3期スポーツ基本計画において，スポーツ界におけるDXの導入については，データ等を活用することでトレーニング等の様々なスポーツ活動の効率性向上や最適化を図ることにとどまらず，これまで「空間」や「時間」等の壁によって特定の人や組織，地域に偏在していた様々なスポーツに関する知見や機会を国民や社会に広く提供することを可能にする．情報化・IT化が進展する中で，国は，既存の手法等にとらわれず，スポーツを「する」観点においても，「みる」観点においても，VRやAR等を活用してwリモートでも楽しめるようなプログラムやデジタル技術を活用した新たなスポーツ実施機会の創出に係る技術開発や普及啓発の推進を図ることで，スポーツの価値を広く国民に展開できるように取組むとともに，デジタル技術を活用した新たなビジネスモデルの創出を推進する．また，スポーツを「ささえる」観点から，選手強化活動におけるデータ分析や，デジタル技術等を活用した多様な支援手法の研究を通じて感染症等の制限下でも継続的に選手強化活動を実施できる環境の整備を進める．その際，個人情報保護に十分留意しながら，スポーツに係るデータの集約・解析，様々な課題への活用等を実施するための体制の在り方等についても検討を進めるという（**表3-1**）．

表3-1　スポーツ庁のデジタル技術を活用した新たなビジネスモデルの創出

［現状］
・デジタル技術及びそれによって得られた各種データを活用することによって，スポーツ観戦を中心とする「みる」分野におけるエンターテイメント性の向上，する分野における新たなスポーツの創造，教える分野における教授法の改革等が進展しつつある．

・ＤＸによるスポーツの価値向上，さらには，それによる新たなビジネスモデル展開等への期待
　は高まっているが，いまだ大きな進展は見られない．さらに，新型コロナウイルスの感染拡大
　により，関係者による取組が積極的には行われにくい状況が続いている．

［今後の施策目標］
✔ デジタル技術を活用した新たなビジネスモデルの創出を推進する．

［具体的施策］
ア 国は，スポーツの場におけるデジタル技術を活用したビジネスや機器，サービス等の 国内・海
　外の優良事例を広く収集し，関係者に展開する．さらに，デジタル技術の活用に積極的に取り
　組む事業者等に対する表彰やモデル事業への支援等を行う．
イ 国は，デジタル技術を活用して身体活動を仮想空間上に投影することや，それを通じて競技者
　が互いの距離や時間等を気にせずスポーツを楽しむこと等を活用した新たなスポーツづくりを
　含むビジネスモデル創出への支援も行う．
ウ 国は，ＮＦＴやベッティングなど，デジタル技術の発展により新たに可能となったスポーツ関
　連ビジネスについて，国内や海外の状況を調査するとともに必要に応じて我が国での事業化に
　際しての法的な整理も含めた検討を行う．
エ 国は，指導の高度化や指導現場から暴力・暴言を無くすためにも，言語化しにくい内容を映像
　やデータにより理解できるよう，指導現場におけるデジタル活用を推進する．
オ 国は，スポーツの場におけるデジタル技術の活用やデータの分析を通じて新たなビジネスモデ
　ルを創出することができる人材を育て，増やしていくための支援を行う．

（出所）スポーツ庁「スポーツ界におけるＤＸの推進」，p.36.

　テクノロジーがスポーツの様々な場面で活用されるようになると，ビジネス
メリットが認識されるようになり，スポーツ産業がテクノロジーを活用する前
提で組み立てられるようになる．従来のスポーツ産業にテクノロジーが導入さ
れ進化することが予測できる．ビジネスメリットとしては，スマートシューズ
やスポンサーシップにおける広告露出効果が挙げられる．
　スポーツ産業がテクノロジーを活用し可視化されることで,稼ぐスタジアム・
アリーナづくりに貢献できる．例えば，楽しみ方に応じたファンマーケティン
グコミュニケーション施策，会場内のイベントや座席設計などの改善，観戦体
験価値に基づいたチケット価格のコントロール，盛り上がったタイミングで大
型ビジョン広告などにおいて瞬時にキャンペーンを実施したり，応援合戦にお
ける会場の盛り上がりを創出したりするなど，大いに貢献できる．
　AIを活用したアリーナ内などの企業ロゴ広告が，テレビやネット配信に加え，
SNSなどにどの程度露出されるかを測定するサービスが可能となる．具体的に

は，テレビなどの露出度に加え，大きさ・位置・発生などを加味した露出度を算出できる．そのため，チームは広告がどれだけ露出されているのか，より詳細なデータがわかるようになり企業側へのスポンサー営業を支援できる．広告主側も広告の費用対効果を可視化できるので双方にメリットがある．

2 スポーツDXにおけるNFT・メタバースの未来

従来にないテクノロジーとしては，NFT（Non Fungible Token：非代替性トークン）やメタバースなどが挙げられる．ブロックチェーン上で発行されるNFT（非代替性トークン）とは，デジタル資産の唯一無二（非代替）を証明できる技術で，鑑定書や証明書としての（デジタルトークン）証票の役割を担うことができる．NFTは，WEB 3 時代のデジタル経済圏を力強く拡大していく起爆剤と考えられている．

情報通信白書令和 4 年度版によると，現在，NFTの取引量は，2020年の6300万ドルから2021年に300倍以上に相当する230億ドル以上にも取引量が増額している．マイナー競技やアマチュア競技の選手たちは，経済的にも困っている．助成金などを含めて寄付に頼るのが現状である．スポンサーを集めようにも社会との接点が薄ければ，ビジネスサイドの供給者に出会えないのは当然である．寄付だけに頼らないNFTを活用したスポーツビジネスを検討するべきである．すでに，2022年 3 月，自民党NFT政策検討プロジェクトチームが，WEB 3 時代を見据えたNFTに関するホワイトペーパー（案）を発表している．スポーツ界からもNFT市場に参入する企業・チームが増えている．NFTになった有名選手のデジタルカードが，数千万円で取引されるなど，スポーツ業界の新たな事業スタイルを確立しているだろう．NFTを日本のマイナースポーツや地元の密着型スポーツチームで取り入れ，現役選手だけでなく，引退した選手たちも含めて，スポーツにおける解決法が可能となれば，アートでも文化でも他の社会的課題を解決できることができるようになるかもしれない．このNFTを日本のマイナースポーツや地元の密着型スポーツチームで取り入れ，一過性の人気ではなく，人が離れない本質的な価値を見出していくためには，その可能性を見出していかなければならない．

また，メタバースとは，インターネット上の 3 次元の仮想空間であり，利用者は自分の分身であるアバターを操作し，現実空間と同じように，他者と交

流するほか，仮想空間上での商品購入などの経済活動の試験的なサービスも行われている．技術の進展とサービス開発によって，メタバースの世界市場は2021年に4兆2640億円だったものが2030年には78兆8705億円まで拡大すると予想されている（**図3-1**）．メディアやエンターテインメントだけではなく，教育，小売りなど様々な領域での活用が期待されている．

　操作活動や経済活動以外でもメタバースには可能性がある．それは身体的な制約からの解放である．高齢者や障がい者などの身体的に不自由な人が，メタバースの世界では，より自由に飛びまわる空間が創造され，人間のライフサイクルを劇的に変える可能性がある．老人ホームで寝たきりの状態の高齢者がメタバースの仮想空間では移動が可能であり孫に会いに行ったり，買い物ができるようになる．

　電子メールとウェブサイトを中心とした「WEB1」，スマートフォンとSNSに特徴付けられる「WEB2」に続く次世代のフロンティアとして「WEB3」とも言われている．

　ブロックチェーンは，ブロックと呼ばれる単位でデータを管理し，それを鎖（チェーン）のように連結して保管する技術を言う．私たちが現実社会で用いる現金は，日本銀行が中央集権的組織として統括コントロールする貨幣である．これに対して，メタバースという仮想空間では，単位が地域などの少数単

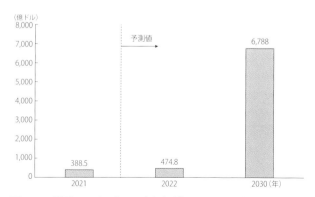

図3-1　世界のメタバース市場規模（売上高）の推移及び予測

（出所）Statista（Grand View Research.）（https://www. statista. com/statistics/12957841 metavers market-size, 2023年11月21日閲覧）．

位で可能となり，より分散化が可能となり，地域のコミュニティーやスポーツ
チームが統括することができる．ブロックチェーンは，暗号，P2P，分散合
意形成などの技術を基盤とするものであり，情報を共有しても改ざんされない
こと，価値流通の仕組みの構築ができること，価値のトレーサビリティの担保
ができることなどの特徴がある．近年は，ブロックチェーンを基盤とする分散
化されたネットワーク上で，特定のプラットフォームに依存することなく自立
したユーザーが直接相互につながる新たなデジタル経済圏が構築されようとし
ている．従来，ベンチャー企業などのスタートアップでお金儲けのために使わ
れてきたが，WEB3時代となり，簡易化されコストが下がってくると，非営
利組織も設計していくのかもしれない．社会的意義のあるお金で換算できない
価値を見出す可能性がある．

　貨幣という1つの価値基準に落とし込む貨幣経済において，WEB3時代に
新たに生まれた非金銭的な価値の資産化．この非金銭的な価値は社会にどのよ
うな影響を与えていくのだろうか．

　非金銭的な価値を継続するためには，お金では買えない本質的な価値が内側
に存在しなければならない．円の内側に本質的な価値があり，その外側に事
業としてお金で買える経済価値がある．内側にはお金で買えない文化や本質的
な価値を大事に育てなければならない．ブランド・コアのような本質的な価値
を理解せずに，安易な企業買収などにより，お金に変えようとすると本質的な
価値は下がるだろう．だからこそ，お金で買えない本質的価値をいかに大事に
育てていく箱や仕組みを作るかが事業をする上で重要となってくる．WEB3
時代のスポーツビジネスにおいては，ブランドをしっかり作っていく人もいる
し，それをオンラインで見る人もいるし，その対象を見てベッティングする人
がいたり，それを見てファンタジーする人がいたりする．それが対象になり得
て，みんなの注目が集まるようなコミュニティーとその熱狂的に盛り上がるス
ポーツチームが大事になってくる．安易に貨幣価値のみを追求することには警
告を発しておきたい．株式相場のように，利益がでないから売るというような
ユーザーが多いと市場も維持できなく発展しないだろう．

　スポーツ業界においては，WEB3時代は投資ではなく応援するマインドを
育成していくことだ．選手やチームへのストーリーがあれば良い．ちょっとし
た関わりがあれば，勝つためではなく，応援するためとなれば良いシステムに
なる．ほんのちょっとした所有感が，ほんのちょっとした自分コト感が持てる

と，見ている方の見方も変わる．

　特に，生まれた時からテクノロジーが身近な存在であるデジタルネイティブなZ世代に期待したい．団塊ジュニア世代以前は土地を欲しがる．しかしZ世代は土地はいらないという人が多い．物理的なものはいらないという．大きな価値観の違いだ．学生に聞いてみると，自家用車を所有するよりも，フォロワーの数が欲しいという．物欲が少ないのだ．

　インターネットが始まってから生まれたZ世代は，先生よりも子どもたちの方が知識を持っている．WEB3で何ができるかというと，ブロックチェーン上で銀行等を間に介さずに，契約を自動的に実行する仕組みができるスマートコントラクトができる時代である．スマートコントラクトでは，弁護士を介さずに，お金が稼げたり，事業を立ち上げたり，または結婚もできる．ただし，バーチャルエコノミーであるメタバースではまだ法制度が追いついていないので，国家が規制をかけていく．親も教育上，同調するようになるだろう．しかし，Z世代が反対する構図となるかもしれない．未知の仮想空間の体験を通じて，仮想空間における規制と自由の狭間を探る議論をすることになりそうだ．

　今後を模索する上で，仮想空間で楽しめるゲーム業界は大いに参考になるだろう．ゲーム業界は業態を継続的に進化し続けている．従来はゲームセンターへ出掛けていき，ゲーム機器へ100円を投入してインベーダーゲームをする不動産業だった．その次は，ファミコンなどの家庭内ゲームにおけるカセットやCDなどへの物販業となった．その次は，オンラインの定額制の課金ビジネスへと進化している．In Game Item（ゲーム内課金）からPlay To Earn（ゲームをプレイしながらお金を稼ぐ）へと進化は留まるところを知らない．

　Microsoftの「Xbox」は，日本ではゲーム専用機のほか，パソコンやスマートフォンなどで様々なゲームを楽しめる月額制の「ゲームバス」を販売している．Microsoftの「Xbox」はソニーグループや任天堂のゲーム機で遊ぶ人が多く，後塵を排してきた．様々な端末でゲームを楽しめる定額制サービスに力を入れ始めたのを機に，競争環境をさらに進化させようとしている．世界でゲームをしている人は30億人いるが，ほとんどがスマホなどのモバイル端末で遊んでいる．Xboxでは手薄だったモバイルの強化が欠かせない．選択肢を用意することでより多くのプレイヤーと接する機会を増やしていく．

　Microsoftは2022年1月，米国ゲーム大手「アクティビジョン・ブリザード」を687億ドル（約9兆8600億円）で買収することを発表した．メタバース事業を強

化する．ゲームの世界では，以前から没入した世界で友人と一緒にプレイして
きた．革新的なコンテンツやストーリーという自然な進化が今後も続くであろ
う[1]．

　ソニーはスマートフォン「Xperia」向けに，長時間のゲーム操作を快適にす
る支援機器「ゲーミングギア」を2022年10月14日に発売した．ソニーがスマホ
に装着するゲーム機器を発売するのは今回が初めてだ．冷却ファンのほか，外
部機器と接続できるポートを豊富に備え，高画質のライブ配信もしやすくする．

　商品名は「Xperia Stream for Xperia14」で，ゲーム対戦競技「eスポーツ」
の愛好家らの需要を見込む．市場の推定価格は2万4000円前後だ．6月に発売
したエクスペリアの旗艦機種に組み合わせて使う．プロのeスポーツチームが
デザイン開発などを監修した．長時間，スマホで高画質のゲームを操作する
と端末が熱くなる傾向がある．新発売のゲーミングギアは冷却ファンを備える．
独自の形状で端末全体を効果的に冷やし，長時間遊べるようにする．また「e
スポーツ」の上位の競技者は自身のプレイを「ユーチューブ」などに投稿する
ことが多い．そのため，ゲーム用機器の中央部には有線ネットワークや給電な
どで外部機器と接続できるポートを4つ設けている[2]．

　KADOKAWA Game Linkage（2020）によると，2019年の日本eスポーツ市
場規模は，前年比127％の61.2億円となった．"eスポーツ元年"と呼ばれた
2018年から2019年にかけて，大手企業の参入が相次ぎ，市場の伸長が続いてい
る．高速・大容量化，低遅延，多数端末接続が特徴の次世代モバイル通信「5G」
が開始されることで，モバイルのeスポーツが活発化．また家庭用ゲーム機・
PC向けeスポーツタイトルが今後モバイル端末でも展開されることが見込まれ，
スマートフォンが普及している日本において，さらにeスポーツ市場が拡大す
ると予測されている[3]．2020年から2023年までの年間平均成長率は約26％伸長す
るという（**図3-2**）．

活況を呈する東南アジアのeスポーツ

　オランダの調査会社によると，東南アジアの主要6カ国（シンガポール，マレー
シア，タイ，インドネシア，フィリピン，ベトナム）におけるeスポーツの視聴人口
は延べ4000万人に上り，市場規模は2021年の約3920万ドル．24年には7250万ド
ルに拡大することが予測され，世界で最も速い成長が見込まれる地域である．

　eスポーツは主にオンラインで配信され，ストリーミングプラットフォーム

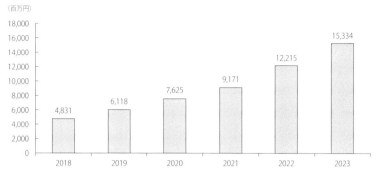

図3-2　日本のeスポーツ市場規模

（注）　2020年以降の数値は，2020年2月時点での予測.
（出所）「2019年日本eスポーツ市場規模は60億円を突破」
　　　　（https://prtimes.jp/main/html/rd/p/000006804.000007006.html, 2023年11月21日閲覧）.

やソーシャルメディア上で広範な視聴者を集めている．テレビや新聞よりもインターネットやソーシャルメディアを主要な情報源として利用している若い世代には，eスポーツを活用した広告は注意を引きやすく，効果的に届けることが可能である．大会スポンサーとして，自動車，食品，通信，電機などの消費財メーカーやメガバンクも名を連ねている．

　東南アジアを含む世界25チームのスポンサーであるシンガポールの会社は，eスポーツ向けのゲーム機器を販売する企業で，既に8000万人のゲームユーザー（顧客）がいる．東南アジア諸国連合全体では，約1億4000万人の成人が銀行口座を持っていない．このため，同社は自社の顧客を中心に銀行口座を持たない若者に少額ローンや保険商品を提供している．通常，日本でスマートフォン決裁を手掛ける場合，企業は顧客獲得のために莫大な宣伝費用を必要とするが，同社は宣伝費用をかけずに顧客を獲得できている．

　東南アジアのデジタル金融サービスの市場規模は25年に380億ドル（約4兆2000億円）と19年の3.5倍に急拡大する見通しだが，なかでもネットによる融資サービスの伸び率が最も高い．したがって，同社のような新興勢力が新たな収益源を求めて，主力のゲーム事業から金融事業へ派生するのは合理的な判断と言える．アジアだけでなく，中南米の新興国の若年層の多くも銀行口座やクレジットカードを持っていないので，若年層に訴求できるeスポーツで顧客を囲

い込むグローバル戦略に発展する可能性がある[4]．

　国際オリンピック委員会（IOC）が国際競技連盟やゲーム会社と連携して設立した世界的なバーチャル＆シミュレーションスポーツ競技大会「オンピックeスポーツシリーズ（OES）2023ファイナル」が世界初開催となった．2023年3月1日からアーチェリー，サイクリング，セーリング，ダンス，チェス，テコンドー，テニス，モータースポーツ，野球の9種目の予選大会が開催され，対面形式による決勝戦を6月22〜25日にシンガポールで実施された[5]．

　従来のスポーツの観戦者が高齢化する中，若年層に訴求できるeスポーツはIOCも注目している．

　ゲームに熱中すればプレー時間が長時間に及ぶため，「ゲーム依存症」患者の増加が懸念される．政府が未成年者に対してゲーム時間を規制する可能性がある．東南アジアを含めて世界のeスポーツ産業において大きな課題となってくるだろう．

ゲームの依存症

　ゲーム依存が若年層を中心に広がっている．疫病としての認知は浸透しておらず，治療や支援体制は未だ確立していない．一度依存状態に陥ると，日常生活に深刻な支障をきたすこともある．1日の大半をゲームに費やす子どもを持つ親からの相談も増えている．ゲームはうまく使えば手軽な娯楽，のめり込めば人格や日常を侵食する魔力にも変わる．スマホの高機能化で魅力的なゲームがますます身近になった．専門医の養成が重要となるが，大人も含めてスマホやゲームとの最適な距離を探ることが必要になっている．

　厚生労働省研究班によると，ゲームを含むネット依存の疑いがある中高生は2017年度に全国で推計93万人．5年前の調査では51万人だったが，約40万人も増えた．オンラインゲームや動画サイト等の利用が多い．携帯型ゲーム機がテレビに接続する据置型にとって変わり始めたのは25年ほど前．ゲームをする子どもたちに家族の目が届かなくなってきた．ゲームへののめり込みは世界で懸念されている．

　世界保健機関（WHO）は2019年5月，ギャンブル等と並ぶ依存症として「ゲーム障害」を精神神経系の病気の1つに認定した．WHOが2018年6月に公表した新しい国際疫病分類ICD-11に，「ギャンブル障害」と並ぶ形でゲーム障害を入れた．① ゲームをする時間や頻度を制御できない．② ゲームが他の関心事

や行動に優先する．③問題が起きても続ける．④個人，家庭，学業，仕事などに重大な支障が出ている．以上4つが12カ月以上続く場合にゲーム障害と認定される．特に，注目すべきは②だ．ゲーム時間確保が最優先の生活が見られる．食事，睡眠，排泄といった生きていく上で必要な行為すら二の次になる．単なる「ゲーム好き」ではなく，依存症で病気と捉えるべきだと久里浜医療センターの樋口進医院長はいう．神戸大学の曽良一郎教授（精神医学）は，「患者数が国内に数百万人いるとされるアルコール依存症並みに多い可能性がある」という[6]．

　文部科学省による全国学力テストの結果分析からは，ゲームに費やす時間が長いほど平均正答率が低くなる傾向が見られた．ゲームで遊ぶ適切な時間は「1時間以内」とされることが多いが，日本の小学生の1日あたりのゲーム時間は増加傾向である．文部科学省の調査では，平日に1時間以上ゲームをする小学生の割合は2013年度に初めて5割を超えた[7]．

　内閣府の2021年度の調査では，10～17歳の1日当たりの平均利用時間は約4時間24分だった．子どもがインターネットに費やす時間が増えている．インターネットは世界の人々と手軽につながることができる有用なツールだが，依存や学力低下との関連を示すデータがある．

　内閣府の調査によると，平均利用時間は9歳以下でも約1時間50分で，どの年代も前年度より増えた．インターネットを「利用している」と答えたのは10～17歳の97.7%，9歳以下は74.3%だった．使用機器はスマートフォンやタブレット端末，ゲーム機，テレビなどで，目的は動画視聴が多い．インターネットやスマホを使っていけないわけではない．ただ，睡眠，勉強，外遊び，家の手伝いなど，成長期の子どもにとって本来必要な時間が削られている可能性がある．「これら必要な時間をまず確保し，余った時間をネットやゲームに使ってもいい，というルールにしてはどうか」と，山梨大学の山縣然太朗教授（社会医学）はいう[8]．

3　eスポーツ部活動

　eスポーツを高校の部活動で取り組む動きが活発化している．eスポーツ部の創設は各地で相次ぐ．全国規模の高校対抗戦が開かれるようになったことが一因だ．競技人口が増加する中で創部が相次ぎ，依存症への懸念が高まっている．

　どんなゲームが依存症になりやすいのか．１日何時間までの練習ならば健康に悪影響がないのかといった研究成果が乏しい．投手に球数制限を設けた高校野球などを参考に，ガイドライン作成を思案中だ．

　中国政府は2019年11月より未成年を対象にオンラインゲームの規制を公表している．この規制では，18歳未満の未成年者は22時から翌朝８時までログインを禁じプレイ時間も平日は１時間半までに制限している．課金サービスの上限も設定している．[9]

　競技人口が増加する中で創部が相次ぎ，依存症対策として専属のチームドクターを置く高校も登場した．2018年秋にeスポーツ部を創部した私立岡山県共生高校（岡山県新見市）は，ゲームに没頭し，生活に支障をきたす依存症への対策を重視している．練習時間は平日なら３時間，土日祝日は５時間までに限定．指導教員が定期的に部員がプレイするゲーム内を巡回し，やりすぎていないか目を光らせる．さらに岡山大学で公衆衛生を専門とする教授と委嘱契約を締結し，月一回ほど部員と面談し，心身に異変がないか直接確認している．チームドクターを置くのは全国でも珍しい．[10]

　さらに，eスポーツの世界市場規模は，2021年はeスポーツの視聴者増とエンゲージメント拡大により，ユーザー支出が増加傾向に転じ，2020年の９億4710万ドル（約1070億円）から，約14.5％増の11億ドルに迫るところ（10億8410万ドル＝約1225億円）まで拡大すると推定している．[11]　その結果，2019年から５年間のCAGR（年平均成長率）は11.1％増で堅調に推移し，2024年には16億1770万ドル（約

図3-3　eスポーツ年間収益推移

（出所）角川アスキー総合研究所「グローバル eスポーツ＆ライブストリーミング マーケットレポート2021」（https : //www.lab-kadokawa.com/release/detail.php?id=0133, 2023年11月1日閲覧）．．

1828億円）に達すると予測している（**図3-3**）．

4　エンターテイメントにおけるテーマパーク

　新技術の進展により，継続的に全く違うビジネスモデルを構築しゲーム業界は変化し続けている．Play To Earn（ゲームをプレイしながらお金を稼ぐ）時代が到来することは，スペースインベーダーゲームのようなゲーム内課金（In Game Item）の時代は想像できなかっただろう．スポーツでも今までないようなモデルが出てくることを期待している．最初に発見したアーティストなどの人材が評価されることになるだろう．ゲーム業界を参考にすると，スポーツ業界でも何十年もかかるかもしれない．

　本当にお金で買えない価値の例でいうと，LVMHグループである．お金で買えないブランドのデザイナー，ワインを作っている職人はブランドの本質的な価値を持っている．それに加え，そのブランドからお金を作る力に変えることができるのがLVMHグループである．外側にビジネスがあって，内側にはクラフツマンシップやクリエイティブな専門職のようなお金で買えない文化や価値がある．内側では独自のアイデンティティと卓越性を維持しながら，外側では将来を見据えたイニシアティブを展開している．すぐにお金に変えようとすると，本質的な価値は下がる．だからこそ，いかに大事に文化を育てる箱を作っていくかということがビジネスという点で課題になる．スポーツはまさに純粋性が大切なものなので学ぶべきことが多いだろう．

　ブランド・コンテンツからさらに派生した事業として，テーマパークが挙げられる．東南アジアで大規模な娯楽施設の開業が相次ぐ．ソニーグループはタイのパタヤ近郊で，米国パラマウント・ピクチャーズはインドネシアのバリ島で計画する．経済成長で増える中間層や外国人観光客の取り込みを狙い，米系大手企業が進出を決めた．これまでの娯楽施設は地場が営む小型なものが大半で，外資大手企業が乗り出す事例は少なかった．所得水準が先進国に比べて低く，投資案件として割に合わなかったからだ．しかし，経済成長に伴い所得を増やし，レジャーを楽しむだけの余裕資金を持つ中間層が増え始めた．

　国際通貨基金（IMF）によると，インドネシアの20年の1人当たりの国内総生産（GDP）は約3900ドルと10年前から2割超増えた．タイは7000ドル台で推移し，すでに上位中所得国の位置づけだ．フィリピンやベトナムもインドネシ

アと同様に上昇している.

　外国人観光客も主要ターゲットだ.　ソニーとパラマウントは人気観光地の近隣にテーマパークを構える.　コロナ禍が収束に向かい,　リゾートに戻ってきた観光客の一定数を施設に呼び込めれば,　その恩恵は大きい.

　アジア全体で見ると,　大型テーマパークは所得水準の上昇と連動するように開業してきた.　1983年開業の東京ディズニーランドは,　当時の日本の1人当たりGDPは約1万ドルだった.　上海ディズニーが開業した16年の中国は同8000ドル台で,　都市部なら1万ドルを超えていたとみられる.　タイやインドネシアも,　大都市に絞れば1万ドル近辺とみられ,　過去の経験則を満たす.

　もっとも,　米系大手企業の思惑通りに進むかは見通せない.　1つは,　顧客の争奪戦激化だ.　大型施設は近隣国から観光客を呼び込めるのが強みだが,　逆に見れば奪われるリスクもある.　代表例が2005年開業の香港ディズニーランドだ.　2016年の上海ディズニーの登場で客足は遠のき,　かねての低迷に追い打ちとなった.　迎え撃つ既存のテーマパークが大規模改装などを打ち出せば,　目算が狂う恐れはある.

　米国映画大手パラマウント・ピクチャーズは2022年8月,　観光・娯楽施設を

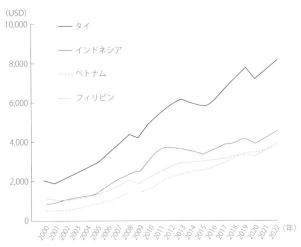

図3-4　東南アジアの所得水準の推移

〔出所〕小関真人[2022]「東南アジア及びタイにおける物価と賃金の上昇 一般調査報告書」（https：//www.pref.aichi.jp/ricchitsusho/gaikoku/report_letter/202210bangkok.pdf, 2023年11月1日閲覧）.

手がけるインドネシアのキオス・リア・クレアシと提携してテーマパークを建設すると発表している．テーマパークは57万平方メートルを確保し「東南アジア最大級」をうたう．25年の一部開業をめざす．パラマウント・ピクチャーズを傘下に持つパラマウント・グローバルのタイ・グラナロリ副社長は「バリ島の美しさにリゾートホテルとテーマパークを組み合わせた誇るべき計画だ」と語る．パラマウントは「トップガン」や「ミッション・インポッシブル」など世界的なヒット作を数多く抱える．「スポンジ・ボブ」など低年齢層を対象にしたコンテンツも豊富だ．

　米国ソニー・ピクチャーズエンタテインメント（SPE）は，傘下の映画会社コロンビア・ピクチャーズの作品にちなんだテーマパーク「コロンビア・ピクチャーズ・アクアバース」を2022年10月に開業した．場所は人気観光地のパタヤ近辺で，面積は約５万6000平方メートルと東京ドームを上回る大きさだ．2021年10月に開業予定だったが，新型コロナウイルス禍の影響などで遅延していた．同施設はタイの施設開発会社アマゾンフォールズが運営する．人気作品「モンスター・ホテル」や「ゴーストバスターズ」などをテーマにした乗り物やプールを提供する．

　ソニーグループは長期的な経営目標でエンターテイメント分野を中心に「10億人と直接つながる」を掲げている．人口が増えるアジア圏はその有望地域だ．今回の取組みなどを検証し，同様のアトラクションを世界各地で展開できるかを判断する方針だ．「ロケーションビジネスはあくまで実験．ソニーがディズニーワールドやユニバーサルスタジオをつくるわけではない」．SPEのアンソニー・ヴィンシクエラ会長兼最高経営責任者（CEO）．現状では米ディズニーと異なりテーマパーク運営までは乗り出さない．数年以内には現状の約３倍の16万平方メートルまで拡大する見通しで，仮想現実（VR）や仮想空間「メタバース」を生かした屋内型のアトラクションを設ける計画だ。[12]

　テーマパークという現実空間と仮想空間を演出するエンターテインメントの世界がさらにデジタル技術の向上を押し上げ，やがてはスポーツ観戦施設の演出を向上させることになろう．感動価値が増え，顧客満足度が向上していく．最先端技術とスポーツの相性が良いことを認識できれば，大いなる発展を遂げることになるだろう．

5　スポーツDXにおけるスポーツベッティングの未来

　世界の賭博市場は，2009年で3350億ドル．内訳としては，88％がカジノ，各種くじ，ゲームマシン，ビンゴである．残りの7％が競馬，5％がスポーツくじとなっている．2012年の世界のスポーツギャンブルの賞金額は，133億ユーロである．

　2021年11月23日にREPORTOCEANが発行したレポートによると，世界のスポーツベッティング市場は，2027年までに1627億3000万ドルに達する見込みである．世界のスポーツベッティング市場は，2020年には約1301億ドルとなり，2021年から2027年の予測期間には8.73％以上の健全な成長率が見込まれている．[13]

　相原 [2017：31-49] によると欧州における賭博はスポーツにおいて重要な役割を果たしている．レジャーの追求として確立され，同時にスポーツ体験の社会的現実の一部となっている．また，賭博はスポーツ財源を確保するための重要な収入源となっている．英国ロッタリー（宝くじ）からの基金による方法で国を通じてスポーツプロジェクトや個人に再配分されている．1995〜2009年までの間で，英国宝くじ基金から約5万件のスポーツ事業に総額45億ユーロが配分されている．英国宝くじ基金の使途は，草の根スポーツからエリート強化まで幅広く支援をしている．

　米国ではスポーツへの賭けを禁止している．1992年，米国の連邦法に「プロ・スポーツおよびアマチュア・スポーツ保護法」がある．ビル・ブラッドリー上位議員は，スポーツの賭けはスポーツを健全な競技の楽しみからギャンブルの手段へ変質させ，八百長について人々の疑惑をもたすものだと主張した．しかし，ラスベガスのあるネバダ州だけが，2003年にスポーツギャンブルを合法化している．その後，2018年に米国最高裁判所より，スポーツベッティングは「合法とするか否かは各州の決定に委ねる」という判決が出たことによって，合法化に踏み切る州が急激に増加し，33州（2022年4月時点）まで拡大している．ベッティング先進国である英国は，1960年代から政府公認のブックメーカーが存在し，スポーツに限らず天気や選挙結果などあらゆることが賭けの対象となっている．その他の欧州諸国（イタリア，フランス，ドイツ）でも，2000年代以降民間企業に向けたスポーツベッティング事業の開放が進んでおり，活況となっている．2021年にカナダでも合法化され，G7の中でスポーツベッティングが合法

化されていないのは日本のみという状況である[14].

違法のオンラインギャンブルサイト

　インターネット上のギャンブルサイトはおよそ1万5000も存在し，その85％が違法であるという．スポーツ界にとって非常に危険な存在となっている．オリンピックに限らす，スポーツ全般が危機に直面している．2011年3月，各国政府とスポーツ界の主だった団体は，オンラインギャンブルの悪用に対して断固戦うと表明した．従来とは全く違うハイテクで極めて複雑な新しい種類の戦いである．あらゆるスポーツがギャンブルの対象となっているが，特に懸念されているのがサッカーである．賭け事の対象の内，半数がサッカーの試合であるといわれている．オンラインギャンブルは合法的に行えば，競技関係者にとって潤沢な資金源となるはずだった．各国政府にとっても，オンラインギャンブルを合法化すれば，税収も約束されて一石二鳥だと考えていた．

　しかし，その考え方は甘かった．インターネットがすべてを変えたのだ．年間4000億ユーロもの利益を上げるオンラインギャンブルは，スポーツ界の経済を予想以上に変化させた．選手は試合に勝つより負けた方が大金を手に入ることがあり得るのだ．

　当時，欧州サッカー連盟のミシェル・プラティニ会長は，「この競技の存亡をかけた戦いだ．経済危機のさなかで収入が不安定な国では，選手が経済的な穴埋めを求められることもあるでしょう．理解はしますが，不正は絶対に許しません．逮捕イコール追放です」と述べている[15].

　国際競技団体も，末端の競技グループでも，賭博はスポーツにとって，特にサッカーにとって有害であることに気付いている．2011年，韓国Kリーグで八百長に関与した41名を永久追放処分としている．2013年，中国で八百長に関与した33名が永久追放処分を受けている．

スポーツギャンブルにおける世界への警鐘

　スポーツの経済は一般的な経済とは異なり，ほんの一握りの選手に依存しているという大きな特徴がある．一人の選手や少人数のチームにその行方が左右される経済活動はめったに存在しない．かなりの大金がわずかな選手にかかっているということになる．しかも，彼らは若くて無防備である．フランスにおける不正なスポーツ賭博の専門家であるジャン・フランソワ・ゲロー警視は，

かつてフランスの情報機関で金融犯罪の捜査を担当していた．大金が絡む経済活動では二重な現象が起きるという．まず金そのものの誘惑，さらに集まった大金で大規模な不正行為が行われる可能性が高くなる．長い間，スポーツ団体は違法賭博，八百長の存在を否定してきた．

　しかし，スキャンダルが相次いで発覚し，関係者は窮地に陥っている．2011年5月のFIFA（国際サッカー連盟）記者会見において，当時のゼップ・ブラッターFIFA会長は「FIFAにとって歴史的な日となります．我々は外部に門戸を開き，ICPO（国際刑事警察機構）に協力を要請することにした．世界中の警察が違法な活動に終止符を打ってくれるよう望む」と語った．[16] 違法な賭博は世界的な問題となっているため，ICPOによるグローバルな対応が必要であった．ICPO は2010年のサッカーワールドカップ南アフリカ大会期間中，東アジア4カ国で取締りを実施し，1カ月で5000人以上を逮捕した．中には，20億ドル以上の賭け金を集めていた違法な賭博場もあったが閉鎖へ追い込んでいる．

　近年，欧州ではスポーツギャンブルに関連した事件が増加している．エリック・ビショップ検事はベルギーで疑わしい試合を捜査している．スポーツにおける汚職事件を専門とする捜査班は欧州でもベルギーのみである．最近ではレッドカードを出される選手やPKを獲得した時間までもが賭けの対象となっている．試合結果だけが賭けの対象になっていると思う人がいるだろうが，それは過去の話である．最近では特定の時間帯に起こる出来事も賭けの対象となる．例えば，ある時間帯に選手がスローインをするかどうか，ゴールがいくつ決まるかどうかも対象となっている．そのため，実際に何が賭けの対象となり，どのような賭博が起きているのかがわからない．このため，試合結果だけでなく，特定の時間にレッドカードやPKが出ているが，どのような事が賭けの対象になっているのか，内容を詳細に調べなければならない．限られた手段で閉鎖的なスポーツの世界において，とりわけ，サッカー界に潜入するのは難しい捜査である．賭博がどのように試合を操っているのか，試合結果をどのように左右しているのかを突き止めるには，何でも賭けの対象になってしまう以上，賭博システムはあまりにも複雑で難解である．

　しかも，レッドカードに賭けるのは，フランスとベルギーでは違法だが，英国では合法である．各国における法律が一致していない現実が犯罪組織の活動を容易にしている．2007年以降，問題はさらに深刻化する．新しい形のギャンブル「ライブベット」が世界のスポーツ市場に導入されたからである．これに

より，だれもがコンピュータからインターネットを経由して試合中に賭け事を
することができるようになった．サッカーならば90分，テニスならば2,3時間
の間に世界中で同時に大金が動く．

オンラインギャンブルが新たなテクノロジー競争を加速する

　1970年代フランスの麻薬密売組織は熟練した科学者を取り込んで麻薬取引に
革命をもたらした．現代では，アジアと東ヨーロッパの犯罪組織が優秀な数
学者を取り込んでライブベットの抜け穴を利用し利益を上げている．データ処
理ソフトを使用し，誰がどの地域からどのように賭けているかをモニターする．
もちろんシステムだけでは違法な動きを発見することはできない．それを使い
こなす専門家が必要となる．人間とシステムの連携だ．データ処理システムに
は多額の経費がかかり，それを運用する人材も非常に貴重である．

　しかし，これがうまく機能すれば，国境を越えて瞬時に激しい動きをコン
ピュータで監視することが可能となる．

　賭博の監視は新たなテクノロジー戦争を生んだ．科学的データ分析を専門と
する企業は極秘のハイテクプログラムを開発している．英国ロンドンにあるス
ポーツレーダー社は，この分野におけるトップ企業の1つである．わずか数年
で欧州とアジア各地に事務所を開設し，2009年からは欧州サッカー連盟の業務
を請け負っている．

　スポーツレーダー社は，年間4万試合を1社でモニターしている．1試合に
つき約6000件の賭けがインターネット上で行われている．ライブベットが登場
してから，サッカー賭博は爆発的に増加している．しかも，賭けられる金額が
とてつもなく大きい．特に，英国プレミアリーグの試合を監視していると，注
意を向けているアジアでは一度に100万ユーロ賭ける人もいる．ヨーロッパリー
グにおける最大の試合であるチャンピオンズリーグの決勝戦では，全世界で10
億ユーロ（約1兆円）を超える取引が行われている．たった1試合に対してである．

　2008年の北京オリンピック競技大会の広告収入は2週間の開催期間で約9億
ユーロ（およそ900億円）に対し，2011年のバルセロナ対マンチェスターユナイテッ
ドの決勝戦では，試合時間の90分間だけで，10億ユーロもの金が動いたことに
なる．これほどまでに大きな市場に犯罪組織が目を付けたのは容易に理解でき
る．

　オンラインギャンブルはほとんど規制されていないか，されていても緩い場

合が多い．これを犯罪組織は格好のマネーロンダリングの場として利用していた．フランスのジャン・フランソワ・ゲロー警視は，「麻薬や武器の密売，売春など販売行為で稼いだ金を合法的な経済活動で使用できるようにするために，犯罪組織はマネーロンダリングという資金洗浄がどうしても必要となってくる．たとえその過程である程度の損失が生じたとしてもそれは必要経費として割り切れば良い．資金は洗浄しないことには使用することができないのだから．違法に得た金を洗浄する過程で3，4割を失うのは犯罪組織では通常のこと」と言われている．比較的還元率の高いスポーツギャンブルは犯罪組織にとって好都合なターゲットである．サッカー賭博が合法化されたとき，単純で効果的なテクニックが考え出された．[17]

　対戦リストから，勝ち・引き分け・負けのオッズ（賭け率）が近いものを選ぶ．例えば，勝ちが2.32倍，引き分けが3.10倍，負けが2.70倍だとする．通常であれば，どれか1つに賭けるがマネーロンダリングが目的な場合は，3万ユーロを所有していれば，それぞれに1万ユーロずつ賭ける．結果が，勝ちならば配当は2万3200ユーロ，引き分けならば配当は3万1000ユーロ，負けならば2万7000ユーロとなる．総額の掛け金である3万ユーロと配当金の差を見ると，最も損失の大きい勝ちの場合でマイナス6800ユーロ，全体の23％である．従来は3，4割の損失があったことを考えると，マネーロンダリングにかかるコストは，割合がよくなり効率的だ．合法化されたサッカー賭博はマネーロンダリングとして絶好の標的となっていた．

犯罪組織にとってリスクを負わない犯罪こそが八百長である

　さらに，犯罪者というものはリスクを負わない効率的な方法を考える．犯罪者からすれば，リスクを負わない方法はないかと考えるのは当然である．もし結果が確実に負けだとわかっていれば，引き分けや勝ちに賭けて金をどぶに捨てる必要はない．最初から負けに賭ければよいと，そして，この方法が実行されてしまったことがある．犯罪組織は確実な試合結果を出すことで，闇社会の金を洗浄しようとした．犯罪組織が選手に近づき八百長を仕組んだのだ．犯罪組織は自分たちの言いなりになる選手を欧州各地で見出してきた．現在，多くの選手が裁判にかけられている．ベルギーでは50人が起訴，ドイツでは70人，トルコ85人，ギリシャ50人，フィンランド16人，英国9人，スイス9人もいる．[18]

　イタリアでは不正なネットワークが明るみに出た．このイタリアのサッカー

　スキャンダルは奇妙なことから発覚した．最初は選手の体調不良が問題となった．3部のクレモネーゼ対パガネーゼの試合が行われ，試合中クレモネーゼの数人の選手が具合が悪くなり，プレーすることが困難になった．検査した結果，飲み物に向精神薬（睡眠薬のようなもの）が混入されたらしいことがわかった．

　ほとんどの八百長事件において，物的証拠が見つからないことが多い．しかし，クイド・サルヴィーニ検事が起訴したこの事件には珍しく物的証拠があった．盗聴された一人がクレモネーゼのGKだったマルコ・パウローニだった．サッカーにおけるGKは特殊なポジションで単独でも試合結果を左右することができる．ピッチではパウローニは有能なキーパーである．しかし，素行に問題があった．彼は10万ユーロの年俸をもらっていたが，ギャンブルによる浪費癖が激しく，テニスの試合や競馬，オンラインポーカーなどのギャンブルで大金を失っていた．2010年9月，ブックメーカーの代理店をしているマッシモ・エロティアーニに出会い，クレジットカードで賭けをし，病み付きになり借金を作ってしまった．年俸と同額の10万ユーロの借金返済のため，1,2試合だけ八百長することを自宅で求められた．八百長を渋っていると，同席した歯科技工士を名乗る男が脇に呼び，処方箋を見せてきた．それにはパウローニの妻の名前と睡眠薬の名前が印字されていた．パウローニが「どういう意味だ」と聞くと，歯科技工士を名乗る男は「以前，お前が気分が悪くなったことがあるだろう．この薬のせいだ」と脅された．パウローニは，妻に危害が及ぶことを考慮し，応じるしかなかった．

　パウローニはギャンブル依存症で薬物を混入した容疑で逮捕された．彼らは暗号で話す麻薬密売人とは異なり，あけすけな会話をしていた．その電話を盗聴されエロティアーニなどの犯罪組織の構成員も逮捕された．

　パウローニの情報は遠く中国へも伝わっていた．つまり，短期間で犯罪ネットワークがグローバル化してしまったことを意味する．ブルガリアとセルビアのマフィアはイタリアのマフィアと協力するようになった．トルコのマフィアがドイツで，アルバニアのマフィアがベルギーでそれぞれ暗躍している．さらに，欧州の犯罪ネットワークは中国やシンガポールの犯罪ネットワークと手を結んでいる．

　クイド・サルヴィーニ検事の捜査で，アトランタ対ピアチェンサ試合では興味深いことが起こった．賭博の胴元をシンガポールと中国までたどり着くができたのである．現地で違法賭博が拡大しているのだ．賭博をするのに自分の身

元を明かす必要はない．参加者は誰にも身元を知られずに何千万ユーロもの大金をイタリアの目立たない試合に賭けることもできるシステムが解明された[19]．

　中国や香港の犯罪組織はどのようにして大金を賭けることができているのだろうか．数千万ユーロもの金を賭ければ否応なく目立つはずだ．主にセリエBの目立たない試合をイタリアマフィアが賭けの対象にし，アジアのマフィアの顧客へ賭けを促す．犯罪組織には準構成員の下に実に数千人に及ぶ手下がいるという．その手下に少額を賭けるよう命令する．こうして少額の賭けをたくさん積み重ねることで気付かれないようにしている．賭博を取り締まる当局の監視もここまでは見つけることができない．このような違法賭博ができるのは，長年にわたり，香港と台湾における犯罪組織が存在し，およそ1万人のエージェントが香港と中国本土にいるそうだ．その賭博資金を握っている胴元が存在するとなると恐ろしいことだ[20]．

　香港に住む20万人以上がギャンブル依存症だという．2011年の調査によると，13歳から21歳までの若者のうち，15%が定期的にオンラインのサッカー賭博をしている．違法賭博や八百長で上がる儲けは全世界で1400億ユーロ，およそ14兆円にも上る．これほどの大金を組織から組織へどのようにして受け渡すのだろうか．麻薬や武器の密売同様，そのことに近づけば近づくほど身の危険が増していく．

スポーツ競技の存亡をかけるべき戦い

　スポーツ賭博は中国では違法となっているが，香港には1つ例外がある．香港ジョッキークラブである．香港における競馬を主催する香港ジョッキークラブは，当初，香港に住む700万人だけを対象としたものだったが，現在は世界有数のインターネットギャンブルサイトになっている．トレーディング部のパトリック・ジェイ部長は，「賭け金の上限は香港ジョッキークラブがその顧客のことをどれだけ知っているかで変化する．相手は大企業ではなく，一般人なので，我々には相手のことはわからない．ただ，その顧客との付き合いが長くなれば上限を引き上げることができる」という[21]．

　マネーロンダリングに利用されないためには，賭け金に上限を設定することが基本である．銀行取引同様，賭博のオンラインサイトには賭け金には上限が設けられている．匿名を使用して賭けられる金額に限度があることが重要である．この上限値を非常に高く設定したとしたら，どうだろう．それは合法的に

マネーロンダリングする許可を与えたことと同様である.

　サッカーに限らず,スポーツ全般が危機に直面している.違法な賭博がスポーツの信頼性を脅かしている.試合はスポーツの重要な要素であり,グローバルな視野でとらえるべきだ.現在のスポーツでは多少なりとも不正が付きまとうことを世界で認めようとしなかった.要するに,目を背けてきたのだ.昔のように諸手を挙げて,スポーツを美化するのはもう辞めなくてはならない.スポーツを本来の姿に戻せるか,選手および関係者の誠実さにかかってきている.犯罪組織がグローバル化するほど腐敗が進んでしまった以上,スポーツへの希望は,選手自身の努力と私たち観客が彼らに託す夢だけである.各国政府や国際機関,そして,国際スポーツ団体が一体となり立ち向かっていくしかない.

オンラインギャンブル対策をJRAで実施

　Jリーグが2016年11月24日,八百長行為防止をラップ動画で呼びかけている.「STOP!八百長　誇りと意志を持って全力で戦おう」と題した八百長行為防止をよびかける啓蒙動画を公開した.動画には横浜F・マリノスの富樫敬真選手とFC東京の石川直宏選手が出演している.日本サッカー協会とJリーグが共催する「インテグリティーセミナー」が2016年9月21日,各クラブの担当者など約180人が出席し,スペインリーグの担当者であるアルフレド・ロレンソが違法賭博や八百長の対策について講義した.アルフレド・ロレンソは「Jリーグは過去に八百長が行われたことがないのに,予防に取り組んでいるのは素晴らしい」と述べた.[22]いつまでも八百長のないJリーグでいてほしいと切に願う.スポーツが発展するためには,高潔さ(インテグリティ)が全ての根底にある.totoというサッカーくじがある以上,用心に越したことはない.野球くじも検討する意見も出ていたので,巨人軍選手の野球賭博事件は大きな痛手となるだろう.八百長を永久に根絶していくことが重要である.そのために,日本中央競馬会(JRA: Japan Racing Association)のノウハウを活用すべきではないだろうか.

　これまでJRAにおいて,汚職などのダーティーな事件を聞いたことがない.いかにガバナンスを維持している団体かが容易に理解できる.不正受給の相次ぐ他のスポーツ競技団体とは大違いだ.日本における競馬は,公営ギャンブルという名の元に賭博というイメージがつきまとうが,欧米では様相が違う.競馬発祥の地である英国では,馬主は名誉ある地位である.エリザベス女王の所

有した馬も走るお国柄である．ゴルフ同様，上流階級の優雅な娯楽として認識されている．フランスの凱旋門賞や米国のケンタッキーダービーなどもステイタスが高く，日本の大衆娯楽のイメージとは程遠い存在である．そもそもスポーツの起源が貴族の狩猟にあり，馬術から発展して馬上でホッケーを行うポロへ発展している．その証拠に，今も馬術がオリンピック競技である．体操競技におけるあん馬や跳馬は馬に飛び乗ることを想定して開発されたことからも，いかに貴族階級のスポーツであるかが理解していただけると思う．

　JRAのオンラインにおける仕組みを海外の公営スポーツギャンブルサイトへ提供することができれば，より透明な運営体制が構築でき，合法サイトを構築できるのではないだろうか．JRA（日本中央競馬会）は，世界で最も金銭的に成功した競馬団体である．JRAの年間馬券売上高の推移グラフを見ると，80年代末のオグリキャップブームで火が付き，1997年の売上高では，4兆円を超えている．2021年度でも年間3,091,112,025,800円の売得金を誇る団体である（図3-5）．売得金とは，勝ち馬投票券の販売金から返還金を引いたもので，純利益である．

　1979年以降，JRAは無借金経営を継続している優良企業である．

　余談だが，スポーツ界でいうブンデスリーガのバイエルンミュンヘンのようだ．

国際法と国際秩序に基づく国際取締機関としてのJRA

　日本におけるJRAの位置づけは，政府100％の特殊法人である．国の経済活動において，企業的な特別法人がある．その中で国家の予算決算に準じて国会の審議を必要とするものを政府系機関と呼ばれている．そもそも競馬は，1950年代初頭は，農林水産省の国営だった．当時の売上は畜産振興の名目の元に集金され，国庫へ入金されていた．

　現在は民営化されているが，かつての専売公社（現在は，JT），電信電話公社（NTT），日本国有鉄道（JR）と同様である．JRAは農林水産省の特殊法人であり，国庫納付金は国の財政に深く関与している．そのため，予算計画において，農林水産省や大蔵省の意向が反映されやすい．その分，日本では競馬法があり，馬券はJRAしか販売できない．

　ギャンブル公営4種（競馬，競輪，競艇，オート）参加者の平均年齢が50歳の大台に乗り，20〜30代の競馬離れが加速している．各公営ギャンブルの競技団体は，長らく休日には家族で楽しめるイベントを実施したり，またレースのない

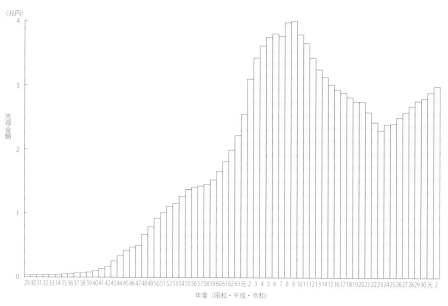

図3-5　JRAの売得金推移

（出所）日本中央競馬会「売得金額・総参加人員」(https：//www.jra.go.jp/company/about/outline/growth/pdf/g_22_01.pdf, 2023年11月1日閲覧).

日には，市民や学生に競技体験ができる場所として，あるいは練習場所として競技場を開放したりするなど地道なファン獲得活動を続け人気の拡大を試みていた．しかし今回の市場拡大をけん引したのは早朝や夜間，深夜までレースを行い，老若男女が時間や場所にとらわれず気軽にインターネットで投票できる仕組みを整備し，DX化したことが要因である．特に，競馬は，インターネットによる投票が93％と極めて高くなっている（**図3-6**）．

　2006年度のGIレースの時間帯別売り上げを調査したところ，馬券購入は，レース前10分以内に購入が集中．グレード競走（GI～GⅢ）は前日から発売があるのに，馬券購入者はラスト10分の間に殺到するのだ．オンラインギャンブルの特徴といえる．IT技術の革新により，トランザクション処理が短時間に集中しても，遅延なく処理が可能となっている．

　2016年10月から，JRAはフランスの凱旋門賞など海外における主要競争馬券を販売した．凱旋門賞の売上げは，41億8599万円であった．地元フランスの場

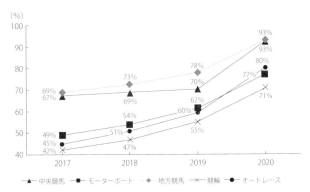

図3-6　公営ギャンブル売上におけるインターネット投票の割合

（出所）情報通信総合研究所「DX化で進むスポーツベッティングの合法化について」（https：//www.icr.
co.jp/newsletter/wtr400-20220810-eshimizu.html,2023年11月1日閲覧）.

外販売公社（PMU）の売上の約2.3倍に相当する金額である．香港国際競争にお
ける４競走の海外馬券の売上は，約38億2070万円．地元香港の売上は約228億
円とされるので，１/６を占める規模となる[23,24]．

　販売手数料が獲得できる各国の競争主催者にとって"ジャパンマネー"は十
分に魅力的である．2017年３月にはドバイ国際競走があり，近いうちに米国で
も開催されるだろう．こうした資金的優位性を活用して，国際スポーツ賭博に
おけるリーダーとして君臨してもらい，JRAには，国際法と国際秩序に基づく
世界の警察官として，スポーツ賭博の違法を消滅して欲しいと切に願っている．

注

1）『日本経済新聞』朝刊15面，2022年９月17日.

2）『日本経済新聞』朝刊17面，2022年９月21日.

3）KADOKAWA Game Linkage（https://game.watch.impress.co.jp/docs/news/1234975.
html, 2023年11月１日閲覧）.

4）『日本経済新聞』朝刊10面，2022年10月21日.

5）IOCオリンピック「eスポーツシリーズ」（https://olympics.com/ja/video/oes-trailer-
vod-ja? uxreference=playlist, 2023年11月１日閲覧）.

6）『日本経済新聞』朝刊15面，2018年11月26日.

7 ）『日本経済新聞』朝刊39年，2018年11月19日.

8 ）『日本経済新聞』朝刊38面，2022年10月 5 日.

9 ）『日本経済新聞』朝刊13面，2019年11月27日.

10）『日本経済新聞』朝刊35面，2020年10月10日.

11）角川アスキー総合研究所『グローバルeスポーツ＆ライブストリーミングマーケット
　　レポート2021』（https://esports-gate.com/211229/, 2023年11月 1 日閲覧）.

12）『日本経済新聞』朝刊10面，2022年 9 月21日.

13）PRTIMES, Report Oceanのプレスリリース「世界のスポーツベッティング市場は
　　2027年まで年平均成長率8.73%で成長する見込み」（https://prtimes.jp/main/html/rd/
　　p/000003880.000067400.html, 2023年11月 1 日閲覧）.

14）ブックメーカージャパン『スポーツベッティングとは？』（https://xn-lckh3drdtc8ib.
　　net/sports betting/, 2023年11月 1 日閲覧）.

15）Crescendo Films/Arte France「It's a Bet!」2012. NHK BS 2012年11月27日放映.

16）同上.

17）同上.

18）同上.

19）同上.

20）同上.

21）同上.

22）日本サッカー協会・Jリーグ・日本スポーツ振興センター「2016インテグリティセミ
　　ナー」（https://www.jfa.jp/about_ifa/news/00011017, 2023年11月 1 日閲覧）.

23）『読売新聞』朝刊15面，2016年 3 月24日

24）『読売新聞』朝刊19面，2016年 4 月30日.

参考文献

相原正道[2016]『現代スポーツのエッセンス』晃洋書房

―――― [2017]『多角化視点で学ぶオリンピック・パラリンピック』晃洋書房.

小沼啓二 [1993]「JRA超巨大財務の秘密」こう書房.

レヴィット，S.D.・ダブナー，S.J. [2007]『ヤバい経済学』（望月衛訳），東洋経済新報社.

加藤正樹 [2006]『ケータイ白書2007』インプレスR&D.

ウェブサイト

LVMHグループ「企業モデル」（https://www.lvmh.co.jp/lvmh%e 3 %82%b 0 %e 3 %83%a b%e 3 %83%bc%e 3 %83%97/lvmh%e 3 %81%ab%e 3 %81%a 4 %e 3 %81%84%e 3 %81 %a 6 /lvmh%e 3 %82%b 0 %e 3 %83%ab%e 3 %83%bc%e 3 %83%97%e 3 %81%ae%e 3 %83%93%e 3 %82%b 8 %e 3 %83%8 d%e 3 %82%b 9 %e 3 %83%a 2 %e 3 %83%87%e 3 %83%ab/, 2023年11月 1 日閲覧).

スポーツ庁「スポーツ界におけるＤＸの推進」『第 3 期スポーツ基本計画』, p.36（https://www.mext.go.jp/sports/content/000021299_20220316_3.pdf, 2023年11月 1 日閲覧).

総務省『情報通信白書令和 4 年度版』（https://www.soumu.go.jp/johotsushintokei/white paper/ja/ro4/html/nd 236a00. html, 2023年11月 1 日閲覧).

Ｊリーグ「STOP！八百長　誇りと意志を持って全力で戦おう」（http://www.jleague.jp/video/detail/3337/, 2023年11月 1 日閲覧).

日本中央競馬会「売得金額・総参加人員」（https://www.jra.go.jp/company/about/outline/growth/pdf/g_22_01.pdf, 11月 1 日閲覧).

第4章

日本におけるスポーツDXの
可能性

1 スポーツ市場の産業規模予測

　日本には，自動車や工作機械，空調など世界的にシェアの高い製品を持つ企業が数多く存在する．日本の製造業の現場では，データを収集し，解析し，活用してきた．全社的品質管理（TQC）などにより，おおよその工場では内部に膨大なデータが眠っている．IoT時代が到来し，ますますデータ量は増加していく．機器の稼働状況などのデータを集めてAIを駆使できれば，米国企業などにまねのできないユニークなサービスを創出できる可能性がある．

　スポーツ庁と経済産業省が2016年6月に発表した「スポーツ未来開拓会議〜スポーツ産業ビジョンの策定に向けて〜」中間報告によると，IoTの活用は，2020年で5000億円，2025年には，1.1兆円に拡大すると予測している[1]．

表4-1　スポーツ市場規模の拡大

我が国スポーツ市場規模の拡大について【試算】				
				（単位：兆円）
スポーツ産業の活性化の主な政策		現状	2020年	2025年
（主な政策分野）	（主な増要因）	5.5兆円	10.9兆円	15.2兆円
①スタジアム・アリーナ ➤	スタジアムを核とした街づくり	2.1	3.0	3.8
②アマチュアスポーツ ➤	大学スポーツなど	―	0.1	0.3
③プロスポーツ ➤	興行収益拡大 （観戦者数増加など）	0.3	0.7	1.1
④周辺産業 ➤	スポーツツーリズムなど	1.4	3.7	4.9
⑤IoT活用 ➤	施設，サービスのIT化進展と IoT導入	―	0.5	1.1
⑥スポーツ用品 ➤	スポーツ実施率向上策， 健康経営促進など	1.7	2.9	3.9

（出所）スポーツ庁・経済産業省「スポーツ未来開拓会議中間報告」（2016年6月）p.9.

　報告書によると，「特に近年目覚ましい技術進歩を遂げているIoT 関連技術とスポーツとの融合市場も期待が大きい．まさにスポーツの見える化ともいうべき選手の動きや力，速度，心拍数などを計り，データとして蓄積できる機器等が開発されており，将来的にはスポーツを楽しむすべての国民が対象市場となりうるポテンシャルを秘めている」という記載がある．

　日本のスポーツ産業だけなく，人手不足や少子高齢化に直面する日本は，AIをテコに産業競争力を高める必要がある．イノベーションによる経済成長が求められる日本は，市場や雇用創出にAIを活用する戦略を描き，行動に移す時期である．電子情報技術産業協会（JEITA）の予測では，世界のAI関連市場は2025年に318兆円と，2010年で30倍以上に膨らむ．サービスやソフト，ロボットなどを通じ，交通や物流，小売り，医療といった幅広い業種で構造変化が進行する．AIとIoTをうまく組み合わせた戦略を考案していくことが重要となる．IoTはビックデータの分析を促し，AIを進化させ，さらに高度なIoT環境を育む好循環を生んでいかなければならない［相原・庄子・櫻井 2018：23-25］．

　スポーツはイノベーションが起きやすい．限られた時間で勝たなくてはならない時，人間は異常なほどの創造性と，相手の逆を付こうと動いたり，様々なことを考えるので進歩が速い．その傾向を応用していくと１つの手法を確立してまとめられることが可能なので，進歩が加速するのではないか．だからこそスポーツには発展の価値がある．

　スポーツ産業がテクノロジーを活用し可視化されることで，稼ぐスタジアム・アリーナづくりに貢献できる．例えば，楽しみ方に応じたファンマーケティングコミュニケーション施策，会場内のイベントや座席設計などの改善，観戦体験価値に基づいたチケット価格のコントロール，盛り上がったタイミングで大型ビジョン広告などにおいて瞬時にキャンペーン実施したり，応援合戦における会場の盛り上がりを創出したりするなど，大いに貢献できる．第９章で米国NYにあるマディソンスクエアガーデンを紹介する．

2　スタジアム・アリーナにおけるビックデータの４分類法

　第４次産業革命は，IoTとAIを駆使した新しいモノづくりと，サプライチューン全体を巻き込む革命である．すでにIoTとAIを駆使したビックデータの活用は製造業や小売業に続き，スポーツ産業にも表れている．

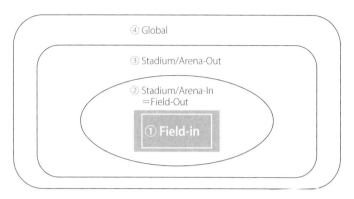

図4-1　スタジアム・アリーナにおけるビックデータの4分類

（出所）筆者作成.

　相原・庄子・櫻井［2018：17-23］において，ビックデータなどの分析をするため，フレームとして4つにデータを分類している（**図4-1**）．1つ目はフィールドの中，2つ目はフィールド以外のスタジアムとアリーナの中，3つ目はスタジアム外の周辺地域および国内，4つ目は国外というカテゴリーに分類し，データを分析することが重要である.

　1つ目のフィールド内のデータは，試合動向を分析したFIFAワールドカップを制覇した時のドイツ代表チームが先端事例となる．ブラジルワールドカップでドイツ代表の優勝に大きく貢献したSAP[2]とDFB（ドイツサッカー連盟）が共同で「Match Insights[3]」を開発した．さらに，バイエルン・ミュンヘン[4]では，SAPと提携が進んでおり，「Match Insights」をさらに進化させた「Sports One for Football」を開発し2015年6月より導入している（**図4-2**）．「Sports One for Football」は，3つの機能を持っている．第1に，Players Fitnessは，選手のけがなどの履歴や服用している薬といった情報からリハビリテーションプランまで一括して管理できる．第2に，Training Plannerは，監督やコーチが練習や試合の日程から選手の誕生日までを管理できる．第3に，Scoutingは，チームに新加入する選手を獲得するための情報を管理している［ミウラ 2015：26-28］.

　スポーツ選手を発掘・育成することは，単に優れた選手をつくるだけでなく，それをサポートする産業界へと市場が拡大する可能性がある．バイエルン・

図4-2　バイエルン・ミュンヘンのIT戦略

（出所）筆者作成.

ミュンヘンはSAPとともに，IT業界でさらなるイノベーションを促進させる可能性がある．選手，コーチおよびスポーツ医学はもちろんのこと，スパイクなどの道具や設備にも新たなイノベーションを起したならば，アスリート以外の人々の健康に対しても広いインプリケーションを持ち得る可能性がある．

　2つ目は，フィールド以外のスタジアムとアリーナの中のデータである．スタジアムやアリーナにおける購買行動アプリを使用した販売促進行動のデータである．観客はスタジアムでは何が必要か．簡単に言えば何が欲しいかというニーズは何かということである．スタジアムで「ビールは飲みたいが，買いに行くのは面倒くさい」という客の目の前に，スマートフォンで呼べばビールが運ばれるとすればどうだろう．Wi-Fiが設置されていれば，アプリケーションをダウンロードし，すぐにでも使用できるシステムである．スタジアム内だけで使えるアプリがあり，ポップコーンとビールをオーダー入力すると，数分後に席まで自動的に持ってきてくれる．そういう時代が実際に来ている．観客へのサービスとしては席への案内，トイレの空き情報，試合のリプレイなど，観

　客がもう一度スタジアムに来てくれるよう努力している．近い将来は，球場内にドローンを飛ばして客の欲しいものを運ぶことができるかもしれない．ロボットを使って高齢者も安全に速やかに席へ着かせるなど，ビッグデータには多くの可能性が含まれている．ITとスポーツが結びつくことで新しいビジネスが誕生しそうだ．

　今，注目しているスタジアムにNFLのサンフランシスコ49ersというアメリカンフットボールのチームが本拠地とするLevi's Stadiumである．49ers は1980年代から1990年代にかけて，ジョー・モンタナという名クウォーターバックを擁して，通算５度のスーパーボールを制覇している．サンフランシスコと言えばシリコンバレーが有名であり，2019年11月24日に現地調査をしている．2014年のオープン以来，「スマートスタジアム・コネクテッドスタジアム」の先駆けとして非常に大きな注目を世界中から浴びている．Levi's Stadiumは，IntelやSonyのようなハードウェアメーカーから，Yahoo!やSAPのようなソフトウェアメーカーがテクノロジーパートナーに名を連ねておりデジタルを通じたサービスを提供するためのWi-Fiが設備されているため，スタジアムではデジタルを活用した様々なサービスを観客に提供していた．主要な取組みとしては，当時としてはかなり最先端の取組みであったスマートフォン向けのスタジアムアプリケーションが挙げられる．スタジアムアプリケーションを通じたデジタルチケットはもちろんのこと，入場ゲートから自分の席までの経路案内，トイレの混雑状況の見える化，さらには座席から飲食の注文ができたり，追加料金を払うことで自分の座席まで運んで来てくれるサービスも提供してくれ

写真4-1　Levi's Stadiumにおける試合風景
（出所）筆者撮影．

写真4-2　Levi's Stadium
（出所）筆者撮影．

写真4-3　Levi's Stadium

（出所）筆者撮影.

写真4-4　Levi's Stadium

（出所）筆者撮影.

る．また，スポーツスタジアムをアップル，グーグルなどの名だたるIT企業が，本気で実験場にしようとしたらどうなるだろうか．ドローンやロボット，そしてもっと上をいく最先端技術が開発されるかもしれない．スポーツの世界にはまだまだ新しい革新が起こると思われる．

　日本のプロ野球では似たようなシステムをすでに導入している．Jリーグでは，NTTグループ，ヤフー，楽天，デロイトトーマツコンサルティング，電通，ぴあの6社とビックデータの分析で提携している．Jリーグは6社と共同でスタジアムへの来場履歴や年齢，関連グッズの購入履歴などのデータを蓄積し，解析するシステムを開発している．

　サポーターがチケットやグッズをインターネットで購入する際に，JリーグIDと呼ぶ識別番号を持つように促し，顧客データを集める．システムはJ1からJ3までの全54クラブに開放する．2018年シーズンは無料で試験的に運用し，2019年からは希望のクラブが月額20万円程度で使用できることになる．クラブはシステムを使用すれば，サポーターの行動パターンを把握し，有効なマーケティングが可能となる．例えば，来場回数が減少した人に対して，スタジアム内で使用できるクーポンを配布して足を運ばせる施策を打てる．

　熱心なサポーターには，SNSを通じて，スマートフォンに好きな選手の情報などをきめ細やかに配信したり，来場回数に応じたキャンペーンを展開することも可能となる．Jリーグは，各クラブがシステムを使いこなせるよう，IT人材を教育する育成講座を2017年9月末から開始している．NTTグループ，ヤフー，楽天は各クラブが利用する際の技術支援も請け負っている．Jリーグは

年間900万人を超える観客データを取り込み，伸び悩む集客を改善する方針である[5]．

　これまではビッグデータと言っても，試合でのビッグデータの活用と，スタジアムでのビッグデータの活用ぐらいだった．この2つを別々に考えていたのだ．どちらのデータも融合したらどうだろうか．融合するとは，どういうことだろうか．

　ビールはいつ買いたくなるのだろうか．そのタイミングがデータ上で確認できればまた違ったマーケティングが展開できるのではないだろうか．ホームランが出た時に買うというのであれば，ホームランゾーンの幅を5メートル前にせり出せば，ホームランが入りやすくなり，もっと売れるはずだ．もしピンチやチャンスの時に買うとなれば，いつもノーアウト満塁から始めるというぐらい革新的であっても良いのではないか．

　これだけデータが取れる時代になったのだから，ビッグデータを考えていく上でのマッチングが重要となる．何かのデータを掛け合わせることでイノベーションが起こるかもしれないという，大きな魅力が感じられる．

　3つ目は，スタジアム外の周辺地域および国内のデータである．ここでは，③スタジアム・アリーナの外をどこまでの範囲で限定するかにより区分が変化してくる．10km圏内とするか，市内とするか，日本全土とするかで，3-1，3-2，3-3，などと区分させることができる（**図4-1**）．マーケティング戦略に付随して範囲を制限することが得策であろう．2つ目のスタジアムとアリーナの中のデータと3つ目のスタジアム外の周辺地域および国内のデータを組み合わせることで新たなデータ分析が可能となる．

　バイエルン・ミュンヘンにおけるグッズ販売は，アナログ方式からITを活用したデジタル方式へマーケティングを移行している．ネットビジネスおいては，SAPと連携して，衝動買いできる体制を構築している．欲しいと思った瞬間にその商品を購入できる衝動買い体制を構築し，売上げを向上させている．アナログからデジタル・マーケティングへ移行し，商圏販路が拡大している．

　バスケットのNBAでは，副会長からコミッショナーになったアダム・シルバが，これまでの60年間の歴史のアーカイブ・データを全部公開した．ファンをはじめとするユーザーは，インターネット上で自由に活用することができるようになった．すると，マイケル・ジョーダンの得点シーンの映像だけを繋ぎ合わせてユーチューブへアップする人がいたり，スリーポイントだけを特集

する人がいたり，各々好きな編集を楽しみネット上でアップするようになった．反響は大きく，半年間でこのサイトへの新規アクセスは２倍にNBAのウェブサイトの滞留時間も２倍に増えた．

　この結果をどのように活用したかというと，テレビ放送権料に反映させたのだ．ESPNやTNTなどの大規模スポーツ専門局との契約金は，９年間で約240億ドルへと破格の金額となった．放送権料が最も儲かるとわかっているのなら，放送権料を上げるためにはSNSを利用すれば良い．テレビを見て下さいと言ったからといって，視聴率が上がるわけではない．これまで持っていたビッグデータを全部ファンへ提供するだけで良かったのだ．１つの例が見えてくると，人間は他に様々なことを考えるもので，クリエイティブとはそうやって創出されるものだ．スポーツはエモーショナルなものがあり，そのために人々は熱狂する．エモーショナルな行動にはイノベーションが起きやすい．感情に近いところにあるので，何かアクションが起きやすく，感情移入，衝動買いをしやすい傾向がある［相原 2016：145-148］．

　４つ目は，国外のグローバル・データであるが，国際マーケティング戦略のデータである．バイエルン・ミュンヘンにおけるグッズ販売は，グローバル市場へと拡大し，アナログ方式からITを活用したデジタル方式へマーケティングを移行している．アナログからデジタル・マーケティングへ移行し，商圏販路がグローバルに拡大している．

　バイエルン・ミュンヘンにおける国際戦略において，2014年４月にニューヨーク事務所を開設し，アメリカのオンラインショップを運営し，MLSオールスターズとのプレシーズンマッチ「Audi Tuor」を行っている．中国でも遠征試合を行っている．ブランド力を活用した商圏の拡大とスポンサー収入の最大化に力点を置いている．カタールでアカデミー「Audi Camp」を実施し，アウディが株主となってからグローバル展開がさらに加速している．

　「グローバル戦略における重要なコミュニケーションツールとしてWEBを利用している」と，Benjamin Steen（F. C. Bayren MunchenAG, Head of digital Project and CRM, New Media, Media Rights and IT Department）はいう．ネットビジネスおいては，SAPと連携して，衝動買いできる体制を構築している[6]．さらに，SAPでは，あらゆる情報端末からアクセスでき，顧客ニーズをもらさぬようにWEBで不明な点は，即時コールセンターでも相談できる．SNSなどにおける発言を拾い上げ，商品開発へ結びつけることも可能となっている［相原・半田

2017：33-47］．

　以上，スタジアム・アリーナにおけるビックデータの分析方法として，4つの分類フレームが重要である．

　アシックスは，スマートシューズを開発するORPHEと，再生医療関連事業のセルソースと共同で，スマートシューズを使った医療分野での共同研究を2021年11月から開始している．膝の痛みや歩行困難などで日常生活に支障をきたす恐れのある「変形性膝関節症」の改善に向けた研究を行う．変形性膝関節症は，膝のクッションの役割を果たす軟骨が磨り減ることで膝関節に炎症が起きる病気で，日本における患者数は2530万人と推定されている．セルソースの提携医療機関で再生医療などの治療を行う変形性膝関節症の患者に，センサーが内蔵されたシューズを履いてもらい，歩容データをアプリケーションで記録・分析する．シューズは，アシックスとORPHEが共同開発したランニングスマートシューズ「EVORIDE ORPHE」をベースに新規開発するもので，履いて歩くだけで患者のストライドやピッチ，接地の角度や着地衝撃などを計測できる．これにより治療前後の歩き方を比較，定量化し，得られた数値を痛みや機能回復の程度を評価するのに役立てる．今後は，再生医療などによる治療と歩容データのフィードバックを活用したリハビリを組み合わせた療法の可能性も検討していくほか，将来は医療機関と連携し，予防医療の分野にもつなげていくことを視野に入れている．

　さらに，アシックスは兵庫県三木市と連携し，子どもの交通事故防止への転用を開始している．警視庁によると，12歳以下の子どもの交通事故死者数は2019年に全国で45人だった．10年前の89人からほぼ半減しているが，依然として数は多い．今回の事業では，三木市の小学1・2年生の100人を対象に，アシックスが開発した小型センサー内蔵シューズを着用してもらう．着用中に交差点に近づくとセンサーが近距離無線通信「Bluetooth」を通じてエリア内に設けた受信機に信号を出す．受信すると交差点内に設置したランプが点滅し音響機器のTOAを開発する録画機能付スピーカーからも音声が流れる．光や音を通じて走行する車両や子どもがお互いの存在をいち早く認識できる仕組みとなる⁷⁾．

　子どもの通行頻度が高い市内2つの交差点でデジタルトランスフォーメーション（DX）事業を開始している．新事業の事業総額は，1100万円程度．そのうち半分は政府が抱える「デジタル田園都市国家構想」の推進事業の交付金で

ある．兵庫県の内陸に位置し，人口約7万5000人の三木市は2022年6月末時点で65歳以上が35％に迫り，少子高齢化が著しい．デジタルツールの導入で子どもの交通事故を減らすことができれば安心・安全の地域としてファミリー層の移住につながる可能性がある．先程の高齢者の運動不足解消施策と相まって健康都市になる可能性がある．

富士フイルムは，インドで健康診断サービス事業を拡充する．検査は身長や体重，血圧の測定に加え，乳がんや心筋梗塞のリスクなどを調べる．日本の人間ドックとほぼ同じ検査項目で，2時間ほどで終わる．費用は1回1万8000ルピー（約3万円）で，20〜80代の幅広い世代を対象にする．インドでは病気を早期に発見する健診の意識がまだ乏しい．がんに罹患（りかん）した人の5年生存率は約3割と先進国より低く，健診を根づかせて改善につなげる．健診事業は所得が比較的高いインドの大都市を足がかりに，今後は中東，東南アジア，アフリカにも広める．個人利用だけでなく，企業の福利厚生や保険会社とも連携．現在，新興国の健診事業は3拠点であるが，将来100カ所での開設を予定している．[8]

3　スマホで運動データ収集

南アフリカの金融会社ディスカバリーは，運動などの健康改善で保険料が毎年変わる次世代保険サービス「バイタリティー」を開発した．すでに世界40カ国で約3000万人が加入している．加入者は自ら健康増進に取り組めば保険料を安くでき，保険会社も加入者が長生きすれば保険料を長期にわたって得られる．

加入者がゴルフやランニング，ジムでの運動に励むとスマートフォンの専用アプリにポイントがたまる．健康診断などの結果も反映し，ポイントの量で決まる階級に応じて保険料を見直すことが可能となる．日本では住友生命保険がディスカバリーと提携し，医療保険などに付ける形で販売している．健康増進に取組み階級が上がれば，最大30％割引になる．ただし，運動などに取組まなければ，保険料は割り増しになる．

従来は加入時に喫煙歴などを聞いて，保険料に反映するのが一般的だった．日本ではライフネット生命保険がネットで割安な商品を直販しているが大手の牙城を崩しきれていなかった．ディスカバリーの商品はこれまでの保険の在り方を変えつつある．従来は加入時点で保険料が決まり，保険会社も一度契約し

てしまえば音沙汰なしという場合が多い．しかし，加入者が自ら保険料を下げるために健康増進に取り組めば，その分加入を続ける動機になり，保険会社は顧客の囲い込みにつなげやすい．価格だけでなく個人一人ひとりに価値ある体験を与えられるかを競う時代になった．

　住友生命はバイタリティーの加入者が約107万人いる．「年4億日分」のデータを分析し，顧客自身の疾病リスクなどを可視化している．今後3年で約1600億円をデジタル分野に投じ，対話型の生成AI（人工知能）などをサービス向上に使うことも検討している．

　ディスカバリーは保険会社出身のエイドリアン・ゴアが創業した．医師不足などが問題となるなか持続可能な保険を作るため，変化する健康データに価値があることを見抜き商品化につなげた．保険大国ではない南アフリカで健康改善により保険料が安くなる商品が生まれ，世界で普及し始めたことは保険も進化の余地があることを示した．さらに，スマホや腕時計型のウエアラブル端末の普及で加入者のリアルタイムな健康データが集めやすくなり，数値化して毎年の保険料を変えられるようになった．スマホの普及を背景にバイタリティーの世界展開が加速したのは2015年ごろからだ．地域で種類が異なる場合があるが米国や欧州のほか，2022年以降はケニアやモザンビークなどのアフリカ，中東にも広がり始めた．

　国連の世界人口推計によると，世界の65歳以上の人口の比率は2022年の10％から2050年には16％まで上昇し，一段と少子高齢化が加速する．日本では20歳代男性の生命保険加入率が5割を割り込み若者の保険離れも進む．保険業界は中高年をどう囲い込むかが問われている．日本は肝心の商品開発やデータ分析のノウハウを海外勢に頼る状況が続く．（義理・人情・プレゼントの）GNP営業はもう古い．デジタルで保険が価値提供できる幅を広げ，いかに殻を破るかが焦点になる．

　今後ヘルスケアのデジタル化が本格化すると見込まれている．グローバルインフォメーションによると，ヘルスケアITの市場規模は2021年から毎年平均7.7％成長し，2027年には1251億ドル（約16兆円）にのぼるという．遠隔医療などのヘルスケアのデジタル化は病院という建物ではなく，住む場所や働く場所という身近な環境に近づけている．特許数でみるとマイクロソフト，アルファベット，アップルが3強だ．マイクロソフトやアルファベットは病院や薬局の運営母体や製薬会社などヘルスケアを手掛けてきた企業との協力を進めている．

マイクロソフトはビジネスチャット「Teams（チームズ）」やクラウドサービス「Azure（アジュール）」などを活用した医療機関向けのサービスを展開している．2021年4月には医療用の音声AIに強みを持つニュアンス・コミュニケーションズを197億ドルで買収すると発表し，2022年3月に買収を完了するなどヘルスケア分野に力を入れている．

　遠隔医療や電子カルテなど医療機関が使う技術に強みがある．患者が自宅などで取り組む食事療法や運動療法の効果を患者の活動データなどから把握してAIで分析し，治療計画を見直す特許出願が2018年に公開された．電子カルテの情報を自動で要約して患者本人に送る技術のほか，健康状態や運動能力などの情報をアバターに持たせて，医師との意思疎通を円滑にする技術も持つ．

　アルファベットは傘下にグーグルや医療ITのベリリー，バイオ医療向けのAI技術も優れた英ディープマインド，2021年に21億ドルで買収を終えたウェアラブル端末大手のフィットビットを抱える．医療機関寄りの特許が多く，例えばAIでコンピュータ断層撮影装置（CT）などの医療画像からがんを検出する技術や，電子カルテから患者の将来の健康状態を予測する技術などを出願した．製品化を表明した消費者向けの技術も注目を集める．グーグルは2022年9月28日，スマートウォッチなどと呼ばれる腕時計型端末の販売に乗り出した．新製品はフィットビットの独自基本ソフトOSだが，今後はグーグルマップの搭載などを予定し，グーグルのサービスとの接続性を向上させる．例えば上半身の動きを靴に付けたセンサーで把握する技術や，スマホで睡眠時の体の動きや心拍数，呼吸などを監視する技術の出願がある．フィットビットは指輪型のセンサーを出願している．

　アップルは心電図など健康状態も把握できる「アップルウオッチ」を販売しており，スマートウォッチで先行する．特許分析からも消費者に近いバイタルセンシングなどの技術分野に強みを持つことが分かる．ワイヤレスイヤホン「エアポッズ」に似たイラストが例示され，イヤホンで体温を測る技術が2021年に公開された．2022年3月に公開された「ウエアラブルタグ」は衣服や体の様々な部位に取り付けて，姿勢の確認，日光の量の把握，転倒検知などに使えるという．スマートフォンで空気中の微粒子を検出し，空気の状態を把握するための関連技術も複数出願している．5社の全体の特許出願数をみると，最多はマイクロソフトで約5万件．アルファベットの約3万件，アップルの2万6000件と続く．毎年の出願数の推移ではアルファベットの増加が目立つ．2012年にマ

イクロソフトを上回って初めて首位にたち2015年まで守った．累積の出願件数をみると，アルファベットは2013年にアップルを抜き，マイクロソフトに次ぐ地位を築いた[10]．

　技術分野ごとに出願数や過去5年の増加率を分析すると人工知能（AI），仮想現実（VR），音響，半導体，通信といったIT（情報技術）の基盤となる分野の出願が多い．ヘルスケアのデジタル化にもAIやデータ分析など3社が得意とする基盤技術が重要になっている．データや顧客を囲い込むほか，関連技術を持つスタートアップの買収や提携，人材獲得にも積極的に展開されることになるだろう．

　行政と連携したDXの取組みを活用事例として，米国ケンタッキー州ルイビル市がある．ルイビル市では，喘息の問題が拡大していた．患者の割合は10人に1人で，全米でも高い状態にあった．喘息の発作を防ぐには，物質を特定しなければならないが，人により原因物質が違うため予防しにくいのが現状である．ルイビル市役所のテッドスミスさんは喘息に悩む人たちのため臨床試験を実施し，5400人の患者情報を収集した．彼は元米国NASAに勤務し，宇宙飛行士の健康管理を行っていた[11]．

　臨床試験に参加した300人の患者が発作の際にセンサー付き吸入器を使用すると，そのセンサーをスマートフォンが感知し，場所と時間のデータが記録される．そのデータを発作の原因の特定に役立てたのである．ある女性患者のデータを詳細に調べると，散歩中の近くにある乗馬クラブの馬の毛が原因であると究明できた．

　例えば，鳥小屋のある農園，大ブタクサの群落，古い建材を使用した建物等の原因を特定できた．その場所を避けることで，1日の発作の回数を，4カ月間で0.7から0.38回へ減らすことができた．しかし発作の原因が全てなくなったわけではなかった．そこで，ルイビル市は特定の場所からホットスポットを観測した．患者の住居情報とは関係がなかった．南西の風が何らかの物質を運んでくることまでは解明している．今後もさらなる原因究明に努めていく．

　こうしたことで喘息の患者の発作を減らすことができれば，薬の費用も削減できる，救急車の出勤も削減できるなど，ルイビル市は，ビックデータによる対策で医療コストを削減することが可能になる．

注

1 ）スポーツ庁「スポーツ界におけるＤＸの推進」p.36（https://www.mext.go.jp/sports/content/000021299_20220316_3.pdf, 2023年 6 月30日閲覧）.

2 ）SAP: 1972年にドイツ・ヴァルドルフで創業したソフトウェア企業. 世界130カ国以上に支社を持つ. 常に最終消費者を意識するデザインシンキングを用いたSAP独自の方法論と, インメモリー, モバイル, クラウドなどの技術を駆使したソリューションを提供することで, あらゆるクライアントのイノベーションを支援している. スポーツ界においても, サッカーだけでなく, 米国NFL, MLB, Ｆ 1 のマクラーレン・メルセデスなどと提携している［ミウラ 2015：28］.

3 ）Match Insights：サッカー競技における 1 試合中に, ドリブル, シュート, パス, 1 対 1 の競り合いなどの細かなアクションが2000回以上発生するが, その 1 つ 1 つのアクションが記録・解析され, 試合後に必要なシーンを抽出して映像で確認できるシステムである［ミウラ 2015：28］.

4 ）FCバイエルン・ミュンヘン1900e.v. はドイツ・バイエルン州のミュンヘンに本拠地を置くスポーツクラブである. サッカー部門が最も広く認知されており, ドイツプロサッカーリーグ（ブンデスリーガ）に加盟するプロサッカークラブ. ドイツサッカー史上で最も成功したクラブで, 世界最大のサッカークラブの 1 つであり, これまでにブンデスリーガを25回, DFBポカールを17回制しており, これらは共に最多優勝記録である. UEFAチャンピオンズカップおよびUEFAチャンピオンズリーグにおいてもドイツ国内では最多となる合計 5 度の優勝を果たしているクラブの 1 つでもある. ブンデスリーガ発足の初年度から参加したクラブではないが, ブンデスリーガ参戦以降は一度も 1 部リーグから降格したことがない. 1972年〜2004-05年のシーズンまではミュンヘン・オリンピアシュタディオンがホームスタジアムであったが, 2005-2006年シーズンからは, アリアンツ・アレーナがホームスタジアムとなっている. FCバイエルン・ミュンヘン1900e.v.における「e.v.」は登録されたクラブという意味. ドイツでは組織立ったリーグに所属するクラブはいずれも公共の非営利スポーツ団体として公式に認定されなければならない. 筆者は, 2015年 8 月24日〜2015年 8 月28日の 3 日間バイエルン・ミュンヘンのクラブハウス等へ赴き, Benjamin Steen（F.C. Bayren MunchenAG, Head of digital Project and CRM, New Media, Media Rights and IT Department）とDominik Zucker（Mataracan GmbH: バイエルン・ミュンヘンのマーケティング担当会社）へインタビュー形式による半構造化面接法による定性調査を実施した. 定性調査の他に, バイエルン・ミュンヘンのホームスタジアムであるアリアンツ・アレーナを訪問し, その構造や内部

施設などについても視察調査している［相原・半田 2017：37］．

5）『日本経済新聞』朝刊13面，2017年8月26日．

6）例えば，ファンが街を歩いている時，応援するチームのユニホームの広告を目にし，欲しいと思ったとする．広告の隅にQRコードがついていれば，ファンはスマートフォンでQRコードを読み取り，ユニホームが購入できるページに飛んで簡単に注文できる．その際に，自宅に配送してもらえるよう指定することもできれば，GPS機能を利用してユニホームの置いてある近くのショップが表示され，そのショップで受け取ることもできる．ユニホームのサイズがわからない場合には，身長や体重を入力することでお薦めのサイズを表示し，過去にそのチームのユニホームやその他のウェアを購入したことがあれば，それをもとに適したサイズを薦めてくれる．このように欲しいと思った瞬間にその商品を購入できる衝動買い体制を構築し，売上げを向上させる仕組みだ［ミウラ 2015：27］．

7）『日本経済新聞』朝刊30面，2022年8月30日．

8）『日本経済新聞』朝刊12面，2022年8月30日．

9）『日本経済新聞』朝刊8面，2023年6月14日．

10）『日本経済新聞』朝刊12面，2022年5月24日．

11）NHK「医療ビッグデータ」NHKスペシャル，2014年11月2日放送

参考文献

相原正道［2016］『現代スポーツのエッセンス』晃洋書房．

―――［2017］『多角化視点で学ぶオリンピック・パラリンピック』晃洋書房．

相原正道・半田裕［2017］「バイエルン・ミュンヘンの経営戦略に関する一考察――ウリ・ヘーネスマネジャー就任時（1979年）以降の時系列分析――」『体育経営管理論集』9（1）．

相原正道・庄子博人・櫻井康夫［2018］『SPORTS PERSPECTIVE SERIES 3　スポーツ産業論』晃洋書房．

相原正道・林恒宏・半田裕・祐末ひとみ［2018］『SPORTS PERSPECTIVE SERIES 1　スポーツマーケティング論』晃洋書房．

総務省［2022］『令和4年度版情報通信白書』．

スポーツ庁・経済産業省［2016］「スポーツ未来開拓会議中間報告」p.9（https://www.meti. go. jp/policy/servicepolicy/1372342_1. pdf, 2023年7月25日閲覧）．

ミウラユウスケ［2015］「SAPが巻き起こすイノベーションと，その先にあるもの」『サッカーマガジンZONE』50（13）．

第
II
部

スポーツによる地域・社会の可能性

第5章
スポーツによるまちづくりの必要性

1 必要とされる背景

　国内の地方都市は少子高齢化による生産年齢人口の減少，インフラ・施設の老朽化など似た課題を抱えている．少子高齢化の影響で，人の活動量が低下し，交通，店舗，商店街，レジャー施設などに大きな影響を及ぼしており，そこに新型コロナウイルス感染症（COVID-19）の影響もあり，集客施設，収益施設の経営は非常に厳しい状況となった．また施設の老朽化によって施設維持管理費用が増加し，自治体は十分な予算を確保できず，施設の魅力低下やインフラの安全面での課題も浮かび上がっている．

　地域にはそれぞれの特徴がある一方で，上記の通り共通的な課題を抱えていることも多い．地域の活動量の低下に対して瞬間的な効果であるが，イベントのインパクトは大きいため，イベントをきっかけにしながら，定期的な活動や，他活動との持続可能な連携などが期待されている．

　花火大会やアーティストのイベントなどと比較して，アニメやスポーツ，産業振興などは地域との関係性が深い場合が多く，地域活性化の一助となる可能性がある．例えば，アニメや映画のロケ地，登場する場所をめぐる聖地巡礼や，プロスポーツ興行やスポーツイベントで地元チームを応援し，地域でもファンコミュニティが組成されている事例などがある．

　一方で都市側の活動として，地域活性化に向けてモデル都市像が描かれてきた．モデル都市の形態は産業構造の変化とともにその姿を変え，1980年代にその後の人口減少を見据えて，コンパクトシティの議論がはじまり，その後，環境問題への意識の高まりに応じて，サステナブルデベロップメントの概念（持続可能なまちづくり，環境づくり）がはじまり，1990年代にYahoo！やGoogleなどの情報プラットフォーマーが登場して以降，2000年代には，楽天やアリババのような購買含むプラットフォーマーが，そして2010年代にはUberやAirbnb，

図5-1 モデル都市の変遷

（出所）内閣府・総務省・経済産業省・国土交通省スマートシティ官民連携プラットフォーム「スマート
シティガイドブック（概要版）」を基に筆者作成.

　CICのような空間を再構成するプラットフォーマーが登場したことで，2000年代以降のスマートシティが目指す姿も，再生可能エネルギーなどスマートコミュニティから，ビッグデータの活用を目指す社会問題解決思考，分野横断のデータ利活用による都市機能の最適化に重きを置くようになっている．

　政府の実証事業，モデル事業支援も同様に変化しており，2008年の環境モデル都市に始まり，2011年の環境未来都市，2018年のSDGs未来都市，2019年からスマートシティモデル事業と様々なモデル都市事業に取り組んできた．直近では，2020年から始まったスーパーシティや2021年からデジタル田園都市国家構想が始まるなどデジタル技術を活用したまちづくりの取組みが増えてきている．

　モデル都市の名称は変化しているが，環境に配慮し効率的に運営可能な都市，市民の生活しやすい都市を目指していることに大きな違いはなく，変化している点としては技術革新をどう都市に導入していくかという点，個人情報の扱いが最近特に強調されてきている点が挙げられる．国の実証は政権や意思決定者の交代による影響もあるため，概念の変化を見据えながら，今後のまちづくりのモデル化を検討していくことが必要となる．これからのまちづくりにおいてデジタルトランスフォーメーション（DX）とグリーントランスフォーメーション（GX）が概念上で欠かせないため，スポーツまちづくりにおいてもデジタル化と脱炭素化がベースとなる．

　まちづくりにおけるDXとして，4府省（内閣府・総務省・経済産業省・国土交通省）のスマートシティ官民連携プラットフォーム事務局「スマートシティガイ

ドブック」，内閣府が提唱する「Society5.0」によると，スマートシティとは，『テクノロジーを活用し，都市や地域の抱える諸課題の解決とともに新たな価値創出が可能なSociety5.0の先行的な実験の場』と定義されている．技術視点の実証が進められてきた経緯から，現在のスマートシティでは，市民QoL（Quality of Life）の最大化を狙いとして，地域のビジョンや課題に照らし合わせ，分野・都市間連携により幅広い課題へ対応することを重要視している．

　各府省ではスマートシティ推進に向けて，資金面で自治体等を補助すると同時に，制度面で複数分野の規制改革を同時かつ一体的に実現できるよう法整備を検討している．

　「スマートシティ」と一口に言っても，過去，時代の変化とともに言葉の定義も変化してきたこと，また明確な定義がないことから，開発タイプ（新規開発型，既存改修型），対象エリア（都市・都市圏，地区・街区，建物・一敷地内），主導者（国・自治体，民間企業・土地所有者），各エリアの課題に紐付いた取組み分野（交通，観光，水，環境，安心安全，行政，教育，健康，ごみ等）など実体は多岐にわたる．

　国内は，既存改修型（ブラウンフィールド）が多く，東南アジア諸国連合（ASEAN）では，新規開発型（グリーンフィールド）が多くなっている．国内の既存改修型の多くは既存の都市にデジタルを活用した新しいサービスを導入しようという取組みであり，範囲としては自治体単位となっていることが多い．またモビリティや防災，健康に関する取組みが多いことからも範囲は都市・都市圏となっている．

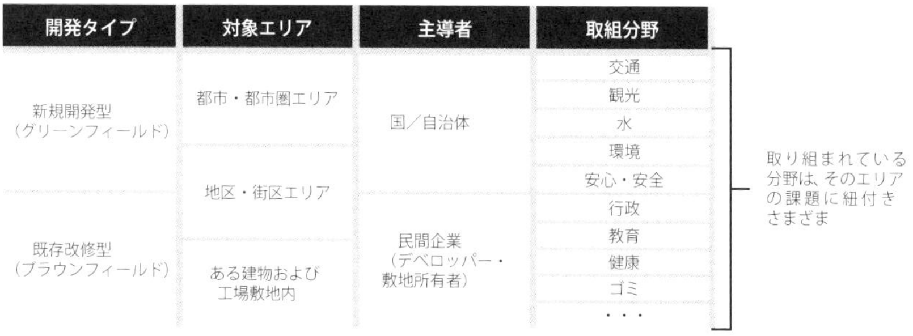

開発タイプ	対象エリア	主導者	取組分野	
新規開発型（グリーンフィールド）	都市・都市圏エリア	国／自治体	交通	取り組まれている分野は，そのエリアの課題に紐付きさまざま
			観光	
			水	
			環境	
	地区・街区エリア		安心・安全	
			行政	
既存改修型（ブラウンフィールド）	ある建物および工場敷地内	民間企業（デベロッパー・敷地所有者）	教育	
			健康	
			ゴミ	
			・・・	

図5-2　スマートシティの分類

（出所）内閣府・総務省・経済産業省・国土交通省スマートシティ官民連携プラットフォーム「スマートシティガイドブック（概要版）」を基に筆者作成．

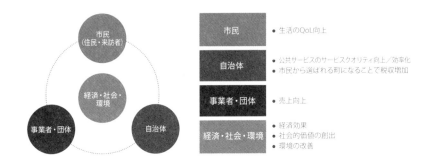

図5-3　多様なステークホルダーの巻き込み

（出所）内閣府・総務省・経済産業省・国土交通省スマートシティ官民連携プラットフォーム「スマート
　　　シティガイドブック（概要版）」を基に筆者作成.

　一方で，新規開発型は建物一棟から街区レベルが多く建物のマネジメントや
防犯，商業的なマーケティングに関する取組みが多くなっている.

　まちづくりには，企業，政府，自治体，市民，NPO・NGO，金融機関，スター
トアップ，大学など非常に多くのステークホルダーが密接に関わっており，都
市を存続させるためにも，自治体による都市運営の効率化だけでなく，市民の
QoL向上，サービス提供者である事業者・団体の収益向上，社会・環境の課題
改善など，スマートシティ化を通じてすべてのステークホルダーがメリットを
享受できる好循環を生み出す必要がある.

　特に最近はスタートアップや大学を巻き込む事例が増えてきており，次世代
を担う若い世代がまちづくりに関与する機会が増えていることは望ましい方向
である. 以前は，デベロッパーや建設会社，自治体などの一定の組織のなかで
も一定の人がまちづくりに関与することが多く，偏りが多かったが，通信会社
や自動車会社，保険会社，テック企業など幅広い業種からスマートシティへの
関与が始まっている.

　スマートシティに取り組む社会的背景として，少子高齢化・人口減少により
財政規模が縮小していくとともに，都市での社会課題が深刻化していることが
挙げられる. 2040年には，地域の維持が難しくなる「消滅可能性都市」は，日
本全体の5割近くにもなるとの推計もある.

　多くの地域でスマートシティの取組みが徐々に進んでいるが，その多くは実

証段階止まりで，なかなか事業化まで進んでいない．アイデアからコンセプト，実証・開発から事業化へのプロセスの中で，様々な課題があるが，「リーダーシップ／ノウハウを持った人材の不足」「ステークホルダーが多様で合意形成が困難」「持続可能なファイナンスモデルとなっていない」などが要因として挙げられる．

　「リーダーシップ／ノウハウを持った人材の不足」は，自治体，地元企業でよく聞かれる課題で，これまで地域で業務を進めるなかで，DXや新規サービス検討などの経験が不足しているケースが多くなっている．また問題意識があっても通常の業務に追われて手がまわっていない・まわせないケースも散見される．2点目の「ステークホルダーが多様で合意形成が困難」に関しては，関係者間の合意形成の難しさもありながら，庁内，自社内での合意形成の難しさをよく聞く．急な技術革新や環境変化に対してナレッジレベルや危機感が組織内で共有化できていないという課題である．危機感がない人にどう行動変容を促すかは難しい問題で，特に自治体職員の行動変容はインセンティブ設計も難しいため，アクションにつなげることが難しい．3点目の「持続可能なファイナンスモデルとなっていない」については，主体が公共か民間かの違いもあるが，推進事業主体の事業性検討が煮詰まっていないケースが多い．民間単独事業で成立していない時点で，イニシャル，オペレーションどちらか，または双方での公共支援が必要となるため，その比率やリスク分担，役割分担が重要となる．また企業版ふるさと納税やクラウドファンディングなど多様な資金調達が可能になってきているため，これまでの官民連携を超えた形でのスキーム作りが必要となる．

2　スポーツまちづくりの現状

　2013年9月に2020年の国際的なスポーツイベントの東京での開催が決定し，スポーツ業界の盛り上がりに合わせて，民間企業の参画も増え，多くの人がイベントに関与することになった．スポーツ庁や地域の動きも増え，スタジアム・アリーナの整備・改修も推進され都市がアップデートされている．成熟都市東京における2回目の開催ということで，都市のリノベーション，新たな成長に向けたまちづくりが進捗した．2013年からの7年間のプロセス，そして2021年以降の取組みがイベント開催のインパクトとなるため，今後の取組みも非常に

重要である．特に東京だけでなく，スポーツに対する関心は日本全国で高まったところでもあるので，地方都市におけるスポーツの価値を最大化して地域活性化につなげていくことが重要である．

　国内のスポーツ産業は政府が成長領域として様々な方針・施策を立てており，近年のスタジアム・アリーナは，箱モノビジネスを超えて地域交流空間の場となるための複合施設化や，地元商店街・企業等周辺地域を巻き込んだ経済活性化の取組みが求められている．一方で，スタジアム・アリーナは一時的にヒトやモノの移動が集中することから迷惑施設として捉えられることもあり，来訪者が一時的に増えることによる交通渋滞の発生やゴミの散乱など，十分な経済効果，インパクトが見えないことに起因する．しかし，スポーツというコンテンツは人を呼び寄せ，また関係人口，交流人口への影響も大きいため，テクノロジーの発展とともに進化するスポーツを核としたまちづくりが再度注目されている．特にスポーツには人を惹きつける要素があり，ファンコミュニティも強固なことが多い．余暇の選択肢が増え，地域のコミュニティが軽薄化している現在において，スポーツのもつコンテンツ力はより重要になっていく．また核家族化が進み，親族間のコミュニケーションも少なくなっているなかでスポーツはそこを繋ぐ要素ともなりえる．

図5-4　スポーツ×デジタル×他産業の可能性

（出所）スポーツ庁「新たなスポーツビジネス等の創出に向けた市場動向」．

　スポーツ庁が実施したスポーツを核としたテクノロジーや新たなスポーツビジネス等の創出に向けた動向調査では，スポーツビジネスの発展に向けた融合分野として，Fintech，データ／AI活用，IoT／ウェアラブル活用，AR（拡張現実）／VR（仮想現実）活用，映像コンテンツ活用，観光，医療／健康などに期待が寄せられていることが明らかになっている．特に医療／健康，観光との親和性の高さがうかがえる．

　スポーツはこのように幅広い分野とのかけ合わせや連携が可能であり，スポーツが持つ地域性，社会性，ファン，スポンサーなどの独自の特徴がステークホルダーからも連携を期待される要因だと考えられる．スポンサー企業はスポーツ団体やイベント等に，金銭／製品／サービスの提供と引き換えに権利を活用することが可能で，近年では，スポンサー企業が活用し得る権利（スポンサーアクティベーション）やプロスポーツチームの価値に注目が集まり，IT企業を中心にプロスポーツチームの買収や経営参画が増えている．単純な屋外広告やユニフォームへの企業ロゴ掲載だけでなく，スポンサー同士のマッチングや，スポンサーとベンチャー企業のマッチング，スポーツチームという公共性を生かしたSDGsに関するスポンサー企業，選手とスポンサーの特性を生かした商品開発の取組みなど様々である．

　スポンサーアクティベーションの価値として，（1）広告露出権，（2）商標権・肖像権，（3）プロモーション権，（4）商品化権，（5）命名権・ネーミングライツ，（6）冠命名権，（7）独占販売権，（8）優先参加権・優先購入権，（9）経営資源利用権の9つがある[1]．

　このようにスポーツ運営者側でも地域の巻き込みやデジタル活用はホットトピックとなっており，政府のスマートシティ分科会の1つとして，「スポーツを核としたスマートシティ分科会」が立ち上がり，さいたま市を対象に検討を進めている．

3　スポーツまちづくりの可能性

　プロスポーツチームは，地域でのイベントを基盤として，地域の関係者や地元企業のスポンサー含め多様な関係者と関連を持つ，地域で認知度の高いコンテンツとなっている．

　コンテンツ力はチームの強さや選手，監督の知名度だけでなく，チアリーダー

やチームのマスコットキャラクター，試合で入手可能なグッズや飲食などにも影響し，地域にとって重要な資源となっている．

　既に多様な地域でスポーツコンテンツを活用した地域活性化に取り組まれているが，デジタル技術の活用と重ね合わせることでのポテンシャルも高い．

　都市基盤の整備，新規ビジネス創出環境整備，地元企業の新規ビジネス創出，最終的には，地元企業の雇用拡大，観光客増加，スポーツチームの人気向上，地域の知名度向上につなげていくことが重要で，その結果を計画策定に反映し，また自然と循環させるためにオンライン・オフラインプラットフォームの構築も必要となる．

　次章以降では，スポーツを核にデジタル技術を活用してどのような地域活性化がありえるか，最新の技術動向も踏まえて整理していく．

　これまでは対象とするプロスポーツは野球，サッカー，バスケットボールを中心と考えていたが，今後，ラグビー，卓球，アーバンスポーツ，自転車など多様なスポーツでも地域活性化が期待される．

　野球やサッカーなど30代以上男性を主なターゲットとしたスポーツ観戦市場がバスケットボールやアーバンスポーツの台頭により変化が出てきている．30代以上男性がターゲットだった場合は，球場でのクラフトビールやおつまみなどの需要が高かったが，ファミリーや若い女性が主なターゲットとなった場合のイベント運営やスタジアム・アリーナ経営は大きく変化する可能性がある．

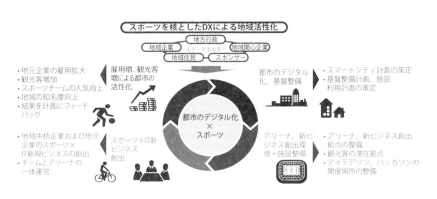

図5-5　スポーツを核としたDXによる地域活性化のイメージ

（出所）筆者作成．

食べ物や飲み物の嗜好に加えて，子どもの一時預かりや写真映えするスポット
の整備，トイレや座席環境などニーズに応じたソフト・ハードの整備が必要と
なる．

注

1 ）スポーツ庁［2020］「新たなスポーツビジネス等の創出に向けた市場動向」（https://
www.mext.go.jp/sports/content/20200330-spt-sposeisy-300000950-01. pdf, 2023年 7 月27
日閲覧）.

参考文献

筧裕介［2015］『人口減少×デザイン』英治出版.
内閣府［2021］「スマートシティガイドブック」.

第6章

スポーツまちづくりの動向

　地域活性化やまちづくりには幅広い分野があり，スポーツと親和性の高い分野として，既述の医療／健康，観光に加えて，モビリティ，防災などが挙げられる．以降では，スポーツと親和性の高い分野の最新動向を説明しながらスポーツとの関係性について言及する．

都市の階層と分野

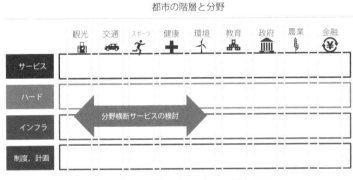

図6-1　都市の階層とスポーツ関連分野

（出所）筆者作成.

1　健康分野の最新動向

　健康は，スポーツとの親和性が非常に高く，取組みも多い分野である．例えば，徳島県美馬市は，徳島県を拠点とする徳島ヴォルティス，大塚製薬株式会社と連携した官民連携事業ソーシャルインパクトボンド（SIB）の取組みなどは小規模ながら，先進的なプロジェクトで今後も展開が期待される．

　美馬市は，全国で糖尿病患者数が多い徳島県の中でも深刻な状態で，車社会

による運動不足や地域の食習慣が原因で，糖尿病に限らず，生活習慣病が大きな健康課題となっていた．一般的な保健師の指導などの対応は継続していたが，大きな改善は見られず，新しい取組みを模索していたところに，徳島ヴォルティスからの提案がありSIBが始まった．SIBの大きな特徴の1つがKPI（評価指標）の設定が必要な点があり，運動習慣がない人の改善率と，厚生労働省「介護予防マニュアル改訂版」が示す「基本チェックリスト」において65歳以上の参加者で5項目の内3項目に該当する人の改善率の2点が，支払い率に影響するKPIとなっている．プログラム開始前と終了後3週間後にアンケートをとり，改善率を確認し，運動習慣の改善率の目標値は60％が判断基準となる．初年度のみ未達だったが，2年目以降はKPIを達成している．SIBのもう1つの特徴に資金調達方法がある．SIBでは行政が全ての資金を拠出するのではなく，成果連動で支払われる部分の事業費については，民間の資金提供者から資金を調達する．本プロジェクトにおいては，主に，徳島ヴォルティスのスポンサーである株式会社阿波銀行から融資を受けている．プログラム終了後のフォローやリテラシー向上に取り組んでいくほか，5年計画終了後の6年目以降についても協議を行っている．また，運動プログラムを提供した株式会社R-bodyとの連携はその後も続いている．

　デジタルを活用した健康の取組みでは，内閣府が進めるスーパーシティへの申請の中で，デジタル田園健康特区が認定され，計画が進んでいる．デジタル田園健康特区は，デジタル技術を活用して健康や医療の課題解決に重点的に取組みながら，人口減少，少子高齢化，コロナ禍など，地方の課題解決のモデル化を目指すものである．政府は，2022年3月に開催した国家戦略特区諮問会議において，岡山県吉備中央町，長野県茅野市，石川県加賀市を指定した．3自治体は連携して，医療やデジタルの専門家，地域の医療機関などの強いコミットメントのもと，規制改革を推進し，全国に先駆けたモデル化を目指している．例えば，吉備中央町では，救急救命士の権限を拡大し，救急体制の充実を検討しており，医師の指示のもとで救急救命士が行う救命処置の拡大を図る．

　健康に関連した取組みとして，Jリーグ浦和レッズの本拠地域である浦和美園地区では，地域ポイントアプリを通じた日常的な健康活動の実践，インセンティブ付与による行動変容，社会的インパクトの可視化を試みている．

　浦和美園駅とさいたまスタジアムは試合時に渋滞が発生し，地域課題となっていた．渋滞緩和には，日常的に公共交通及び徒歩・自転車をこの地域で使っ

てもらう必要があると想定して，まち歩きのイベントとアーバンスポーツの体験会を開催した．さいたま市独自の電子ポイントである「たまぽんアプリ」によるインセンティブ付与を行い，インセンティブの活用先として地元のマーケットや関連イベントへの参加券，アーバンスポーツ世界大会の観覧チケットなどに変換可能とし，盛況なイベントとなった．

　その他のスポーツを核とした健康の取組みとして，鹿島スタジアムではクリニックが併設され，地域での健康づくりの拠点としている．地方においては，病院やクリニックが不足している地域もあり，またプロスポーツチーム側からもクリニックなどとの連携ニーズは高い．クリニック側もプロスポーツチームを活用したブランド化が可能となるためメリットも大きい．新しいスタジアム・アリーナでもクリニック併設が検討されており，「健康×スポーツ」の今後の一つのモデルとなる．

2　モビリティ分野の最新動向

　ヒト・モノの移動，陸上から空まで全ての移動モードを対象にモビリティ分野でのデータ連携に向けた取組みが進んでいる．また官民で保有するモビリティ関連データを連携させ，複数地域で共通的に使用できるサービスの開発を進めている．

　特に地方部では，利用者減少や運転手不足によって，地域公共交通の維持がますます難しい状況となっている中，自家用車の交通分担率が高いことから，免許を持たない住民の移動が制約されるおそれがある．こうした地域に対して移動の自由の確保にむけた複数地域での共通サービスの開発が急がれる．

　共通サービスでは，鉄道，バス，タクシーなどの交通事業者のデータ連携，チケッティング・リアルタイムデータとの連携が想定される．

　米国オハイオ州コロンバス市では，住民の移動の利便性・安全性の向上，コロナ禍に発生した課題の解消を目的にモビリティパイロットプログラムとして，スマートモビリティハブ，コネクテッドカー，住民の食サポートを実施した．

　スマートモビリティハブはラスト／ファーストワンマイルの移動の利便性を向上させるために，地域の特性を踏まえた複数の移動手段を提供した（電動自転車，スクーターパーキング，電気自動車（EV）充電スタンド，カーシェアリングのピックアップポイント等）．コネクテッドカーに関するプロジェクトでは，500人の住民ボラ

ンティアの自家用車に専用機器を取り付け，ドライブデータを収集し，安全性向上に役立てる取組みを進めている．専用装置には，安全な走行をサポートするためのリアルタイム警告システムが備えられている．合わせて有志を10人募り，"Connected Vehicle Technician In-Training" の有料トレーニングを実施することで，今後のコロンバス市におけるコネクテッドカー導入のキーパーソンを育てる取組みも同時に進めている．コロナ禍において，同コミュニティセンターの食事を必要とする人の20％が移動手段を持たず，最寄りのバス停まで１キロ以上離れた地域に居住しているため，食事の輸送が喫緊の課題となっている．そこで，住民の食サポートの取組みとして，市の食品栄養センターからコミュニティセンターにパッケージ化された食事を輸送するために，自動運転のシャトルを活用している．これらの取組みは，米国運輸省が2016年に開催したコンテスト「スマートシティチャレンジ」で優勝したことを受け，約4000万ドルの連邦政府予算を獲得し進められていた．コロナ禍の影響もあり，実証の過半は止まってしまったが，政府の大きな補助も含め先進的な取組みとなっている．

　パリ市では，法律を制定しMaaS（Mobility as a Service）実現と公共交通機関の利用活性化を強力に推進している．日常的な交通手段への投資を増やし，利便性等を高めることで公共交通の利用を促すこと，交通事業者間のデータ公開・相互利用を促進することで，公共交通のマルチモーダル化やモビリティの相乗り，乗車効率の向上などが期待されている．オンデマンド交通やシェアリングモビリティへの投資を行うことで，すべての国民に自家用車に代わる移動手段を用意し，鉄道やトラムなどの交通網が未発達の地域でも自家用車の利用減少が実現することが期待されている．同時に，環境に配慮したモビリティへの移行により，CO_2排出量の削減を目指している．

　フランスはMaaS実現と公共交通機関の利用活性化を強力に推進しており，MaaS法は2019年12月24日に交付され，フランス国内の交通事業者すべてに適用されている．

　フランス政府はMaaS法に関連し約134億ユーロ（2017年から2022年までの期間に計画されている投資額）の予算を確保し，以下のような効果を期待し，取組みが進められた．

　①日常的な交通手段への投資を増やし，利便性等を高めることで公共交

　　　通の利用を促すこと，交通事業者間のデータ公開・相互利用化を促進
　　　することで，公共交通のマルチモーダル化やモビリティの相乗り，乗
　　　車効率の向上などが期待される
　②　新しいソリューション導入を促進し，全ての国民に自家用車に代わる
　　　移動手段を用意すること
　　　オンデマンド交通やシェアリングモビリティへの投資を行うことで，
　　　鉄道やトラムなどの交通網が未発達の地域でも自家用車の利用減少が
　　　期待される
　③　環境に配慮したモビリティへの移行を推進し，CO_2の排出量を削減す
　　　ること

　EVや再生可能エネルギーを使ったモビリティの普及に向けた予算的な支援
や，公共交通利用に対する税制優遇などを行うことで，化石燃料自動車の利用
を減少させ，CO_2の排出量が減少することが期待される．多額の補助を交通事
業者に出すことで，交通事業者のシステム導入費を補填し，データを公共側に
提供することを意図し，データの連携や効率化を目指しており，先進的な取組
みとして注目される．

　2050年までのカーボンニュートラルを目指しているフィンランドの首都ヘ
ルシンキでは，2018年7月1日に輸送サービスに関する法律（Act on Transport
Services）を施行させ，バス，電車，タクシーなど点在していた輸送サービスに
関する法律が一元化された．

　毎月定額もしくはその都度お金を払ってポイントに変換し，ポイントを利用
することで，いくつかの交通手段から最適な移動ルートを自動検索し，目的地
まで輸送するいわゆるサブスクリプションサービスを展開している．

　さいたま市では，AIオンデマンドタクシーの実証を継続しており，またシェ
アサイクル，EVシェア，シェアEバイクに乗り換え可能な拠点の整備などが
進んでいる．また，地域ポイントを活用したインセンティブ付与やサブスクリ
プション，MaaSなども検討している．中心市街地と新興住宅地，それ以外の
立地によって必要なモビリティサービスは異なるため，現状の移動需要と供給
を把握し，潜在需要も加味した上でサービスを設計する必要がある．

　国内の既存バスなど地域交通の多くは赤字で，自治体が補助金で赤字補填
している事例が多い．AIオンデマンドタクシーのような小型モビリティで採

算を確保することは難しいため，現状地域交通に対しての補助金を洗い出し，AIオンデマンドなどの新しいモビリティへの一部補助も考慮し，補助総額を下げていく取組みが必要である．補助総額を下げつつ，新しいサービスを導入し，持続可能なモデルを構築する．

自動運転の実証も2025年までに運転手サポート無しの社会実装に向けて動いているが，自動運転が社会実装するまでのモビリティの変革は今後も進んでいく．

スポーツイベントでもモビリティは重要な要素で，大規模イベント開催都市では，観戦チケットと公共交通の乗り放題がセットになっている場合が多い．

通常のプロチームの試合でも交通渋滞の問題は多く発生しており，自家用車をいかに減らし，自転車やキックボード，eスクーターのシェアリングやAIオンデマンドバス・タクシーなど多様なモビリティの活用，多人数による効率的な移動，時間軸の設計による混雑緩和をデータに基づきシミュレーションし，行動変容に向けたインセンティブの設計と併せて最適化していくことが重要となる．

モビリティに関連してくる分野として，観光分野では，今後観光CRMの整備が進み，観光客１人ひとりに対してマーケティングをする１ to １マーケティングが広がると想定される．空からのドローン撮影や記念写真撮影などこれまでアクセスできなかった視点での観光地の体験や，自分達がどう見ているかのサービス提供もありえる．またプロスポーツ観戦と観光では，アウェイファン向けのサービス，例えば，地元の飲食店やお土産店，宿泊施設の紹介や観戦と移動と目的地がセットになった，飲食・宿泊・観光地連携が進んでいる．

3　防災分野の最新動向

新型コロナウイルス対策に加えて，豪雨災害や地震など複合災害が増えてきており，災害前の対応，災害時の対応，復旧全てのフェーズでデジタル技術を活用した効率化，新しいサービスが期待されている．特に災害時は，通信手段への影響も考慮した上で，情報の収集，伝達，行動が必要になるため，現場運営が非常に複雑になる．市区町村は被災現場のデータ収集，情報共有につとめているが，限られた人材で迅速に対応するためには，デジタル技術の活用が欠かせない．

政府では，災害時の様々なデータを有効活用し，防災アーキテクチャの構築

を目指している．気象情報や住民避難の判断材料は増えてきているが，課題として，①住民の早めの避難行動にはつながっていない，②平時に整備されている国民関連情報を災害時に活用できていない，③昨今の気候変動で広い地域で災害リスクが高まっている，などの課題がある．

　防災業務は，（1）平時における避難意識を高める普及啓発活動，（2）災害発生が予見される時，もしくは災害発生時における避難支援，被災者の救助・支援，避難所の運営，（3）復旧・復興およびその支援など，多岐にわたる．そのため，防災の全体像を整理し，アーキテクチャの構築が期待される．

　特に避難者支援業務のDX化を進めており，多くの自治体が手書きやFAX，手集計で運営している避難所運営業務のデジタル化に取り組んでいる．避難者支援での課題として，①アナログ作業が多く，避難所運営者の負担が大きい，②災害対策本部で避難所の現況を把握することが困難，③避難所のニーズを吸い上げることが困難，④在宅避難など分散避難者と避難所のコミュニケーションが分断され対応するのが困難，などが挙げられる．

　避難者の視点では，①避難所の開設状況，混雑度，受入可能か把握することができる，②アレルギーや薬などの要望を自治体に伝えることができる，③食品や薬など在庫状況を把握できる，④分散避難でも情報を受けとれる，

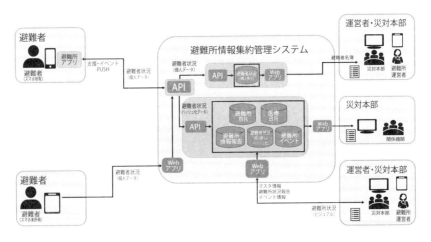

図6-2　避難所運営システムイメージ

（出所）デジタル庁「デジタル技術を活用した避難者支援業務の業務改善に関する調査研究仕様書」．

⑤ 避難者の健康状態を自治体に伝えることができる，⑥ 避難時など本人所在地を正確に自治体側に伝えることができる，など避難者と自治体を繋ぐことが必要となる．

避難所運営者の視点では，① 避難者名簿の作成の省力化，② 食品や薬などの在庫情報の伝達，③ 避難者の体調，滞在場所の把握，④ 発熱者数，食料不足など設定した閾値と現状の把握，アラートの受け取りなどが必要となる．

災害対策本部では，① 避難所の混雑状況，被災状況など現況をタイムリーに把握できること，② 避難者の属性，状況をタイムリーに把握できること，③ 避難所ごとの資材の過不足状況が把握できること，④ 避難者の状況，資材の状況を連携先に伝達し，対応できること，⑤ 避難所ごとに設定した閾値以上などを超えるとアラート（メールや通知など）を受け取ることができること，などが求められる．

また，通信障害時の対応では，通信不可な場所で送受信できるアプリケーションの設計や，通信不可な場所へのデータ移行としてUSBメモリーの活用が想定される．

扱うデータとしては，① 避難所データ（管理情報，場所，連絡先，管理者情報，施設情報，設備情報など），② 病院データ（管理情報，場所情報，連絡先情報，施設情報など），③ 避難者情報（入所情報，負傷疾病情報，世帯主，緊急連絡先，ペット情報，家族構成，要配慮情報，アレルギー情報，常用医薬品など），④ イベントデータ（イベン

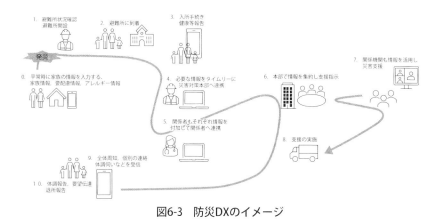

図6-3　防災DXのイメージ

（出所）デジタル庁「デジタル技術を活用した避難者支援業務の業務改善に関する調査研究仕様書」．

ト日時，場所，内容，対象者など），⑤管理情報（開設情報，運営状況，対処予見など）を想定している．

　医薬品や食品の配達状況など物流データや病院との移動や家族との面会や滞在場所の移動，運動による健康状態の把握など移動データとの連携が期待される．

　熊本県人吉市では，令和2年7月の球磨川の水位が観測史上最高となり，豪雨災害をもたらした．市民生活，地域経済に多大な影響を及ぼし未曽有の大災害となった．情報伝達においても防災行政無線の一部が被災により機能不全になるという事態が発生し，激しい雨音で放送が聞こえにくかったという事例も発生した．災害以前よりも豊かで住みよい人吉をつくるという視点で未来型復興を推進するとして，スーパーシティの検討，実現に向けて動いている．スーパーシティは最新技術を活用し，規制緩和も視野に入れた未来型まちづくりのための特区制度であり，実際に人吉市は内閣府のスーパーシティの公募に応募し，結果落選（選定は，つくば市と大阪市）となったが，その他の自治体も継続協議となっており，取組みが進んでいる．先端技術を活用した取組みとして，ドローンで都市の3Dデータを取得し，VRゴーグルで災害時・平時にアクセスできない場所の視点で災害状況を把握できるシステムの実証を進めている．ドローンを飛ばすことで詳細な地域の3Dデータを取得し，クラウド上に災害前と災害後のデータを保管し，VRゴーグルを活用して，自由視点で災害前後の

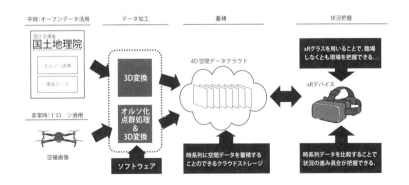

図6-4　ドローンを活用したクラウド型デジタルツイン構築プロセス

（出所）マイスター社作成.

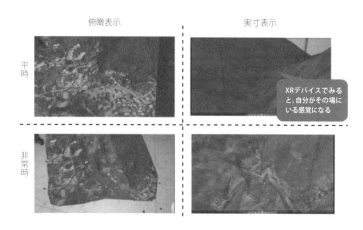

図6-5　ドローンを活用したクラウド型デジタルツイン構築イメージ

（出所）マイスター社作成.

状況を把握できる仕組みで，インフラの被害状況や孤立している人の把握など
での利用が期待される．何度もドローンやロボットを利用して把握する必要が
なく，一度構築すれば，その後はいつでも活用可能なツールとなる．

　スタジアム・アリーナは，災害時の避難場所となることも想定されるため，
防災DXとの連動が期待される．シンプルに混雑状況の把握や，利用者のニー
ズの把握はスポーツイベントでの活用時も必要となる．またニーズに応じた
クーポン発信やインセンティブ付与などマーケティングとの連動もプッシュ配
信で親和性が高い．防災アプリはなかなか導入が進まない可能性があるが，プ
ロチームのアプリが災害時には活用できるなどユーザー側の手間を少なく，気
楽に使えるツールとすることも期待される．

4　脱炭素分野の最新動向

　2030年までに全国100カ所の自治体を目標とする「脱炭素先行地域」は2023
年 6 月現在83市町村が選定されている．取組みや意識が全国的に広がっていく
「脱炭素ドミノ」を環境省は目指している．その起点となるべく，それぞれの
地域で脱炭素（業務部門・家庭部門の電力によるCO_2排出ゼロ）を確実に達成できる

体制が整っているかがポイントとなっている．地域で面的な広がりを進めるためにも，地域のビジネスとして継続できるかどうかも大きなポイントになっている．

　地域の立地特性に応じた形で類型化しており，共通している点として再開発を行う地域などに関しては，脱炭素は「当たり前」という認識になりつつあるので，周辺エリアへ波及可能な仕組みになっていることが重要である．既存の暮らしを脱炭素化する取組みは大きな波及効果を期待できる一方で，費用面や合意形成の難しさなど，課題がある．従って，円滑に合意形成していけるための仕組みが取り入れられていることも重要である．地方都市には，自らの地域分をまかないつつ，都市部へのエネルギー供給を行えるポテンシャルがあると考えているため，エネルギーを地域外に提供することで得られる収益を地域の課題解決や追加的な再生可能エネルギー資源開発に回すスキームの確立が期待される．社会経済問題と環境問題の同時の解決を目指していくことが求められており，農林，水産分野との連携が期待される．例えば，耕作放棄地が増えているような地域で，ソーラー発電支援を行う施策は増えてきており，メガソーラーをつくって終わりではなく，エネルギーでの収入を得つつ，ソーラーパネルの下で農業も営むなど農業の傍らで再生可能エネルギー施設に管理の目を入れていくような方法は，農業に限らず漁業や林業など日常的に自然を管理している業種との親和性が高いと考える．さらに，人手が足りなくなっているような農村においては，再生可能エネルギーとロボティクスの導入も親和性が高い．これらは電気を使うものが多いので，地域の再生可能エネルギーを活用し，少人数で自立可能な農業を展開していけるような方策が望まれる．再生可能エネルギー資源を活用して地域の人々の暮らしを改善していくという考え方が重要で，社会福祉，防災などの分野でも広がっていくことを期待している．脱炭素に関連するモビリティにおいても，EVのシェアリングなど，既存の技術で実現できるようなアイデアが出てきている．ビジネスモデルが確立され，合意形成ができればうまくいくような技術は他にもあり，どのように組み合わせて実装するかという仕組みづくりの部分がポイントになる．

　地域新電力や企業の意欲が高く，ビジネスの面で関わるステークホルダーを中心に，地域住民との合意形成や公共施設等における一定のエネルギー需要確保などに関しては行政がサポートしている．こうした形で組織づくりが進むことが望ましく，例えば，環境省が認定する脱炭素先行地域に選ばれた熊本県

球磨村では，地域において高い契約実績のある株式会社球磨村森電力と，人口減少に悩む行政がタッグを組んで地権者との合意形成をサポートし，荒廃農地を活用したソーラーシェアリング事業などが展開される予定である．地域内の全公共施設を再生可能エネルギー100％にする取組みも複数の先行地域で提案されているが，地域内で一定量の需要を確保した上で不安定な再生可能エネルギーを蓄電池等も活用しつつ供給する形が，エネルギービジネスの安定化にも貢献すると考えられる．再生可能エネルギー資源が豊富で，エネルギー需要のバリエーションが豊かな人口5万～10万人程度の中規模都市からの提案が面白いことが多く，新電力やSPC（特別目的会社）などによる再生可能エネルギー調達・地域内供給ビジネスを立ち上げ，ハード面に頼りすぎず環境教育や行動変容を促す仕組みも取り入れて，地域と調和できるような地域完結型の仕組みが必要になる．一方，小規模都市では，電力の用途が住宅に偏り気味になってしまうなど，需給のバランスが難しい．電力の出力制御にはある程度の規模が必要で，EVを含む蓄電池の活用だけでなく，鉄道や病院，工場といった多様かつ需要量の調整（デマンドレスポンスなど）もできる規模が理想である．こうした点も踏まえたモデルケースが生まれることが期待される．

　プロスポーツイベントなど短期的なイベントは環境への影響も大きく，時間的な偏在も大きいため，需給の見える化，対応可能性を整理した上で，都市の中でのスタジアム・アリーナの脱炭素戦略を策定する必要がある．

5　官民連携によるファイナンス

　スポーツまちづくりに向けた共通基盤として，データ利活用，データ連携基盤，デジタルツイン，WEB 3などのDX基盤と社会的価値の可視化やインパクト評価，ファンドの運営，GX基盤が今後必要になる．ここでは，いくつかのテーマについて触れながらスポーツまちづくりに必要な共通基盤の機能を説明する．

　データマーケティングでは，様々なデータ（GPS，Beacon，基地局，WiFiなど移動データ，衛星データ，カード決済，口コミなど）を活用し，1 to 1マーケティングの取組みが増えている．属性や趣味嗜好，その日の移動の状況，天候，試合の状況，周辺のイベント状況などのデータを合わせたマーケティングが必要となる．

　データ活用，データ基盤整備でも官民連携が必要であり，政府のPPP・PFI

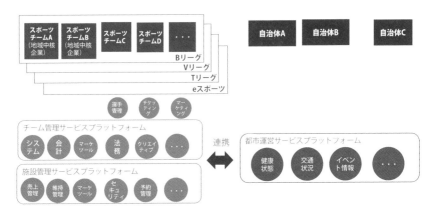

図6-6　スポーツ関連データ連携基盤のイメージ

（出所）筆者作成.

アクションプランの中で，公共施設の民間事業者による運営を行うコンセッションを加速させるため，政府は「新しい資本主義」の計画で制度検討の方針を示している．関係省庁で議論を始め，2023年以降に法整備を含めた対応を視野に入れている．これまで，空港や大規模インフラに限られていたコンセッションが地方の小規模事業にもスモールコンセッションとして活用され始めており，また，地方都市におけるLABV（官民協働開発事業体）やSIBの取組みもみられ，新たな官民連携手法の活用が地域でのSociety5.0，スマートシティの実現でも期待される．

　人口5.8万人（令和4年時点）の北海道石狩市では，国内で初めてマイクログリッドシステム運営事業にコンセッションが導入されている．システム整備と合わせ，周辺地域における人づくり・地域づくりや地域連携の促進の一環として，① 対象地でのSPCの組成，事業の実施，② 周辺の学校に対する環境教育，③ 市民，来訪者への啓発のため，道の駅に電力供給・消費等の情報を表示するデジタルサイネージを設置している．

　活力が停滞・低下している地域において，行政や地元企業が自己負担で新たな事業を興すことは難しい一方で，補助金及び新たな小規模官民連携を用い，民間資金を活用して小規模かつ長期的な事業を組成することで都市部からの企業誘致,地域住民も含めた活性化,地域コミュニティの組成に寄与するプロジェ

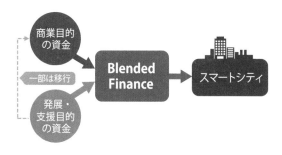

図6-7 スマートシティへのファイナンス

（出所）OECD, "Blended Finance Institutional Role in Responding to COVID-19"を基に筆者作成.

クトになる可能性がある.

このように小規模官民連携はDXやGXにもすでに適用され効果も出ており，今後の広がりが期待される.

多様な資金調達の事例として，イングランドフットボールリーグのAFCウィンブルドンでは，新スタジアムの建設資金調達に株式投資型クラウドファンディング（ECF）を活用している. リターンとして同クラブを所有する株式会社の新株を発行・提供. ECFプラットフォームであるSeedrsにて3.3億円を調達した. 株主は投資した金額によってVIPルームでの観戦や選手との食事会に参加する権利が付与される.

スマートシティは短期的にはリターンが見込めない可能性が高く，民間資金のみでは難しい場合がある. そのため政府・関連機関・市民などを中心に「ブレンディッドファイナンス」を構築していく必要がある.

ブレンディッドファイナンスとは，不確実性が高いプロジェクトに対して，公的金融機関と民間金融機関の資金をあわせて投融資を行う手法であり，発展途上国等への経済発展に向けて用いられてきた. この手法を用いることで，幅広いステークホルダーから資金を集め，課題解決型スマートシティの社会実装を強く推し進めることができると見込まれる.

6　エリアマネジメント組織の運営

地域住民や地域に根差した事業者によるエリア・タウンマネジメントによっ

て，持続的にまちを管理し，地域の付加価値を維持・向上する仕組みをつくる事例が増えている．エリアマネジメント運営組織の事業内容は維持管理やPR，コミュニティ形成など様々である．一元的なサービスパッケージをタウンマネジメント組織が住民・地域事業者へ提供する想定で，タウンマネジメント組織は協力企業のサービスをパッケージ化し，バーティカルなサービスのパッケージ化を検討している．収入は住民からの利用料金，もしくは協力企業からのパッケージ化によるマージン取得がマネタイズポイントとして想定される．サービスとしては，パブリックサポート（公共施設の維持管理，インフラ維持管理，景観管理など），ライフサポート（建物の維持管理，防犯管理，高齢者支援，モビリティなど），コミュニティサポート（イベント，空き店舗活用，地域広告など），エネルギーマネジメントサービス（CEMS，HEMSなど），コンサルティングサービスなどを提供している例がある．

　エリアマネジメントに関して各種制度があり，国内では適用されていない制度もあるが，公園を中心に事例が増えているPark–PFI制度を河川や道路などこれまでコストであったアセットに対して，民間ノウハウを活用して稼ぐアセットに変えていく取組みが今後増えていく．また英国で発祥して，10年以上国内では事例がなかったLABVの事例が複数誕生するなど，エリアマネジメント，官民連携に関する取組みは日々増えている．

　国内のエリアマネジメント事例として，ユーカリが丘（千葉県佐倉市）は，事業会社が直接運営する事例として挙げられる．グループ会社を活用して広範囲をカバーしている．

　各事業単体で黒字を実現しているとのことで，PRやマーケティング中心の都心のエリアマネジメントとは一線を画している．

　具体的な事業として，ホテル，デベロッパー，飲食，温浴，健康増進，高齢者向け施設，児童向け施設など幅広い事業をグループ会社含めた直営，もしくは一部直営で担っている．

　エリアマネジメントでもファイナンスの課題は大きく，行政からの補助金に頼っていることが多いが，いくつか住民から費用を徴収している事例もある．エリアマネジメントのファイナンスにおいては，駐車場料金や，不動産の賃貸など安定収入を確保しつつ，モビリティの運行支援やデータ分析共有，インパクト投資ファンドの運営などより事業規模があり，地域へのインパクトが大きな施策が期待される．

　住民からまちづくり関連費用を徴収している事例はいくつかあり，春日野THE TOP（東亜地所）では，月額管理費に上乗せする形で，24時間万全のセキュリティ体制，防犯カメラの映像を確認できる公園，セカンドカーとして利用できる便利なカーシェアリングシステム，24時間対応の心強い在宅介護サービス，ペットも安心な出張検診サービス，食品もお家で簡単ネットショッピング，エネルギーマネジメントなどのサービスを提供している．

　「照葉スマートタウン」のCO_2ゼロの取組みは，住戸単位だけではなく，環境づくりや住戸の配置に至るまで，プロジェクト全体で推進する壮大なテーマとなっており，まち全体のつくり，住まう住民の意識が，同じ目標に向かうまちを目指している．サービスとしては，エネルギーの見える化，家庭内のエネルギー使用量を効率的に抑制するHEMSシステム，空気の熱でお湯を沸かすエコキュート，電気を創り出す太陽光発電システム，電気機器・PHV＆EV，24時間選任の警備員が常駐するセキュリティサービスを月額の町内会会費約700円，CATV費約1300円，タウンセキュリティ費約1600円，セキュリティ費約2200円で提供している．

　藤沢サスティナブル・スマートタウンは，ウェルネス，コミュニティ，モビリティ（シェアカー），スクエア（住民活動の場），ウェルネススクエア（福祉・健康・教育施設），コミュニティソーラー，HEMSコミッティサービスを提供しており，会員は会費（1万2760円/月）を支払い運営している．

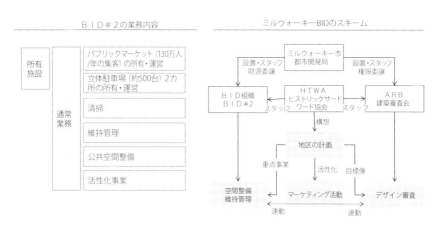

図6-8　ミルウォーキーBIDの業務内容とスキーム

（出所）ヒアリングを基に筆者作成．

　海外で有名なエリアマネジメント事例として，米国ウィスコンシン州ミル
ウォーキーBID（Business Improvement District）[1]が挙げられる．

　BID＃2は事業財源を持ち，ヒストリック・サードワード協会（HTWA）の
計画等と整合した公共空間整備や活性化事業を実施している．

　その他海外におけるエリアマネジメント事例では，米国は州法，英国では国
法によって BID の設置に関する条件などが規定されている．一方，日本では
BID の根拠法は未だ存在せず，エリアマネジメント事業者は BID 税を財源と
することができないため，資金源を地権者の負担金や行政からの助成金によっ
て賄っている．

　BIDは民間財源を活用しながら，法的な位置づけもあり，日本のエリアマネ
ジメントよりも民間財源依存，公的化ともに高い組織であり，BID に近い組
織として日本の中心市街地活性化協議会があるが，財源面で公的財源が多く投
入されているため，BIDよりも公的財源が高くなる．

　エリアマネジメントの効果については，研究が進んでいるところであり，効
果を測る試みは複数あり，政策研究大学院大学の高橋宏幸の修士論文「エリア
マネジメントが地価に及ぼす影響について」では，分析対象として住宅地11地
区，商業業務4地区，住商混在15地区，農村3地区，その他3地区の計36地区
を設定し，それぞれの地区ごとに活動開始5年前から活動開始5年後までの原
則10年分の地価を分析している．一部の取組みは十分な効果を上げられておら
ず，地域の価値を高めることに寄与していないと結論付けている．

　また，京都大学経営管理大学院，国土交通省都市局まちづくり推進課，和歌
山大学経済学部の共同調査「エリアマネジメントの実施状況と効果に関するア
ンケート調査」（2015年）よると，都市再生整備計画を策定済み市区町村のうち，
次に該当する地区を有す市区町村（計826市区町村，対象地区1524地区）を対象とし，
回答率は9割のなかで，エリアマネジメント活動による効果は「住民等の意識
の向上，相互理解，ネットワークの形成への効果」20％，「にぎわいや集客」
17％，「まちなみや景観への効果」16％，「認知度向上」14％，の順となっている．

　効果を示すデータがある項目は「にぎわいや集客への効果」57.7％，「賃料
や空室率等の不動産への効果」55.2％，「公共施設管理費等の財政負担の軽減
効果」40.3％となっている．

　上記からエリアマネジメントは地域特性，用途ごとに地域の価値を高める場
合とそうでない場合があると想定される．

　エリアマネジメントをより活性化していくために，新たに活用が望まれる制度として，① PRE（Public Real Estate）有効活用事業と連動したインセンティブ確保，② 公的機関を活用した官民協調型の出融資，③ 収益施設の設置・営業の各種許認可制度の規制緩和（特区制度活用を含む）などが考えられる．

　データを活用したエリアマネジメントの事例として，英国のバースBIDは，英国とアイルランドにまたがる328のBIDの１つであり，680を超える企業や非営利団体が参加している．

　年間約１億円の収入があり，維持管理（52％），プロモーション（30％），イノベーション（7％），その他（11％）で得ている．維持管理では，街並みを清潔で安全に保ち，BID参加者にコスト削減の機会を創出することに焦点を当てている（日々の清掃とメンテナンス作業，各企業のコンプライアンス改善活動，夜間安全サービス等）．

　プロモーションでは，街を魅力的な場所にするプロモーションイベント，キャンペーン等を企画している（カラフルなベンチや色とりどりの花を設置，バース参加企業で使えるギフトカード配布，観光大使ボランティア募集，クリスマスイベント等）．

　イノベーションでは，有力な情報提供により事業を支援し，企業同士の協力を促している．

　「スマートシティデータプロジェクト」は，ロンドンを拠点とする人間の動きに関するコンサルティング会社Movement Strategies社の協力のもと，バースにおける住民，労働者および訪問者のさまざまなデータ（年齢，性別，趣味，消費，出発地，勤務地，立ち寄り場所，訪問頻度）をBID参加者に提供し，これらのデータを企業のマーケティングやバースの活性化に役立てている．

7　WEB 3 と地域の関係性

　WEB 3 時代では，ブロックチェーン技術により，自身で情報を管理することが期待されている．そのような時代においては，地域のコンテンツ，自身のスキルなどを自らマネジメントすることが必要となる．

　時代の変化，技術変化に応じて，地域モデルも変化してきている最新ケースである．

　コンテンツ重視型の地域モデルが今後進むと想定される中で，地域のコンテンツ，特にスポーツや文化，健康（ウェルビーイングニーズの高まり）はハード・

ソフト両面からの地域活性化の核として期待される．理由の１つとして，多様なプレイヤーを巻き込みやすいコンテンツであることが挙げられる．

　多様なプレイヤーを巻き込む視点では，スタジアム・アリーナを核としたBIDや株式投資型クラウドファンディングによるプロスポーツチームの経営など，海外では取組みが進んでいる．国内でも「リビングラボ[2)]」や「エリアマネジメント」の取組みは増えており，また，社会的価値と経済性を両立させる新しい法人の形態として米国のPublic Benefit Company（PBC）[3)]や英国のCommunity Interest Company（CIC）[4)]などの議論が政府でも進んでいる．技術や社会の変化に組織形態，法制度が追い付いていないが，ブロックチェーン技術を活用したDAO（Decentralized Autonomous Organization：自律分散型組織）という組織形態は米国では既に法制度化されており，国内でも議論が始まっている．

　WEB３時代を見据えた地域活性化のための制度づくりが急がれる．

　DAOはブロックチェーン上に構築され，中央集権型でない組織で，誰でも参加することが可能．全ての契約や取引，権利関係の構築はスマートコントラクトにより自動的に実装され，ブロックチェーン上に記録されるため，透明性が高く，公平性に富んでいる．

　DAOの特徴として，非主権的分散構造，透明性の高い契約，オープンかつ民主的な変革，が挙げられる．

　地域でのDAOの事例として，米国のワイオミング州とテネシー州では，DAO法が施行されている．2021年７月に施行されたワイオミング州では，通

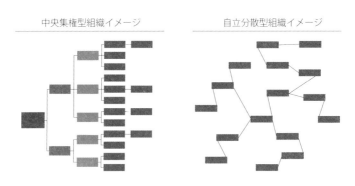

図6-9　中央集権型と自律分散型

（出所）筆者作成．

常の会社組織との差異として，① 組織運営をメンバーによる人的管理型DAOにするか，② 事前設定されたプログラムに基づくアルゴリズム管理型DAOにするか，選択することができる．

　プログラムに基づくアルゴリズム管理型DAOにてプロジェクトを始める場合，プロジェクト実行に向けた提案方法からDAOメンバーによる投票ルール，投票日程，投票結果に基づく資金送金プロセスまで事前に決定されたルール通りに実行することになる．

　DAO組織はその活動や財務状況についてブロックチェーン技術を活用し誰もが閲覧可能でありながら改ざんできない台帳で管理される．また，意思決定プロセスを含めて，活動状況やファイナンスの状況がリアルタイムで閲覧が可能である．

　さらに，ワイオミング州のDAO法では，定款に記載すべき内容として11項目が挙げられている（表6-1参照）．これらの項目がアルゴリズムにより管理・運営されることにより効率的な組織運営が期待されている．テネシー州のDAO法でも同様の11項目が必要とされている．

　国内では，DAOに関する法制度はなく，新潟県旧山古志村，東北全域，岩手県紫波町などで個別の取組みが始まろうとしている．今後の「日本版DAO法」

表6-1　DAO法で必要とされる定款項目

#	定款への記載事項
1	会員間および会員と分散型自治組織の間の関係
2	構成員となる者の権利及び義務
3	分権的自治組織の活動及びその活動の遂行
4	運営協定の改正の手段及び条件
5	会員権利及び議決権
6	会員持ち分の譲渡性
7	会員資格の取消
8	解散の際の会員への分配
9	定款の変更
10	スマートコントラクトの修正，更新，そのための手続き
11	その他

（出所）米国ワイオミング州HPを基に筆者作成．

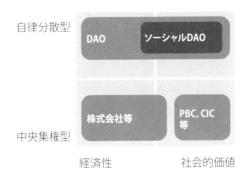

図6-10　今後の地域運営組織のイメージ

（出所）筆者作成.

の成立が組織運営の透明化，効率化，組織のイノベーション推進の１つの解として期待されている.

　地域DAOの可能性と課題として，人口減少による過疎化に悩む地方では，地域DAOを通じたデジタル住民からの資金調達，アイデア，ノウハウの獲得は，今後の地域そのものを変える可能性がある.

　地域DAOでは，ブロックチェーン技術を活用したトークンのやりとりなどが発生するため，セキュリティは重要な視点であり，セキュリティを含めた技術的視点とトークンが証券などにあたるかどうかの法律的な視点は大きな論点となる.

　今後，DAOのようなデジタル技術を活用した多様な個が参画可能な組織に加えて，PBCのような社会的価値と経済性を両立する組織が融合したソーシャルDAOのような組織の組成が期待される.

8　核となるスタジアム・アリーナ

　世界的なスポーツイベントの開催，スポーツ庁の活動，Jリーグ・Bリーグの方針などもあり，国内のスタジアム・アリーナ整備が進んでいる.

　これまで「いかによいスタジアム・アリーナをつくれるか」という建設フェーズに重きがおかれていた状況から，「どうスタジアム・アリーナで収益をあげて，地域に貢献するか」という運営重視型のスタジアム・アリーナに移行している.

愛知県新体育館（BT＋コンセッション）は，最新の運営重視型PFIとなっている．

　建設時は前田建設工業が代表企業で，運営時はNTTドコモが代表企業となっており，共同事業体に三井住友ファイナンス＆リース，東急，中部日本放送，日本政策投資銀行，クッシュマン・アンド・ウェイクフィールドなどが参画している．

　特に最近のスタジアム・アリーナビジネスに関してはこれまでの体育館事業者ではなく，他業種からの参入が多く見られる．DeNA，ミクシー，メルカリ，スマートバリュー，ぴあ，電通，商社，KEN，三井不動産などIT関連からデベロッパーまで幅広くなっており，市場の広がりが感じられる．コンテンツ（チームやアーティスト），デジタル（オンライン配信やeスポーツ）などとの親和性も高く，市民の余暇時間の奪い合いの中でスタジアム・アリーナビジネスは存在感を示している．

　この分野では，これまでPPP・PFIに関与していない企業の参画も見られ，デジタルの活用も進んでいる．

　また，イベント運営の効率化を目指し，スタジアム・アリーナのモデル化の検討も進んでおり，一定のモデル化による横展開は，初期費用の削減に加えて，運営のしやすさ，維持管理費の削減にもつながる可能性があるため，実現が期待されている．

　コンセッション事業でのアリーナは2022年現在３件だが，今後政府の方針もあり，小規模スタジアム・アリーナでのコンセッション等の導入も進む．

　他用途の施設でのスモールコンセッションが地方で広がりを見せており，今後このような取組みが広がると想定される．

　海外では，スタジアムを核としたエリアマネジメントの事例が出てきており，地域の中心になっている事例もある．

　地域が抱える課題はより複雑化し，今後さらに運営を重視した成果連動型契約が増えることが想定される．また，自治体の財政状況もより厳しくなり，インフラ・施設の維持管理が厳しくなるため，包括的維持管理が増加する．一方で，デジタル技術を活用した効率化も必須となる．

　今後は公共施設単体での成果連動型契約に加えて，複数施設を取りまとめた包括的成果連動型契約も必要となっていくと予想される．このような潮流はデジタル化との親和性も高く，利用者の利便性向上に加えて，各施設DX化に必要となるオペレーションや窓口，予約，決済の仕組みを共通化することで劇的

なコスト削減も期待される.

注

1）ビジネス・インプルーブメント・ディストリクト（BID）は街づくりの仕組みの1つで，区域内の事業者や土地所有者に活動資金を支払う義務が生じ，まちづくりに関する事業を面的に行う組織.

2）リビングラボ：「生活空間（Living）」「実験室（Lab）」を組み合わせた造語で「新しい技術やサービスの開発」，「ユーザーや市民が生活する場で行う共創活動」，またはその活動拠点

3）パブリック・ベネフィット・コーポレーション（PBC）は米国の企業形態の1つで，経済的利益だけでなく，社会や環境など公共の利益を生み出す企業に適応される法人格.

4）コミュニティ利益会社（CIC）は英国で導入された制度で，利益を社会的課題の解決に使う会社で地域再生，公共サービス改革に向けて会社法に基づいて登記するもの.

参考文献

愛知県［2021］「愛知県新体育館整備・運営事業特定事業契約の締結について」（https://www.pref.aichi.jp/soshiki/kokusai-arena/shintaiikukan-tokuteikeiyaku.html, 2023年11月1日閲覧）.

エビデンスを踏まえた介護予防マニュアル改訂委員［2022］「介護予防マニュアル 第4版」.

KPMGコンサルティング監修［2022］『スマートシティ3.0』日本経済新聞出版.

国土交通省・京都大学経営管理大学院・和歌山大学経済学部［2013］「エリアマネジメントの実施状況と効果に関するアンケート調査」国土交通省（https://www.mlit.go.jp/common/001090906.pdf, 2023年7月11日閲覧）.

自治体国際化協会 ロンドン事務所［2014］「2012年ロンドンオリンピック・レガシーの概要」自治体国際化協会.

高橋宏幸［2013］「エリアマネジメントが地価に及ぼす影響について」都市計画論文集.

State of Wyoming［2021］"SF0038 - Decentralized autonomous organizations,"（https://www.wyoleg.gov/Legislation/2021/SF0038, 2023年7月11日閲覧）.

ウェブサイト

Climate Pledge Arena［2022］Homepage（https://climatepledgearena.com/）.

The Bath BID Company［2021］Homepage（https://www.bathbid.co.uk/）.

第7章

大規模スポーツイベントと
まちづくり

1　地方での事前キャンプ

オリンピックのインパクトの中で，開催都市以外への影響についての議論は
これまで多く存在し，特に地方部へのインパクトの少なさが課題となっている.
ロンドン大会では，地方活性化の視点も含めて事前キャンプを積極的に誘致し
たため，ロンドン大会の事前キャンプの効果について触れてみたい.

ロンドン大会では527のチームが266の事前合宿を実施し，一方でロンドン大
会に参加した全選手のうち約半数がヨーロッパ大陸の選手で，多数が合宿を実
施しなかったと言われている.

英国政府による事前キャンプ地の1カ所への補助金は，約425万円で，事前
キャンプレガシーの例として，①シェフィールド（カナダ選手団が事前合宿）は，
2014年コモンウェールズグラスゴー大会でも合宿を実施，②ブリストル大学
はケニアと協定を締結し，チャリティを創設，姉妹校提携，選手コーチの相互
受け入れを実施した事例などが挙げられる.

ブラッドフォードにおける事前キャンプの経済効果は3400万円と推計されて
おり，英国全体の訪問チームからの経済利益は17億円と試算されている.

イングランド東部のエセックス・カウンティの元議員で，ロンドン大会組織
委員会（ロンドン・オリンピック・パラリンピック組織委員会）の委員長も務めたス
ティーブン・キャッスル（Stephen Castle）は，自治体による事前キャンプ誘致
のポイントとして，以下4点挙げている.

　　①合宿地の決定時期や決定権者は国により異なるため，事前の調査が重
　　　要
　　②むやみに誘致を行わず，姉妹都市や大学，ビジネスなどのつながりを
　　　使うこと

③地域の交通アクセスの強みに加え，その地域独自のおもてなしも強調すること

④誘致だけを目的とせずに，今後の自治体における観光誘客，スポーツ振興などの方向性を決めて行動すること

また，ロンドン・オリンピックでは自治体間の誘致競争が過熱し過ぎたと考えている意見もある．

ロンドン大会の事前合宿アンケート結果をみると，9割の自治体が知名度，対象国とのつながりで効果があったとする一方で，地域内経済，輸出に効果があったとする回答はそれぞれ3割，1割にとどまっていた．地域の経済レガシーを最大化するためには，対象国に詳しい民間企業・大使館を含め戦略を立て，戦略を実行可能な事前合宿チームを地域で組成し，対象国メディアに地元産品をPRすることが重要となる．

交流事業の効果が出ているものを事前キャンプ前，事前キャンプ時，事前キャンプ後に分類し，整理すると**表7-1**のようになる．

表7-1　事前キャンプの効果

事前キャンプ前	事前キャンプ時	事前キャンプ後
心身ともに健康な人づくり	健康寿命の延伸の認知	医療費，介護保険等の社会的負担軽減
将来のアスリートの育成	プロスポーツ等で活躍する人財の交流	プロスポーツ等で活躍する人財の輩出
コミュニティの形成	市民参加による市内コミュニティの形成	市民力・コミュニティの力〔ソーシャルキャピタル〕の醸成
言語，人種，性差，年齢，国籍等を超えたインクルーシブな交流促進		ソーシャルインクルージョンのまちづくり
市内プロスポーツ市場の活性化	関連イベントによる経済効果の出現	スポーツによる地域経済波及効果
スポーツ関連産業の活性化	グッズ，関連消費の喚起	
スタジアム，アリーナ等への集客	立地エリアの周辺施設での消費	

（出所）筆者作成．

2　都市オペレーティングシステム

オリンピックの都市へのインパクトは正と負の両面で大きく，負の面を最小化，効率化しようとする試みとしてオペレーションシステムの導入がある．ロ

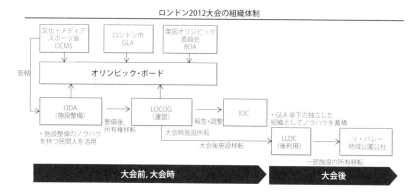

図7-1　ロンドン2012大会の組織体制

（出所）関係者ヒアリングより筆者作成.

ンドン大会では，オリンピックで初めて都市オペレーティングシステムが導入されており，都市運営，大会運営の円滑化に寄与していた.

　ロンドン大会は，大会前施設整備はOlympic Delivery Authority（ODA），大会後施設運営はLondon Legacy Development Cooperation（LLDC）が一括で実施していた. ロンドン大会の組織体制は**図7-1**のようになっており，大会前の施設整備はODA，大会中の運営はロンドン大会組織委員会，大会後の施設運営はLLDCが主体的な役割を果たしていた.

　大会組織委員会の体制については，イベント終了後に解散することが多い. 当初数十人規模で設立された大会組織委員会は最終的に8000人規模になり，大会後ほとんどのメンバーは所属元組織に戻り，大会組織委員会は解散となるため，ノウハウの蓄積や活用という視点での課題も多い.

　ロンドンやシドニーでは，組織委員会の注力メンバーが独立してコンサルタントとしてその後の他都市の招致活動で活躍しているケースも多い. ノウハウの蓄積，活用という視点で，参考になる視点である. 実際に東京大会の招致でもシドニー大会やロンドン大会，アテネ大会に関与したコンサルタントメンバーが参画して，計画策定に従事していた. 一方で，招致専門コンサルティング業務の増大に対して，招致活動の過熱化を抑える意味でも大会開催を先に決めてしまい，招致活動が過熱し過ぎないように国際オリンピック委員会（IOC）も動いている.

　ロンドン大会の都市オペレーションの全体像は**表7-2**のようになっており，5つの組織が連携して進めていた．Greater London Authority（GLA）が仮設で設置したロンドンオペレーションセンター（LOC），ロンドン組織委員会が仮設で設置したメインオペレーションセンター（MOC），ロンドン交通局が設置した輸送コーディネーションセンター（TCC），警察庁が仮設で設置した国内オリンピック・コーディネーションセンター（NOCC），内閣府が設置した内閣府ブリーフィングルーム（COBR），の5つの施設が都市運営を担っていた．

　GLAが仮設で設置したLOCはGLAのライブサイト，ロンドンアンバサダー，ロンドン・メディア・センター，ロンドンのルック・アンド・フィールなど，GLAとロンドン地方自治体のサービス提供を調整した．

　構成としては，① ロンドン大会時のサービス及び運営事務局，② ロンドン地方自治体事務局，③ ロンドンレジリエンスパートナーの3つにわかれていた．モニタリングした情報としては，ロンドン地方自治体を通じて，主にライブサイトで利用される公園，ビーチバレー，ロードレース，トライアスロン等

表7-2　都市オペレーションに関連する組織

施設名称	略称	日本語名称
London Operation Centre	LOC	ロンドンオペレーションセンター
Main Operations Centre	MOC	メインオペレーションセンター
Transport Coordination Centre	TCC	輸送コーディネーションセンター
Cabinet Office Briefing Rooms	COBR	内閣府ブリーフィングルーム
National Olympic Coordination Centre	NOCC	国内オリンピックコーディネーションセンター
Greater London Authority	GLA	大ロンドン庁
Central London Zone	CLZ	ロンドン中心部
Zone Event Liaison Team	ZELT	ゾーン別イベントリエゾンチーム
Palestra Coordination Centre	PCC	パレストラコーディネーションセンター
OPTIC	OPTIC	交通制御センター
Olympic Deliverly Authority	ODA	オリンピック開発公社
The London Organising Commettee of Olympic and Paralympic Games	ロンドン大会組織委員会	ロンドン大会組織委員会

（出所）関係者ヒアリングより筆者作成．

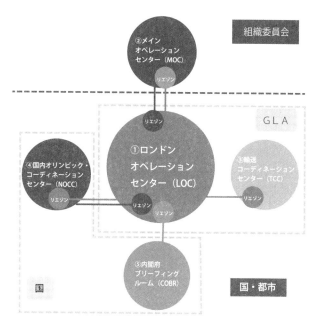

図7-2　都市オペレーションセンターの全体像

（出所）関係者ヒアリングより筆者作成.

　の会場となる地域の周辺で行われる都市サービスの影響を監視していた. ライブサイト, 地方自治体の課題・サービスに関する苦情, 迷惑行為（落書き等）, 文化イベント, ロンドンアンバサダーの配置, アンバサダーが提供していた情報の要約, 地方自治体の援助要請, 大会時の緊急対策予算の要求, 市長の活動（VVIPとの約束等）, ロンドンのメディアセンターで予定された主要な会見等に関する情報が定期的に提供された.

　GLAは,「ハイドパーク, ヴィクトリアパーク, ポッターズフィールドの公式ライブサイト」,「ロンドンメディアセンター（ロンドン大会組織委員会管轄でないメディアの拠点）」,「ロンドン内で許可された全ての文化イベントの文化プログラム」,「市の公式な報告に関する報道局」,「ロンドンアンバサダー（ボランティア）」を監視していた. また, 地方自治体（各Borough）は,「廃棄物管理と落書きを含む道路清掃」,「ライセンスと環境衛生」,「広告と路上販売」,「輸送機関

と高速道路」，「コミュニティの安全性確保」，「公園とレジャー施設」，「子ども
と家族へのサービス」，「高齢者ケア」，「ホームレスへの住宅供給」，「非常事態
対策」，「自治体のオリンピックルック＆フィール」を監視していた．

　子どもと家族へのサービスに関しては，子どもや青年の犯罪等が通常時と比
べて増加していないか等，大会中モニタリングしていた．また迷子の数も増え
ていないかなど，まちが通常時と比べてどのように影響を受けているか地方自
治体と連携し確認していた．

　GLAの管理部門は上記部門からの情報を集約し，GLAサービス状況報告書
としてまとめた．状況報告書は1）重要課題の共有，2）各自治体ゾーンまた
は市のサービスの全体的な状況を記録，3）重要なイベントの提示，4）将来
的課題を視野に入れた調査が含まれていた．

　ライブサイトとLOCの間では，来場者数，予想される需要，駅の閉鎖や混
雑道路情報などの輸送情報を共有していた．ロンドンでは自然災害よりもテロ
対策等が重視されていた．オペレーションセンターの関係者が集まる日々の会
議では，噂（テロやデモ等）への対応に多くの時間が取られた．

　都市オペレーションの計画に当たっては，適切な人を配置し，適切な場所・
時間に適切な情報を提供することが重要とされていた．なお，テストイベント
では，事前に課題を整理した．

　LOCは，次の条件2つを満たす場合に関与した．① 群衆管理の調整が必要
な場合，② 対象とするエリアが，ベニューでもラストマイルでもロンドン交
通局の責任範囲でもなく，3つすべての関係者に関わるため，これらをまとめ
るために中立的な立場の者が取りまとめる必要がある場合，の2つである．

　ロンドン大会組織委員会は各競技会場にオペレーションセンターを設置し
た．オリンピックパーク他，いくつかはエリアを統括するオペレーションセン
ターも設置された（パークオペレーションセンター等）．それら全てを統括するのが，
MOCであり，危機管理のため，オリンピックパーク等から離れた立地となっ
ていた．また，それぞれのオペレーションセンターはバックアップを別の場所
に準備していた．

　パークオペレーションセンターには，交通制御センター（OPTIC）があり，
無線で現場の担当者から連絡できる仕組みになっていた．交通制御センター
はODAによって整備され，地下鉄やバスなど5者の交通事業者が入っていた．
交通制御センターは輸送コーディネーションセンターの小型版である．

　会場内監視映像（リアルタイム），Transport Coordination Centre（TCC），ロンドン交通局が設置した輸送コーディネーションセンター（TCC）は，大会に関わる輸送・交通を管轄していた．域内の選手や観客の輸送状況を分析し，インターネットを通じて輸送事業者に輸送に関するアドバイスを配信した．

　Cabinet Office Briefing Rooms（COBR）は内閣府が設置した室で，様々な政府部門が国家的危機時に使用される会議室となっている．ここで開催される会議には，首相か大臣が参加していた．

　国内オリンピック・コーディネーションセンター（NOCC）は，道路監視だけでなく，警察，大会，自治体，政府からの有線放送にアクセス可能であった．サイバーセキュリティ，テロを含む，情報機密を監視していた．

　ロンドン大会は会場外の責任分担はロンドン大会組織委員会，GLA，ロンドン交通局，地方自治体に分かれていた．観客の移動経路のうち，公共交通機関から競技会場・ライブサイト間がラストマイルと呼ばれ，ラストマイルのほとんどの調整はロンドン大会組織委員会によって計画・運営された．ただし，ロンドン中心部は例外としてロンドン交通局が担当していた．

　ロンドン交通局は需要予測シミュレーションを15分単位で実施していた．また，大会前に近隣事業者，バス，タクシー等交通関係者に資料や説明会を開き，情報提供した．利用者にもメール，SNS，ウェブサイトを通じて，混雑予測，ルート検索，バリアフリールートなどの情報を提供した．

　「配送ルートや物量に関する一般的なデータがないため，シミュレーションによる情報提供や具体的なアドバイスがしづらい状況にあった」という課題があった．

　「Get set for a healthy 2012 Games」というパンフレットを準備し，① 医者にかかっている人は少なくとも 4 週間前に医者と話すこと，② 処方箋を持参すること，③ 天候に気をつけること，④ 歩くために準備しておくことなどを啓発していた．

　ロンドン大会組織委員会は選手村，競技会場，練習会場に加えて，IOCオープニングセッション，開閉会式，ヒースロー空港，IBC/MPC，オリンピックファミリーホテルでの医療サービスについて検討していた．

　大会に関する医療を統括する医療本部は選手村内のポリクリニックに位置しており，各競技会場とネットワークが確保され，直接MOC，IOCの医療ディレクター，ロンドン大会組織委員会のメディカルオフィサーなどと連絡が取れ

る環境となっていた.

　また外部組織である，Health Protection Agency，The Department of Health，オリンピックホスピタル，救急サービスと常時連絡が取れるようになっていた.

　会場外に救護所は設置されなかったが，会場内では人が集まる場所には准看護士などが待機していた.

　GLAは配送事業者対策については，配達時間に関する規制緩和等をロンドン地方自治体と協働で行うとともに，推奨ルートの情報提供等も行った．ごみ収集・路上の清掃（ゴミの回収，ゴミ箱の設置，スタッフの確保）に関して，設置主体はロンドン地方自治体または土地所有者であり，基本的に大会開催前と同じ役割であった.

　Spectator Journey Plannerを立上げ，大会時の特殊交通事情に対応したルート検索システムを構築した．バリアフリールートの検索などもできる機能があった.

3　インクルーシブデザインの促進

　ロンドンでは，オリンピックを契機に都市のインクルーシブデザイン化が進んだ．最も注目されたパラリンピック大会にするということに合わせて，ユニバーサルデザインやバリアフリー化，あらゆる人にとってやさしいまちづくりが加速した．オリンピックに関連したインクルーシブデザインに関わる「指針・計画」，「アクション」を整理すると，指針，計画として，「Equality and Inclusion Policy」，「Inclusive Design Standard」，「A Legacy for Disabled People」があり，その指針計画を踏まえたアクションとして，エリート向けの「Paralympic Potential Camps」，「Paralympic Inspiration Programme」，「Frontline to Startline」，クラブ向けの「Sports Fest」，「Deloitte Parasport」，学校・コミュニティ向けの「National Paralympic Day」，「Get Set」，「Motivate East」，「Inclusive Sport」がある.

　Inclusive Design Strategyでは，オリンピック・パークをすべての人（特に障がい者，あらゆる文化，宗教，年齢）にとってアクセシブルでインクルーシブな設計・建設とするためのフレームワークを示した．この戦略の中で，既存・新築の環境・建物をどうインクルーシブデザインとして再生するかのベンチマークを示している．戦略に加えて，大きなレガシーに関する考え方および，実施の設計,

図7-3 ロンドン大会でのインクルーシブデザインの取組み

(出所) 各社ヒアリングを基に筆者作成.

施工に関する基準を示している.

インクルーシブデザインはプロセスであり, 環境, 建物, 交通に関して, 心理的に, 物理的な障害を排除するためにどう考え, 設計し, 建設, 運営していくかが重要である. インクルーシブであるとは, 年齢, 障害, 性別, 宗教に関係なく皆が平等に利用できることであると定義されている.

インクルーシブであるという言葉を普及させ, 年齢, 障害, 性別, 宗教に関係なく皆が平等に利用できる環境, 社会の創出などの示唆に富むものである.

A Legacy for Disabled PeopleはDCMSとthe Office for Disability Issues が障がい者として大会レガシーに残せるレガシーについてのレポートであり, 障がい者が策定した.

特に下記3点を柱として記載している.

① 障がい者の社会への参加を変える. 特に社会に対する経済的貢献について. (障がい者向けの仕事づくり, 障がい者の才能の見せ方)
② 障がい者がスポーツやフィジカルな活動をする機会をサポートする. (スクールゲームズ, 放課後のクラブ, 高齢者・コミュニティスポーツ, 障がい者がアクティブになるための機会, パラリンピックを契機としたスポーツへの参加)
③ 大会を通じてのコミュニティへの参加の大いなる推奨. (東ロンドンをすばらしい場所へ, 交通をよりよく, 障がい者が簡単に参加できる仕組み)

　障がい者の視点で，社会貢献，経済貢献について幅広く記載されており，非常に示唆に富む指針となった．

　National Paralympic Dayは，ロンドン市，BPA，LLDCが主体となりオリンピック・パークで年1回開催しているパラリンピックを祝祭するイベントで，① パラアスリートの増加，② 障がい者への認知向上，③ 障がい者のコミュニティへの参画，を主な目的としている．

　メダリストに実際に会ったり，パラスポーツを体験できることに加えて，スタジアムではパラトップアスリートを応援するセインズベリー記念大会が催され，文化イベントであるLondon's Liberty Festivalと3つのイベントが同時に開催される．

　毎年2万人を超える参加者が参加しており，1年に1度セインズベリー記念として開催している．

　参加した健常者の60%が障がい者にポジティブな印象を受けたと話している．

　パラリンピックの成功を維持するためのイベントを継続的に開催していること，複数のイベントを同時開催することで相乗効果を生みだしていること，障がい者とコミュニティの連携を図り，双方に効果をもたらしていること，などが考えられる．

　セインズベリーはパラリンピックのみのゴールドパートナーになった初めての企業であり，大会2年前に大会スポンサーになった．パートナーとしては後発であるが，パラリンピックに特化したスポンサーということで非常に注目を集めた．パラリンピックとセインズベリーは同じ価値感を持っていたことが大きく，例えば，家族の大切さ，子どもを大切にする親のサポートなどがポイントであった．当初は社員向けのプログラムを実施し，コミュニティ，クライアントと大会が近づくにつれてシフトさせた．オリンピックに比べて，パラリンピックは広告の規定など自由度が高いので，交渉し最大限に利用することができた．パラの聖火リレーの権利は半分以上獲得し，従業員や顧客サービスに活用し，買い物することで，チケットや聖火リレーがあたるキャンペーンを実施した．また，いずれも一人でなく，家族全員分の支援を行った．これは，セインズベリーという会社が家族を大切にしていることからも大事な視点となった．またパラチケットが完売したのも初めてのこととなった．

　ボランティアに関しては全国から希望があれば，従業員をパラリンピックのボランティアに参加させた．1週間単位で，旅費からホテル代までサポートを

実施した.

4　レガシーによる地域活性化

　オリンピックレガシーとはIOCによれば,「オリンピックによってもたらされる, 長期にわたる有形・無形のポジティブな効果」であり, スポーツ, 社会, 環境, 都市, 経済の5つの分野に分類される. 有形なレガシーとは, 新しいスポーツ・交通インフラ, 都市の再生, 都市の魅力を高める景観整備, 地元住民の生活水準の向上などであり, 無形のレガシーとは, 国民の誇り, 働く人々の新たなスキルの習得や向上, 開催都市住民の心地よさ, 文化, 伝統の再発見, 環境意識の向上などを指す.

　「レガシーのための取組み」とは, オリンピックによってもたらされるレガシー効果を「大会前, 大会中そして大会後にわたって最大限活用する」ための各施策といえる (ロンドン2012大会におけるレガシー計画のタイトル :「Before, during and after: making the most of the London 2012 Games」).

　ロンドン2012大会のレガシーに関する取組みの概要としては, 経緯を遡ると, 2005年に労働党政権の政策の下, オリンピック・パーク周辺を含むロンドン東部の開発は, 政府の地域開発公社であるロンドン開発公社 (LDA, London Development Authority) が担っていた. その後, 2007年6月にDCMSは「Our Promises for 2012 (2012 年大会に向けた公約)」を発表し, 次の5つの公約を明記した

- (1) 英国を世界有数のスポーツ大国にする
- (2) ロンドン東部地域の中心地を変革する
- (3) 青少年が地域のボランティア・文化・スポーツ活動に参加するよう鼓舞する
- (4) オリンピック・パークを持続可能な暮らしの青写真とする
- (5) 英国が, 住む人や観光客, 事業者にとって, 創造的かつ社会的に寛容で, 快適な国であることを世界に示す

　2008年6月に上記の公約に係る行動計画「Before, during and after: making the most of the London 2012 Games (2012 年大会前, 期間中, 大会後に, 大会を最大限活用する)」を発表し, 各公約に関する具体的な目標や取組み事例を

記載した.

　2009年にオリンピック・パーク・レガシー・カンパニー（OPLC, Olympic Park Legacy Company）が英国政府とGLAによって設立された. 2010年の政権交代とその後の2011年地域主義法（Localism act 2011）の成立により，GLAのロンドンにおける開発権限が強化されたことに伴い，オリンピック・パーク内の施設についても，2012年5月にGLAの下に設立されたロンドンレガシー開発公社（LLDC, London Legacy Development Corporation）に，OPLCの機能が移管されることとなった.

　「Plans for the legacy from 2012 Olympic and Paralympic games」は2010年5月に保守党・自由民主党の連立政権が誕生したことに伴い，新たに発表されたレガシー計画であり，前政権の公約の枠組みが修正され，以下4つの分野に重点が置かれた.

> （1）英国のスポーツへの情熱を生かして，草の根レベルのスポーツ参加人口を（特に青少年において）増やし，全国民がより身体を動かすよう奨励する.
> （2）オリンピック開催による経済成長の機会を最大限に活用する.
> （3）オリンピックを通じて，地域コミュニティの関与を奨励し，社会の全グループの参加を達成する.
> （4）オリンピック・パークがオリンピック開催後も開発され，ロンドン東部再生の主要原動力の1つとなるようにする.

　「Beyond 2012：The London 2012 Legacy Story」は大会を直前に控えて公表された最終的なレガシー計画で，2012年大会によってもたらされるスポーツ，経済，再開発，コミュニティそれぞれの分野におけるレガシー効果についてとりまとめたものとなっている. 施設については，スポーツにおけるレガシーの1つとして，オリンピック・パーク内の5つの新規恒久施設，リー・バレー・ホワイト・ウォーター・センターおよび大会時に改修される国立セーリングアカデミーの7つの施設の後利用方向性について言及している.

　ロンドン大会のレガシーに関する取組みは，「Plans for the legacy from the 2012 Olympic and Paralympic Games」の中で，① スポーツと健康的な生活，② コミュニティ形成・社会の全グループの参加，③ 経済成長，④ 東部ロ

ンドンの再生，⑤ パラリンピック・レガシーの5つの分野について，毎年レガシーに関するレポートが政府の文化メディアスポーツ省より発表されており，IOCのレガシーの分類① スポーツレガシー，② 社会レガシー，③ 経済レガシー，④ 都市・環境レガシーに沿った形となっている．2007年公約「Our Promises for 2012」，2008年計画「Before, during and after: making the most of the London 2012 Games」で掲げられた，① 英国を世界有数のスポーツ大国にする，② ロンドン東部地域の中心地を変革する，③ 青少年が地域のボランティア・文化・スポーツ活動に参加するよう鼓舞する，④ オリンピック・パークを持続可能な暮らしの青写真とする，⑤ 英国が居住者や観光客，事業者にとって，想像的かつ社会的に寛容で快適な国であることを示す，という当初の計画を踏まえたものとなっている．

　5つの分野におけるレガシー施策と，英国政府が発表した関連成果は，分野ごとに① スポーツと健康的な生活の施策は，「五輪競技種目を学校教育に取り入れた「School Games」」，「草の根的な地域スポーツ普及活動『Places People Play』事業」，「発展途上国の青少年スポーツ参加促進事業『International Inspiration』」，「エリートスポーツの支援（宝くじ収益金の配分引き上げ）」等があり，成果は，「エリートスポーツの基金がリオに向けて13%増加」，「今後4年間で70以上の国際大会の誘致が決定」，「宝くじ収益からPlaces People Play事業に1億3,500万ポンド助成」，「招致決定時の2005年と比較して140万人スポーツ人口が増加」，「20カ国で150万人がinternational Inspiration事業に参加」となっている．分野② コミュニティ形成・社会の全グループの参加の施策では，「ボランティア活動の促進（Games Makers, London Ambassador等）」，「大会に触発された非営利活動に『インスパイア・マーク』の使用権を与える『London 2012 Inspire』事業」，「カルチュラル・オリンピアード事業における若手・障がい者アーティストの支援」があり，成果として，「ボランティア参加者数の増加」，「大会後のボランティア機運の高まりを受けた継続事業『Join in』の展開」，「観光ボランティア『チーム・ロンドン・アンバサダー』活動継続」，「インスパイ・マーク事業数2,713事業」，「カルチュラル・オリンピアード事業は英国全体で17万件以上，4340万人が参加」が挙げられる．分野③ 経済成長の施策として，「契約案件情報ウェブサイト「Compete for」の設立」，「英国企業が五輪関連受注実績を活かせる『Supplier Recognition Scheme』の開始」，「海外向け観光・ビジネス誘致キャンペーン『The Great Britain Campaign』」などがあり，成

果として，「2020年までの経済効果は280億〜410億ポンド（GVA），雇用創出効果は618,000〜893,000人と推定」，「五輪の実績を活かし，99億ポンド相当の国際取引・インバウンド投資が実現」，「2014ブラジルW杯及び2016リオ関連で1.2億ポンド相当，ソチ2014・ロシア2018W杯関連で60契約以上を英国企業が受注」，「大会後の観光客数・一人当たり消費額の増加（＋1％，＋4％）」となっている．分野④ 東部ロンドンの再生では，「オリンピック・パークの整備，周辺公共交通インフラの改善」，「選手村の住居への転用」，「雇用機会の創出」などの施策に対して，「東部ロンドンの急速な都市再生の実現」，「オリンピック・パーク内の8の恒久施設」，「プレスセンターをインキュベーション施設に改修（Here East）」，「65億ポンドを公共交通改善へ投資，11,000以上の住宅の供給（選手村）」，「パーク内で1万人以上の雇用の創出」などの成果が出ている．分野⑤ パラリンピック・レガシーについては，施策として，「National Paralympic Dayの創設」，「障がい者に定期的なスポーツ参加機会を提供する『Inclusive　Sports事業』」などがあり，成果として「2014年のナショナルパラリンピックデーには3万人が参加」，「Inclusive Sportsは第1期44プロジェクトに1000万ポンドを助成」，「Sports Fes, Motivate East等新しいイベントが大会後開催」などが挙げられる．

　ロンドン経済レガシーについては，大きく① CompeteFor，② Supplier Recognition Scheme，③ The Great Britain Campaignの3つの施策があげられる．

　経済効果を広げる施策の1つがCompeteForである．ODA，ロンドン大会組織委員会を中心とした公共調達などにおいて，売り手と買い手間のマッチングを促進するため，事業者の登録情報をデータベース化し，互いの情報を検索できる無料ウェブサイトサービスCompeteForを構築・運用した（公共の「入札システム」とは異なり，あくまでその事前のマッチングサイトという位置づけ）．

　事業者側のメリットとして，① 大会関連の発注元は多岐にわたるが，CompeteForは情報が一括管理されている，② 登録したカテゴリーに関して掲載前にメールを受領できる，③ 契約結果，ショートリストなどを検索できる点が挙げられる．発注側のメリットとしては，発注前に事業者情報を一括で検索できるため，委託先の候補者情報を事前に得ることができる．

　登録企業は約17万社にのぼり，契約件数1万200件のうち，7721件（約75％）が中小企業の受注となっている．

　英国の中小企業の14％がCompeteForに登録したと推測され，CompeteFor

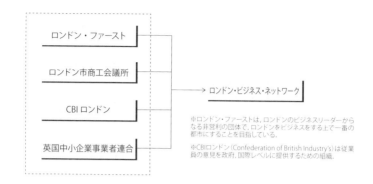

図7-4　CompeteFor設立のための官民連携組織

（出所）各社ヒアリングを基に筆者作成.

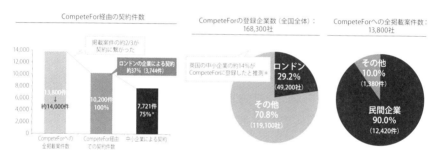

図7-5　CompeteFor経由の契約件数及びCompeteForの登録企業数（英国全体）

（出所）各社ヒアリングを基に筆者作成.

掲載案件の90％が民間企業案件となっている．また，CompeteFor経由での調達契約は約4000億円にのぼり，約5000人の雇用を創出し，契約獲得企業は平均3800万円の売上増を享受しており，契約額の約半分は250万円以下に集中している．

　中小企業に波及させる仕組みであるCompeteForの仕組みとして，発注者は潜在的な事業者を入札前ショートリストとして作成でき,調達したい商品,サービス，業務を記載し，３つの方法で公表できる．① 契約のための公表は，最も一般的な公表手法で，CompeteForを最大限活用でき，契約機会の公表，質

疑回答，ショートリストの作成，要求書類の提出，入札を経て，事業者が決定する．②周知のための公表は，主に大規模な公共事業に利用され，発注者のルールに従って事業者決定に至る．③見積りのための公表は，価格の安い発注業務に利用され，指名された供給者のみが見積りを提出する．指名される事業者は発注者による抽出とCompeteForにより自動的に抽出された事業者を併せた企業となる．

2006年にロンドン・ファースト，ロンドン市商工会議所，CBIロンドン，英国中小企業事業者連合が官民連携組織「ロンドン・ビジネス・ネットワーク」を設立し，CompeteForを構築した．

中小企業の受注例として，体操競技用品の提供や，防鳥ピン針などの建築資材や選手村へのキッチン機材配給・施工・メンテナンスなど幅広い製品・サービスが含まれている．

大会後もオリンピック・パーク改修関連事業，英国内の各種インフラ整備事業等で活用されている．現在，CompeteForのサイトはロンドン交通局が所有．公共に加えて，大規模民間発注も掲載されており，英国のナショナルサプライチェーンポータルを目指している．

現在は民間委託（4年間，委託費なしの独立採算）でBiP solutions によって運営されている．将来的には民間ベースの自立的な運営を検討している．

英国では英国企業が，ロンドン大会での受注実績を国内外の商業機会において活用できる仕組みである供給者認証スキーム（Supplier Recognition Scheme）を活用した．供給者認証スキームは，2012 年大会関連契約受注者に対し，申請に基づき，サービス供給者としてのライセンス（称号）を与えるものである．

認証された事業者は，ライセンスを国内外の見本市や契約入札の機会で利用することができ，BOA は，IOC と交渉の上，オリンピック史上初めて，事業者規制を緩和する同スキームを立ち上げた．

登録申請は無料で，ODAの4000枚の写真のアーカイブにもアクセスでき，このスキームが2013年に始まった理由は2012年末まで，ロンドン2012大会スポンサーが独占権を持っていたためである．

登録システムの運営はBOAが行っており，政府が約200万ポンドの資金補助を行っている．

事業者が，大会時のLOCOGまたはODAからの受注実績を国内外の商業機会において活用できる仕組みである．

　2014年ソチ大会および2018年ロシア・サッカーワールドカップ関連の契約を60件以上，2014ブラジルワールドカップ，2016年リオ大会では総額約１億2000万ポンドの契約を受注した（**図7-6**）．

　事業者側のメリットは，ローカルスポンサーであっても海外でPRできなかったが，スポンサーでなくても大会関連の実績を海外でPRできる．政府にとってのメリットとして，輸出を扱う担当としては，自国の実績を他国にPRするための協力な営業ツールとなる．

　供給者認証スキームの対象となるビジネスは以下のようになっている．

- 英国のビジネスである（ビジネスが英国で登録または運営されている．）
- ODA，LOCOGと直接またはその一次下請け業者として商品/サービスを提供
- 2012年12月31日以前に商品/サービスを提供
- 商品やサービスは，「マーケティング権利の保護」を締結している必要がある

　供給者認識スキームのライセンスは，BOAの裁量で付与され，特定の業態は，IOC TOPスポンサーと今後のゲームの資金調達の権利を保護するために除外されている

　LOCOGとODAに商品やサービスを供給した請負業者の大半は，このスキームにカバーされている．

　しかし，海外政府からの委託，国内オリンピック委員会とパラリンピック委員会（例えばNOCやNPCハウス），地方自治体（聖火リレーに関連するイベントの場合）または公的機関の一部の発注は，ロンドン2012と直接的に関わっていなかったため，スキーム外となっている．

　また，ノンアルコール飲料，コンピューター，情報技術，化学，小売り，ファーストフード，時計，携帯電話，決済などTOPパートナーの製品・サービスは対象外となっている．

　ODAとLOCOGによる2200社のサプライヤーが適用可能となり，最大５万社の下請業者が合法的かつ透明な方法で2012年ロンドン大会を自らの仕事としてPRできる可能性を持っている．

　2013年７月時点で700件のライセンスが交付され，2014年３月時点で780件がライセンスを受領しており，その６割がスポーツイベントに関与している．

例えば，Expedition Engineeringという小さな会社は，自転車競技場の構造設計の仕事をしており，このスキームのおかげで，仕事の幅が広がったと話している．

本スキームは，大会後の英国ビジネスの成功に貢献し，UKTI（投資貿易庁）によると，110億ポンドより大きな貿易や投資に貢献してきた．

ロンドンの経済レガシー構築に向けての組織体制とツールを整理すると**図7-7**のようになる．

オリンピック・パラリンピック大会の関連ビジネスに関して，TOPスポンサー以外の大会後のチャンスは限定的となる一方で，大会に関連するビジネスの裾野は広く，TOPスポンサーからサプライヤーまで幅広い企業が大会に関係を持つことが想定される．

しかし，IOCはTOPスポンサーを保護しており，大会後ローカルスポンサーはその権利を失い，その他企業が大会後にそのノウハウを生かせる機会は非常に限られている．大会に向けての調達と中小企業を含めた産業振興は，マーケティングの観点，参画企業の裾野の拡大，国内企業の事業拡大，大会運営費の確保など多様な視点が複雑に絡み合っており，一面的な評価は難しい．またスポンサーの権利が細分化されており，権益と対価がスポーツ界の良い面と悪い面を映し出している．

東京では，東京都/東京都中小企業振興公社が主体となって「ビジネスチャンス・ナビ2020」，「ビジネスフロンティア・フェア」，「マーケットサポート」，「世

図7-6　ロンドン大会の供給者認証スキームを活用した取組み

（出所）各社ヒアリングより筆者作成．

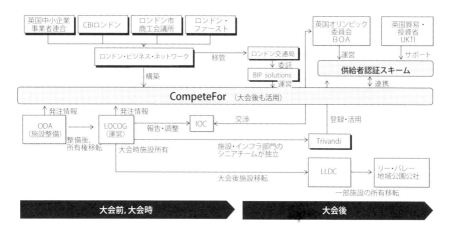

図7-7　ロンドン大会のレガシー構築スキーム

（出所）各社ヒアリングより筆者作成.

界発信コンペティション」など中小企業振興を進め，「ビジネスチャンス・ナビ2020」は東京2020大会等を契機とする調達情報（都，国，組織委員会など）を一元的に集約し，中小企業に情報提供を実施した.

　「ビジネスチャンス・ナビ2020」の主な関係者はIOC，政府，東京都，組織委員会，東京商工会議所，東京商工会連合会，中小企業団体中央会，中小企業振興公社となっていた.

図7-8　大会関連ビジネスの広がり

（出所）各社ヒアリングより筆者作成.

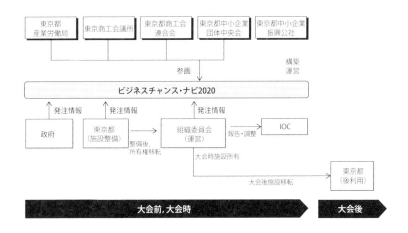

図7-9　東京大会の民間企業レガシースキーム

（出所）各社ヒアリングより筆者作成.

　ロンドン市は東京都と比べて財政規模が小さいため, ロンドン大会は政府が主体となっていた. そのため, 中小企業へ取組みやすい環境であったが, 東京都が中小企業振興を主導することには立場上の違いがあった.

　ロンドン市 (GLA) は主にロンドンの都市計画を担う組織であり, GLA本体の職員数は600人程度であり, GLAの財政規模は, GLAグループで年間2兆円程度 (そのうち約7割はロンドン交通局) である.

　ロンドン大会開催も英国政府・ロンドン大会組織委員会主導となっていた.

　施設・恒久施設すべて政府機関であるODA (一部の施設はリーバレー地域公園公社) が整備し, 英国の移民問題, 雇用問題, 人種差別・格差という社会的背景を踏まえ, また東部ロンドンの経済的・社会的再生という1970年代以降の政治的命題に立ち向かった大会であった.

　2008年以降の金融危機により, 民間資金の活用が困難であったため, 大会関連施設はほぼ全て政府直轄で整備された.

　一方, 東京都は地方自治全般について権限を有し, 約2万人規模の職員を有する巨大行政組織であり, 東京都の財政規模は約7兆円となっている. 開催都市としての東京都が施設整備・運営面でも東京大会組織委員会とともに主導権をもって進めていた. 仮設施設は東京大会組織委員会, 恒久施設は東京都, 新

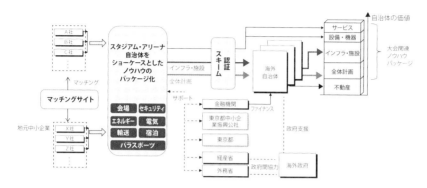

図7-10　スタジアム・アリーナ・自治体ノウハウのパッケージ輸出

（出所）筆者作成.

国立競技場は日本スポーツ振興センターが整備した. 社会的背景としては, 雇用率は多国に比較して安定, 外国人比率は欧米と比較して低くなっており, また臨海地域の開発は1980年代から本格化したものの, 万博のキャンセルなどもあり, オリンピック開催決定後, 急激に開発が進んだ.

アベノミクス等により足元の経済環境は比較的安定・上向き. 日銀の異次元緩和により金融機関も貸出意欲旺盛であった.

生産年齢人口が減少していく中で, 高齢者, 障がい者, 性別に関係なく社会で活躍できている都市, 高齢者の男性, 女性, 障がい者が社会に出ることで新しいマーケットが生まれ, 中小企業の活躍の場が増えれば, インクルーシブシティの構築が今後も進んでいく.

スタジアム・アリーナに加えて, 地方自治体をショーケースとした, ノウハウをパッケージ化, および地方中小企業と大企業が連携してノウハウをパッケージ化し, 輸出につながるコンテンツを探すことは今後の地方都市, 中小企業の方向性として検討が必要な事項である.

このスキームでは, マッチングサイトおよび伴走支援としてのノウハウのパッケージ化がまずポイントなり, 加えて認証スキーム（環境, 社会, 経済的な視点での評価の可視化）が重要となる.

また, 政府と連携して海外自治体への展開という中では, 政府間同士の合意, 自治体同士の合意に加えて, 各国のオリンピック委員会, スポーツチーム同士

の合意など多重にアライアンスを組み合せて，地域への影響，スポーツ界への
インパクトを可視化していくことで，双方にとってのメリットを創出すること
が可能となる．

参考文献

Department for culture, media and sport [2008] "Before, during and after: making the
　　most of the London 2012 Games," Department for culture, media and sport.
　　———— [2010] "Plans for the legacy from the 2012 Olympic and Paralympic games,"
　　Department for culture, media and sport.
　　———— [2012] "Beyond 2012- The London 2012 legacy story," Department for
　　culture, media and sport.
London Legacy Development Corporation [2012] "Equality and Inclusion Policy,"
　　London Legacy Development Corporation.
　　———— [2013] "Inclusive Design Standard," London Legacy Development
　　Corporation.

ウェブサイト

「ビジネスチャンス・ナビ2020」(https://www.chancenavi.jp/bcn/, 2023年6月6日閲覧).
"A Legacy for Disabled People" (https://www.gov.uk/government/publications/london-
　　2012-a-legacy-for-disabled-people-april-2011, 2023年6月6日閲覧).
"CompeteFor" (https://www.competefor.com/, 2023年6月6日閲覧).
"Olympic Legacy" (https://olympics.com/ioc/olympic-legacy, 2023年6月6日閲覧).

第8章
スポーツを核とした
まちづくりモデル

これまでスポーツの持つ力，ポテンシャルに触れながら，最新のスタジアム・アリーナ，大規模スポーツイベントとまちづくり，健康などスポーツと親和性が高い分野での最新動向，デジタル技術の活用事例について触れてきた．まちづくりの視点では，スマートシティなど政府の政策や都市のモデルの変化，社会的インパクトの重要性についても言及した．

今後のスポーツを核としたまちづくりのモデルでは，① 経済的価値に加えて社会・環境的インパクトの可視化，② オープンイノベーションによる地域での事業創出，③ スポンサー企業を巻き込んだ国内外連携が重要になる．

1　スポーツまちづくりのモデル化

地域活性化は長期目線での成果として，地域の定住人口増加や地価上昇・税収増加や住民のフィジカル・メンタル面の充実を実現することが最終的な目標となる．

スマートシティは幅広いテーマが想定されるが，地域のスポーツチームやスタジアム・アリーナと親和性があり，かつ市場性の観点から観光・地域活性化，防災，生産性向上，交通，健康・医療などが親和性の高い分野である．

これまでスタジアム・アリーナビジネスに関わる中で，スタジアム・アリーナ収益性を確保するための成功要因として，（1）公共交通，モビリティサービスの整備，（2）既存マーケットの充実，新規マーケットの創出可能性（商業施設・公共施設・居住等），（3）民間企業などプレイヤーの巻き込み（技術，ファイナンス，ノウハウ等），（4）オンライン・オフラインの融合力，（5）利用者の嗜好や行動分析力，（6）新規コンテンツの創出，持続力，の6つが重要である．

（1）公共交通，モビリティサービスの整備はどこのスタジアム・アリーナでも常に問題となる．駅前であれば駅での混雑，駅が離れている場合は，駅

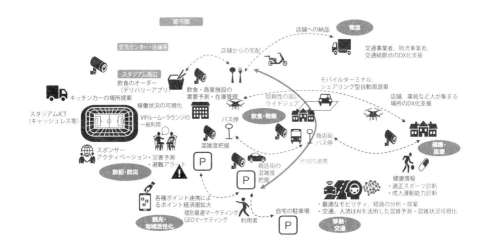

図8-1　スポーツを核とした将来都市イメージ

（出所）筆者作成.

までの移動やその他公共交通からのアクセスの利便性向上などが重要となる.
（2）既存マーケットの充実, 新規マーケットの創出可能性（商業施設・公共施設・
居住等）は, 複合的なまちづくりのイメージの中で, スタジアム・アリーナ以
外の部分のファイナンス向上と理解できる.（3）民間企業などプレイヤーの
巻き込み（技術, ファイナンス, ノウハウ等）は官民連携, 産官学連携につながる
こともあり, 必須機能となる.（4）オンライン・オフラインの融合力はメタ
バースやデジタルツインの活用で, 今後サービスの多角化が期待される.（5）
利用者の嗜好や行動分析力は今後1 to 1マーケティングの普及やCRMの普及
とともに重要性が増していく.（6）新規コンテンツの創出では, 既存の国内マー
ケットでは, 3大都市圏でのコンサートニーズは比較的旺盛であるが, 現在計
画されているスタジアム・アリーナの収益性向上に向けては, 特に地方でも開
催できる新規コンテンツ, イベントの創出は必須となる.

2　分野連携した住民利便性の向上

　スポーツと連携したサービスとして，公共交通機関が不便，イベント時に交通・宿泊混雑が激しい，健康診断の結果が悪いなどの課題が出た場合に，移動手段のシェアサービスや健康プログラムの実施が想定される．例えば，スタジアムでのイベントチケットを購入したら，徒歩＋公共交通によるスタジアムまでのアクセスや時間帯などレコメンドしながら，混雑を避けイベント前に健康プログラムに参加するなど，健康，交通が連携したスポーツイベントの取組みなどが想定される．

　また，アウェイファンにはホームの地域性を体験してもらう飲食や文化紹介，現地への宿泊を誘導する施策，PRが期待される．例えば，アルコールが好きなアウェイファンに対して，試合後混雑を避けしばらくスタジアムでお酒を飲んでもらいつつ，その後，地場のお酒が飲めるお店まで移動もセットで提供することで，お店の予約，移動，決済まで一括提供サービスを想定している．

　スポーツを核とした将来都市イメージの実現に向けて，ヒトのニーズ，目的地側の状況，過去データ（購買，人流，交通，気象，趣味嗜好など）を掛け合わせて，最適なヒト・モノ・サービスを提供することが期待される．

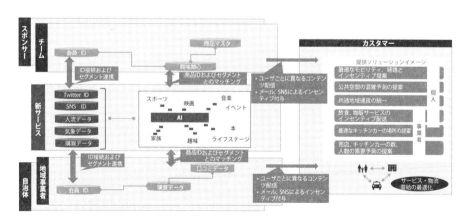

図8-2　スポーツスマートシティのサービスイメージ

（出所）筆者作成.

3　オープンイノベーションによる産業創出

　スポーツに関するオープンイノベーションでは，スポーツ庁が「地域版
SOIP」の取組みを進めているが，浜松市では，都市OSの活用を前提としたオー
プンイノベーションプログラムが進行している．新しいサービスを常に生み出
し続ける仕組みとして，データ連携基盤を前提としたオープンイノベーション
の取組みは参考となる．地域課題，社会課題に向き合い継続的な取組みをして
いくためにも次々と新しいサービス提供事業者が現れ，チームを核に，スタジ
アム・アリーナ周辺の事業者，自治体，交通事業者，運営候補者と継続的に議
論を進めつつ，プログラムの設計を進めていく必要がある．

　これまで述べた通り，スマートシティやスタジアム・アリーナでも以前より
多様なプレイヤーが参画してきており，取組みは進んでいる．大学の巻き込み
などが始まっているところであるが，より多様性を持つために，高等専門学校
生など学生の巻き込みや子育て世代，障がい者も含めたインクルーシブなまち
づくりが今後は必要になる．このような多様な人の合意形成や議論にもデジタ
ル技術は活用可能であり，これまで制約があり参加できなかった人の参画が期
待される．

4　インパクト及びPPPスキームによるパッケージ輸出

　ベトナムではサッカーチームのスポンサー企業である現地財閥系デベロッ
パーがパートナーシップを締結している日本のサッカーチームと連携し，そ
の日本のサッカーチームのスポンサー企業であるデベロッパーと現地財閥系
デベロッパーがJVで，両国のプロサッカーチームと連携したスポーツを核と
した都市開発を進めている（残念ながらスタジアムの建設予定はない）．また他の
ASEAN都市においてもスタジアムを核としたまちづくりが今後計画される見
込みである．そこでも日本と対象国のチーム同士，スポンサー同士が連携しな
がら，政府，自治体同士の連携，ファン，住民同士の連携も期待される．バー
チャル空間でのコミュニケーションもとれるようになってきており，リアルと
バーチャルが融合されたコミュニケーションが想定される．

　このようなスポーツを核としたまちづくりモデルの輸出はマーケットの拡大，
ビジネス規模からも期待が大きく，コンテンツと都市開発に加えて，デジタル

技術や運営スキームなどとセットとしたモデルの構築が求められる.

　長崎スタジアムや万博アリーナのようなスタジアム・アリーナおよび複合用途のモデルに, 実装サービスとしては, ホリゾンタルなサービスパッケージの付加をイメージしている. 例えば, モビリティを例にあげると, 需要と供給のデータ把握から乗降場所, モビリティ手段の設計, 天候やイベント状況も踏まえたうえでの需給ギャップの把握, オペレーション (運行本数, 時間など) の調整をリアルタイムで変更し, 利用者にも伝え, 利便性を向上させるサービスのパッケージ提供などが想定される.

　大企業だけでなく, 中小企業の参画も期待されるが, 中小企業においても個社で独自ネットワークを構築し, 現地および日系のパートナー企業と共に, 新しいビジネスモデルをつくろうと果敢に挑んでいる企業もあれば, ニーズがあることもわかっていて, 引き合いもあるがリソース不足で取り組んでいない, 優先順位が落ちている企業もあり, 状況は様々である.

　ノウハウや売れる商材があるにも関わらず海外展開できていない企業に対して一歩踏み出してもらうために, 正確な情報を提供していくかがポイントとなる. またスポーツ業界独自の課題として, スポーツで稼ぐことに対してのネガティブなイメージが一部残っている点が挙げられる. スポーツには多様な側面があり, 文化的, 教育的な側面に対しても民間企業の事業化のきっかけがあることがわかっている. これまで文化的, 教育的側面でスポーツに関与し, ノウハウを蓄積している方々にもスポーツビジネスの視点を持ってもらい, スポーツ産業の海外展開に関しての相互理解や連携も必要である.

　事業スキームについては, 収益性が民設民営では成立しない場合は, 愛知県新体育館や新秩父宮競技場で採用されているBT＋コンセッションや, より収益性が厳しい場合であれば某アリーナで検討中であるBT＋長期指定管理, 地方の小規模施設改修などであれば, 岡山県田川市のスポーツファシリティで導入されているRO＋コンセッション, LAVBなども想定される.

　これまでは, 社会的課題の解決は基本的に公共が担ってきたが, 社会的課題の解決と経済成長を追う起業家が増え, 官の役割だけでなく民の役割が大きくなっている. このような取組みを新たな官民連携の形として, 資金調達面を支援するとともに, 新たな法制度の必要性についても検討が始まっている. また, 財団法人や社団法人といった既存の法人形態の改革も検討し, 米国で広がる「パブリック・ベネフィット・コーポレーション」(PBC) の日本版をつくる

構想も検討が始まっている．PBCは株主の利益だけでなく，公益に資する事業に率先して取り組むと明示した会社形態を指し，企業は貢献をめざす公益を定め，経営陣はその公益と株主の利益とが釣り合うように経営する組織で，企業にとっての利点は，短期的な利益を求める株主の意見にとらわれすぎず，中長期的な社会課題の解決をめざす事業に投資することが可能となる．例えば，スタートアップの経営者は株主と対話する際に，中長期的な社会貢献をめざすことを，会社の目的として説明しやすくなる．

　PBCは米国約40の州で制度が制定されており，米国以外にも，イタリア，エクアドル，カナダ，コロンビア，プエルトリコ，フランス，ペルー，ルワンダにも制度がある．世界で1万社を超える企業がこの法人形態を採用しているが，現時点で日本には制度がない．

　一方で，米国のNPO団体B Labが認定する民間の認証制度として，B-Corpが2007年に米国で始まった．こちらは，認証試験BIA（B Impact Assessment）をクリアすれば，どの国の営利企業でも取得可能となっている．取得するにはかなりの時間と労力がかかるが，80カ国，約5000社が認証取得（2022年5月時点）しており，そのうち約95%を従業員数250人未満の中小企業が占めている．日本企業ではITシステムや造園企業など14社が認証を取得している（2022年8月時点）．

　地域でのDX・GXを進めるためには，小さな官民連携と社会的企業を中心としたエコシステム形成がポイントになるため，PBCやB-Corpの取組みは重要である．

5　持続可能な社会実装に向けて

　最後に，スマートシティの実装には，住民合意，収益モデルの構築が必要で，自治体，民間企業ともに課題となっている一方で，スポーツは強固なファン，スポンサーや社会的価値の創出など多様な側面からエコシステムの構築が可能となる．

　そのような視点で，スポーツは次世代のまちづくりのカギになる可能性を秘めている．特に住民に同じ方向に向かってもらうことは，非常に難しい．成熟した日本の都市では，多様な意見があり，既得権も多数存在する．皆総論は合意しつつ，各論に入ると自分にデメリットがあるのではないかと疑心暗鬼になってしまう．この変化の自分への影響が見えないからだ．しかし，新しいこ

表8-1 日本の国際的地位の変化

タイトル	日本の変化	出典
フォーチュン・グローバル500	1989年，日本企業は111社もランキング入りしていたが2019年版では52社に減少	ビジネス誌『フォーチュン』
TOP10％補正論文数	1989年前後には世界第3位だったのだが，2015年にはすでに第9位	
世界経済に占める日本経済のウェート	1989年15.3％，2018年5.9％	1989年はIMF，2018年は内閣府推計

とにチャレンジして結果が見えていることなどは基本的に存在しない．新しいことにチャレンジできずに他国の類似施策ばかり展開してきた結果がこの30年間の日本の国際的地位の低下である．

　スポーツを核としたスマートシティの実現に向け，前述の通り，① 公共交通，モビリティサービスの整備，② 既存マーケットの充実，新規マーケットの創出可能性の存在，③ 民間企業などプレイヤーの巻き込み，④ オンライン・オフラインの融合力，⑤ 利用者の嗜好や行動分析力，⑥ 新規コンテンツの創出，持続力の視点が重要である．

　これらのサービスに関するデータ，データ連携基盤を統合したスポーツを核としたスマートシティモデルが構築できれば，国内の地域課題の解決に加えて，アジアを含む諸外国への輸出モデルになる．

参考文献

自治体国際化協会 ロンドン事務所 ［2014］「2012 年ロンドンオリンピック・レガシーの概要」自治体国際化協会．

ウェブサイト

「デジタル田園都市国家構想」(https://www.chisou.go.jp/sousei/about/mirai/policy/policy1.html, 2023年6月6日閲覧)．

「スーパーシティ構想とは」(https://www.chisou.go.jp/tiiki/kokusentoc/supercity/

openlabo/supercitycontents.html, 2023年 6 月 6 日閲覧）.

「地域版SOIP　スポーツ産業の新たな可能性」（https://sports.go.jp/tag/business/soip.
　　html, 2023年 6 月 6 日閲覧）.

"Climate Pledge Arena"（https://climatepledgearena.com/, 2023年 6 月 4 日閲覧）.

第
Ⅲ
部

スポーツを核とした地域の未来

第9章

世界と日本の
スポーツマネジメント比較

1　スポーツに関心が高い日本人

　野村総合研究所［2017］が「日本人がうれしいと感じる出来事」について調査したところ，「スポーツの日本代表チーム，日本代表選手が国際大会で活躍すること」が，「日本で発明された科学技術が世界中で活用される」ことと「日本人がノーベル賞を受賞する」ことに次いで，3位に入っている（**表9-1**）．スポーツにおける日本代表チームや選手の活躍は国民的関心事になっていると言える．スポーツが日本人の関心事になっているとなると，その試合結果は速く正確に多くを知りたいものである．そのため，テレビが多チャンネル化しインターネットが普及した現代において，スポーツはマスメディアにとって重要なコンテンツであることは疑う余地はない．

表9-1　日本人がうれしいと感じる出来事

2008年	2017年
1位　■日本で発明された科学技術が世界中で活用される	1位　■日本で発明された科学技術が世界中で活用される
2位　■環境問題の分野で日本が世界のリーダーとなる	2位　■日本人がノーベル賞を受賞する
3位　■日本人の学力が高まる	3位　「スポーツの日本代表チーム、日本代表選手が国際大会で活躍する」
4位　「スポーツの日本代表チーム、日本代表選手が国際大会で活躍する」	4位　■自衛隊などの国際的な活動で日本の評価が高まる
5位　■日本の文化人が国際的に高い評価を得る	5位　■日本企業の国際競争力が向上する
6位　■日本人がノーベル賞を受賞する	6位　■日本の文化人が国際的に高い評価を得る
7位　■我が国の史跡・旧跡や自然景観が世界遺産に登録される	7位　■日本人の学力が高まる
8位　■日本企業の国際競争力が向上する	8位　■環境問題の分野で日本が世界のリーダーとなる
9位　■自衛隊などの国際的な活動で日本の評価が高まる	9位　■我が国の史跡・旧跡や自然景観が世界遺産に登録される
10位　■日本のアニメやゲームが世界中に賞賛される	10位　■日本のアニメやゲームが世界中に賞賛される

（出所）野村総合研究所［2017：14］を元に筆者改編.

表9-2　日本の歴代テレビ視聴率ランキングTOP10

順位	番　組　名	放　送　日	チャンネル	視聴率%
1	第14回 ＮＨＫ紅白歌合戦	1963年12月31日	NHK	81.4
2	東京オリンピック 女子バレー	1964年10月23日	NHK	66.8
3	サッカーワールドカップ 日本×ロシア	2002年6月9日	フジテレビ	66.1
4	プロレス デストロイヤー×力道山	1963年5月24日	日本テレビ	64.0
5	ボクシング 原田×エデル・ジョブレ	1966年5月31日	フジテレビ	63.7
6	おしん	1983年11月12日	NHK	62.9
7	サッカーワールドカップ 日本×クロアチア	1998年6月20日	NHK	60.6
8	ボクシング 原田×アラン・ラドキン	1965年11月30日	フジテレビ	60.4
9	ついに帰らなかった吉展ちゃん	1965年7月5日	NHK	59.0
10	ミュンヘンオリンピック	1972年9月8日	NHK	58.7

(出所) 日本と世界の統計データ.

　特に，スポーツがテレビ番組の重要な部分を占めている．ノンバーバル（非言語）コミュニケーションであるテレビ映像はスポーツと非常に相性が良い．スポーツは，産業や経済の重要な要素にもなり，宣伝や国内ないし国際的なテレビプログラムに欠かせなくなっている．スポーツはただモノを売る場であるばかりではなく，あらゆる種類のために利用される市場になっている．

　表9-2の日本の歴代テレビ視聴率ランキングTOP10を見ても，NHK紅白歌合戦とNHKドラマ「おしん」などの３つの項目を除いてすべてスポーツ番組である[1]．日本人はオリンピック，ワールドカップサッカー，ボクシング，レスリングなどを含めたスポーツへの関心が高いことが伺えるランキングである．

プロ野球球団の優勝による経済効果

　表9-3の過去プロ野球球団の優勝における経済効果を見ると，2003年阪神タイガースは1481億円，2005年千葉ロッテマリーンズは391億円，2005年阪神タイガースは643億円，2006年中日ドラゴンズ220億円，2007年読売ジャイアンツ418億円，2010年中日ドラゴンズは215億円，2013年東北楽天ゴールデンイーグルスは230億円，2014年阪神タイガースは429億円，2016年広島カープは331億円と試算されている．

　東京マラソンの経済効果が271億円，大阪マラソンの経済効果が131億円と比較すると，いかに大きな経済効果かが理解できる．

表9-3 プロ野球球団の優勝効果

プロ野球日本シリーズ	波及効果	調査機関	調査時期
阪神タイガース	643億円	関西大学	2005年
読売ジャイアンツ（リーグ優勝）	418億円	日興コーディアル	2007年
中日ドラゴンズ	215億円	共立総合研究所	2010年
楽天ゴールデンイーグルス	230億円	関西大学	2013年
阪神タイガース	429億円	関西大学	2014年
広島カープ	331億円	関西大学	2016年

市民マラソン大会	波及効果	調査機関	調査時期
大阪マラソン	131億円	関西大学	2011年
東京マラソン	271億円	関西大学	2013年

（出所）海老塚［2017：37］を基に筆者作成.

表9-4 阪神タイガース優勝による影響

(%)

質問項目	一般	阪神ファン
関西の景気が上向く	69.6	72.7
阪神が優勝したら「世の中に何かが起こる」	95.5	96.1
阪神が優勝したら「自分自身に何かが起こる」	49.2	77.6

(調査月)

質問項目	6月	7月
自分が以前からの「阪神タイガースファン」	39.4	45.9
阪神が優勝したら「財布のヒモが緩む」	49.2	52.2

（出所）海老塚［2017：38］を基に筆者作成.

　2003年の阪神タイガースは6月時点で2位と12ゲーム差をつけて，7月には15ゲーム以上の差を広げてリーグ優勝を飾った．その際に，関西における対象者555名に対し，2003年6月と7月の2回，電通関西支社が阪神タイガースの影響について調査した（**表9-4**）．その結果は，阪神ファンの強烈な個性を示すものであった．阪神タイガースが優勝すると，「関西の景気が上向くと回答した阪神ファンは72.7％おり，一般の人の69.6％に比べ3.1％高い．また，96.1％

の阪神ファンが阪神タイガースの優勝が「世の中に何かを引き起こす」と考えていた．一般対象者の95.5％に比べ0.6％高い．さらに，阪神タイガースが優勝したら，「自分自身に何かが起こる」と答えた一般の人は49.2％しかないのに，阪神ファンは77.6％もの人が回答している．

　阪神タイガースが優勝すると，「財布のヒモが緩むか」という質問には，6月から7月で49.2％から52.2％と3％向上している．また，「自分は以前から阪神ファンである」という人が6月から7月で，39.4％から45.9％と6.5％向上している．隠れファンの存在が浮き彫りになったのだろう．

　スポーツイベントは，「イベント自体の営業収支とは別に人々のモチベーションを喚起し，積極的な行動に駆り立てることがわかっている」[海老塚 2017：37]．そこには，スポーツが起因する非日常性が関係している可能性があるという．

　関西にある阪神タイガースという1つのスポーツチームが経済に影響を及ぼすのである．スポーツはただモノを売る場であるばかりではなく，あらゆる種類のために利用される市場になっていることが理解できよう．

日本の新聞社によるスポーツイベントの発展

　新聞においても，信頼できる日刊紙から毎日のスポーツ面がなくなってしまった場合，もはや発刊できないといっても過言ではない．日本新聞協会が実施した読者調査で，最も読まれている面としてテレビ・ラジオ番組面があがったが，男性読者に層別するとスポーツ面が番組面を上回る結果となった．平均38ページ建ての読売新聞や朝日新聞朝刊のスポーツ面は，4ページに渡ることが多いが，夕刊にもスポーツ記事が掲載される．夕刊にスポーツ記事がコンスタントに載るようになったのは1995年からだ．これは野茂英雄がロサンゼルス・ドジャースに移籍し，大活躍したからだ[海老塚 2017：129]．米国との時差でMLBの試合は日本では午前中になる．日本中が注目している試合の結果報道を翌日朝刊まで遅らせることはできないと判断したからである．

　日本におけるスポーツイベントの発展には新聞社が大きな役割を果たしている．海老塚[2017]によると，時事新報が1901年に，東京・上野不忍池12時間競争を開催した．長距離走への関心が高まっていた時代に大学野球が始まり，1903年に第1回早慶戦が行われた．1906年には両校関係者間の応援の過熱により早慶戦自体が中止になるほどであった．

　1879年に大阪で創刊された朝日新聞は1888年に「めざまし新聞」を買収して

東京へ進出し，全国紙への道を歩き始めた．1915年8月に大阪朝日新聞主催で第1回中学校野球優勝大会が行われた．今の夏の甲子園大会である．当時はまだ甲子園球場はなく，大阪北部の豊中グランドに全国の予選を勝ち抜いた各校が参加して開催された．

1924年，東洋一といわれた甲子園球場が完成した．この年が干支でいうと，甲子（きのえね）の年にあたることから甲子園球場と名付けられた．朝日新聞は大阪本社だけでなく各県支社（通信部）も県大会を後援し，社をあげて学生野球の振興に力を入れていった．しかし，日本高校野球連盟（高野連）が発足するのは，戦後の1946年で随分と後になってからである．

他紙も新しいスポーツの開拓を通じて読者を獲得しようと積極的に働きかけた．この傾向は東京よりも大阪で顕著であった．第1回中学校野球優勝大会の3年後には毎日新聞が日本フットボール優勝大会（現在の全国高校サッカー，全国高校ラグビー）を立ち上げるなど，ライバル紙の間でオリジナルイベント争いがスポーツのすそ野を拡大させた．

大阪に比べて新聞社がスポーツ大会の開催に熱心ではなかった東京だが，現在まで継続する大会が生まれている．1920年には，報知新聞（現在の読売新聞）は，東京箱根往復大学駅伝を開催した（**表9-5**）．

また，学生野球に対抗して社会人の野球大会が開催された．1927年8月，神宮球場で12チームが出場した第1回都市対抗野球大会である．当時，プロ野球はまだ発足せず，学生野球が人気だった．学生野球だから，かつて中学・大

表9-5　新聞社が実現させた日本のスポーツイベント

開始年		主催者
1901	上野不忍池12時間競走	時事新報
1908	阪神マラソン	大阪毎日
1915	全国中学校野球優勝大会（全国高校野球選手権）	朝日新聞
1917	東海道五十三次駅伝徒歩競走	読売新聞
1917	京浜間マラソン競走	報知新聞
1918	日本フットボール優勝大会（高校ラグビー，高校サッカー）	毎日新聞
1920	東京箱根往復大学駅伝	読売新聞
1924	選抜中学校野球大会（選抜高校野球）	毎日新聞
1927	都市対抗野球大会	毎日新聞
1946	琵琶湖毎日マラソン	毎日新聞

（出所）海老塚［2017：132］．

学野球の花形だった選手をファンがもう一度見たいと願っても卒業後は難しい．こうしたファンの要望に応えれば購読者増につながる．東京日日新聞（現在の毎日新聞）の記者であった島崎新太郎が，MLBのように都市を基盤とした実業団野球の開催を思いついたという［海老塚 2017：129］．

2 世界と日本のスポーツ比較

世界の主要リーグの収入比較では，米国の4大スポーツの NFL，MLB，NBAの収入が最も多く，次いで欧州のサッカーリーグのプレミアリーグ，ブンデスリーガ，米国の NHL となっている．米国4大スポーツであるNFLの収入は9300億円，MLBの収入は7000億円，NBAの収入は4700億円，NHLの収入2900億円，英国のプレミアサッカーリーグの収入は3250億円である．大学のスポーツ組織であるNCAAは8000億円もあるのに対して，我が国のプロスポーツは，プロ野球（NPB）が最も多く1200億円，JリーグがJ1とJ2を含めて845億円しかない．Jリーグは，米国のMLSと同じ程度の収入規模となっている．日本のプロフェッショナルスポーツリーグは，世界の主要リーグと比較して，収入および市場規模において大きく差を開けられているのが理解できる．

国内の主要なプロスポーツである野球とサッカーにおいて比較すると，MLBが約7000億円に対して，NPBは約1200億円と6倍近くの差がある．プレミアリーグの約3250億円に対して，Jリーグは約845億円とおよそ4.5倍の収入格差が生じている（図9-1）．

しかし，野球，サッカーにおいては，世界のトップリーグと比べて，20年前はその差は小さかったものの，現在ではそれぞれ 約4.5倍，約6倍といった差が生じているのである（図9-2）．この背景として，4大プロスポーツを有する米国では，世界中から選び抜かれた選手による「魅せる」スポーツと「みる」スポーツに焦点を当て，エンターテイメント性を重視したサービスを展開した．これにより，多様で多角的な観客との関係構築などの戦略的な活動を実践したことにより，ビジネスや市場の拡大を支えている．

また，欧州等のプロリーグを含め，大きな収入源として放映権料や海外でのコンテンツ展開が挙げられるが，我が国においてはそうした取組みが十分に行われていない．

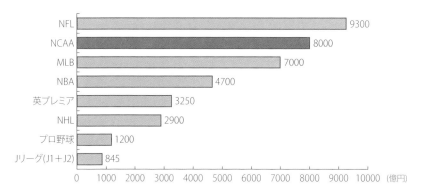

図9-1　世界のプロスポーツリーグ売上比較（2010-11年シーズン）

（出所）トランスインサイト［2016］.

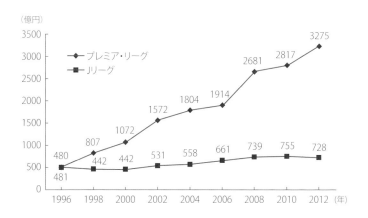

図9-2　英国プレミアリーグとJリーグの収入比較

（出所）Deloitte Annual Review of Football Financeおよびスポーツ庁・経済産業省［2016：26］より筆者改編.

世界と日本のスポーツメーカー比較

　日本におけるスポーツ産業の歴史は古い．スポーツ用品の製造・販売に関しては，1906年のミズノ株式会社をはじめとして，1935年に株式会社デサント，1949年のアシックスという世界的なスポーツメーカーが創業している．現在，世界最大の売上高を誇る米国NIKEは1964年創業である．adidasとPUMAの前

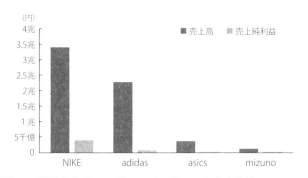

図9-3　世界と日本のスポーツメーカーの売上高比較（2016年度）

（出所）『会社四季報』（東洋経済新報社，2017年），hypebeast.comを基に筆者作成.

身であるダスラー兄弟商会は1920年の創業である．つまり，日本のスポーツ用品産業は，世界的に見ても早い時期に創業していることになる［庄子2018：31］．

しかし，2016年度のスポーツメーカーの売上高は，NIKEが売上高3兆4318億円，純利益3985億円，adidasが売上高2兆3300億円，純利益1233億円となるのに対して，アシックスは売上高4284億円，純利益274億円，ミズノは売上高1960億円，純利益29億円である（**図9-3**）．NIKEとアシックスの売上高を比較すると約8倍，ミズノと比較した場合には約17倍もの差がある．NIKEは1964年から創業した後発のスポーツメーカーであるので，驚異的な発展で業界1位にまで成長を遂げたことになる．

世界と日本のスポーツ市場規模比較

オリンピック・パラリンピックやFIFAワールドカップに代表される国際イベントと各国のサッカーなど国内リーグなどのすべてをスポーツイベントとして捉えた場合，その市場規模は2009年に584億ドルであった総収益は，2013年には761億ドルに達したと米国コンサルティン会社A.T.Kearneyは推定している［A. T. Kearney 2014：1］．この期間におけるピークはロンドンオリンピックとサッカーの欧州選手権（EURO2012）が開催された2012年の782億ドルであった．A.T.Kearneyによると，2009〜2013年の4年間におけるグローバル・イベント市場の年平均成長率（CAGR）を7％と分析した．7％という数字はその期間の各国GDP（国内総生産）の成長率を上回り，米国GDPの1.6倍，ブラジルGDPの1.8倍，英国GDPの3.9倍に上る．急成長中であった中国のGDPに対しても1.1

倍と上回っている．つまり，スポーツイベント市場は一般の経済成長を凌駕し
拡大し続けている．2013年からの4年間も年平均成長率は5％で伸長し，2017
年には909億ドルに達すると予測している．今後もこの傾向は継続する

A.T.Kearneyは，スポーツ用品・用具の市場規模が3100億ドル，フィットネ
スクラブなどのスポーツジムが1050億ドル，その他の様々なスポーツ関連ビジ
ネスを加えたグローバルスポーツ市場は総計で6000億から7000億ドルと試算し
ている．全世界のGDPのおおよそ1％を占めると推測している．

これに対して，日本のスポーツ市場規模は，5.5兆円と日本政策投資銀行が
試算している．スポーツ庁［2016］によると，2002年時点では7兆円だったが，
2012年では5.5兆円と減少傾向にある［スポーツ庁 2016：7］．特にこの10年間で
大きく減少している産業として，スポーツ施設業を挙げている．例えば，ゴル
フ場業は2002年で1.1兆円の市場規模であったが，2012年には0.5兆円となり，0.6
兆円も減少している．そのほかにも，スキー場やテニス場といった類似したス
ポーツ施設業も同様に減少傾向にある．こうした衰退の要因として，プレーヤー
の高齢化や新規および若年層の未開拓によると考えられる．

3 日本におけるスキー施設業の盛衰

スキー場を含めたスキー施設業を例にあげよう．国内スキー人口がピークに
達したのは1990年代前半．スケートを含むスキー関連用品の市場規模は4000億
円を超えた．1987年公開の映画「私をスキーに連れてって」のヒットなどをきっ
かけに，若者を中心に人気が急上昇した．人気アーティストとタイアップした
ＣＭがヒットし，日帰りスキーが流行した．千葉県船橋市には屋内人工スキー
場も開設されたほどであった．その後，レジャーの多様化に加え，不況でお金
をかけられる人が減り，社会人になった世代は時間も取りにくくなったことな
どからブームは去り，市場も約4分の1まで縮小した．

スキーやスノーボード産業の苦戦が続く中，日本のスキー場を訪れる外国人
観光客が増加している．日本の上質な雪は，「Japow（Japanese Powder Snow）」
と言われ，海外から人気が高い．北海道や長野県の大型リゾートなどを中心に
オーストラリアや欧米に加え，アジア地域からのインバウンド（訪日客）が急
増している．観光庁の推計では，スキーやスノーボードを目的とした訪日客は，
2012年の約27万7000人から2017年には85万8000人となった．3倍を超える増加

傾向にある[3]．

　国内需要においても，定年退職した世代やスキーブームを経験した若者が家族連れでスキーやスノーボードを享受するようになった．授乳室の設備を充実させたり，スノーボードの使用区域を制限したりして差別化を図っている．2017年12月には兵庫県に国内で14年ぶりに新たなスキー場がオープンしている．インバウンド需要を契機に，国内の利用客の増加し，かつてのような賑わいの復活を期待できる．

4　スポーツ施設改革

　スポーツ庁は，2025年までに15.2兆円の産業規模の拡大を目指している．スポーツ庁はスポーツ人口を増やすために，スポーツ観戦人口の増加を促すことが重要だとしている．そのために，スポーツ観戦に伴う顧客経験価値（カスタマーエクスペリエンス）を高めるため，飲食・物販・宿泊などの付帯施設のあるスタジアム・アリーナの整備が重要となってくる．アリーナへの大型投資によるスポーツを核とした街づくりは，人口減少下での地域活性化につながり，波及効果を多く促進するインフラ投資になると考えている［スポーツ庁・経済産業省 2016：9］．

　これまでのような公共施設の赤字経営となっているコストセンターから収益を創出するプロフィットセンターへの発展を遂げることを期待されている．

　例として，米国のマディソン・スクエア・ガーデン（Madison Square Garden）を挙げる（**写真9-1**）．マディソン・スクエア・ガーデンは，NBAのニューヨーク・ニックスやNHLのニューヨーク・レンジャースの本拠地であり，年間400以上ものイベントが開催されている世界で最も有名なアリーナである．スポーツだけでなく，コンサートや政党の大会など多岐にわたって使用される施設である．コンサートホールは5000人，アリーナは2万人収容可能であり，チケットの売上は常に世界上位である．マディソン・スクエア・ガーデンの地下にペンシルベニア駅があるため交通の便が良い．1968年に世界で初めて鉄道の駅を併設した建築物として当初から注目を浴びていた．段差の急こう配な座席構造を利用してアリーナの中にブリッジを建設している．観客の視線が邪魔にならない部分にVIPラウンジ「CHASE BRIDGE」を誕生させた独自の座席がある（**写真9-2**）．

写真9-1　マディソン・スクエア・ガーデン

（出所）筆者撮影.

写真9-2　CHASE BRIDGE

（出所）筆者撮影.

ロンドンオリンピックスタジアムの改修後

　2012年の夏季オリンピックの主競技場として，開閉会式と陸上競技が行われた．五輪大会終了後は，最終的には，観客席を5万4000人に減築して，夏季期間は陸上競技やコンサートなどのイベントで使用，冬季期間はサッカー専用ス

タジアムとして使用する計画で決定された．撤去される仮設エリアの上部観客席は観戦しにくいとして評判が悪く，1層地上部の観客席とピッチとの間の距離が長く，サッカースタジアム向きではないとされていた．

改修工事は，約2万5000席の観客席の撤去や，サッカー試合の観戦環境を改善するために陸上トラックの上を覆う「収納式」可動席（約2万1000席）の設置，

写真9-3　ロンドン・スタジアム（1）

（出所）筆者撮影．

写真9-4　MLBの公式戦で使用されたロンドン・スタジアム

（出所）筆者撮影．

写真9-5　ロンドン・スタジアム（2）

（出所）筆者撮影.

観客席の全てを覆う屋根を設置（五輪大会開催時は約40％の観客席が屋根なし）した.
2016年に改修工事は終了し, 可動席を含めると約6万人収容となったスタジア
ムは再オープンしている. 2017年8月4日から8月13日には「世界陸上競技選
手権大会」が開催され, 2015年9月18日から10月31日まで開催された「ラグビー
ワールドカップ2015　イングランド大会」では予選と3位決定戦の5試合が行
われた.
　2019年6月29・30日の2日間, 米大リーグ, MLBは, リーグ史上初めて
ロンドンで公式戦を開催し話題を集めた. 歴史的な試合だったこともあり,
MLBはリーグ屈指の好カードであるヤンキース対レッドソックス戦を開催し,
ロンドンスタジアムには2試合で約12万人（MLB発表11万8718人）の観客でスタ
ンドは埋まり, 成功裡に終わった［相原等 2021：1-13］.

後楽園のボールパーク構想
　2020年度は大型公園の審査員をすることが多かった. セレッソ大阪が本拠
地とする大阪市長居球技場（桜スタジアム）指定管理事業予定者選定会議の座長.
大阪市長居公園（長居公園, 長居陸上競技場, 地下駐車場, ユースホステル等）の指定
管理事業予定者9施設の選定会議委員, 大阪市八幡屋公園ほか5施設（中央体
育館, 大阪プール, 修道館, 大阪城弓道場, 長居球技場）における指定管理事業予定者

選定会議の座長と，大阪市における主要な大規模公園における審査をしてきた．
1964年の東京オリンピックや1970年の大阪万博が開催され，50年を経過して
施設の老朽化が目立つ時期なのだろう．施設の老朽化に伴い，施設維持管理
経費の増大が見込まれている．大規模な改革を行うには願ってもない機会が到
来している．大規模公園につき，公園一般園地および公園内のスポーツ施設な
どを含む公園全体を民間事業者に長期間に渡りマネジメントしてもらう事業を
パークマネジメント事業という．長期間に渡る経営管理を行うことにより，民
間事業者による戦略的な投資を呼び込むことができる．

　具体例として，三井不動産は2020年11月27日，読売グループ本社と共同で東
京ドームを買収すると発表した．"後楽園の大家" となる．買収価格は約1200
億円．融合施設開発やテナント誘致などのノウハウを生かし，ドーム周辺を一
体運営して，家族連れで楽しめる「ボールパーク構想」を東京の都心で推進する．
東京ドームは，東京・水道橋で敷地面積13万平方メートルの複合施設「東京ドー
ムシティ」を運営している．スタジアムだけでなく，商業施設，遊園地，ホテ
ルなどがあり一帯の主要資産の簿価は2020年1月末時点で2000億円に迫る[4]．

　買収の背景としては，コロナウィルスによるイベント自粛が続いており，
2021年1月期の連結最終損益は180億円の赤字（前期は80億円の黒字）と10年ぶり
の最終赤字となる見通し．東京ドームは11月27日今期の年間配当を無配（従来
予想は前期比7円減の12円）にすると発表した．年間配当無配は9年ぶり．東京ドー
ム株の9.61%を有する香港ファンド・オアシスは経営改善が遅いという理由から，
社長を含めた取締役3名の解任を要求していた．東京ドームは支援企業を探し
ており，三井不動産と読売新聞が名乗りを上げたという背景がある．

　東京ドームは，2022年1月期から3年間の中期経営計画を策定中で，三井不
動産は早い段階から関与することになるだろう．三井不動産の実績と3方向か
らの施策を実践するだろう．先ず，マツダスタジアムにおける開発のノウハウ
を活用して，三井不動産，東京ドーム，読売巨人軍の3者で連携し，広告や商
品開発，試合演出などで相乗効果を生む．これまで読売巨人軍の本拠地であっ
たが，資本関係が希薄だった．スタジアムの広告スペースを拡充するほか，選
手の肖像を利用した広告展開やグッズ開発を進める．高速通信規格「5G」を
活用した試合の演出に取り組む．

　次に，商業施設「ららぽーと」，ホテル運営，および，テナント誘致などの
ノウハウを活かして，東京ドーム，東京ドームシティ，ラクーアをテコ入れす

　る．ホテルや商業施設，公園が一体となった「ミクストユース」型の「ボール
パーク」開発を行っていく．

　さらに，三井不動産などはドームシティに近い後楽園駅前で「文京ガーデン」
と呼ぶ大規模な再開発を進行している．オフィスやマンション，商業施設など
の整備をしており，ドームシティとの連携で新たな人の流れを生む．エンター
テインメントのある職住近接の"街づくり"を深化させる．スポーツとエンター
テインメントは街づくりの核となることが期待されている．

付記

　本章は，相原正道 [2021]「世界と日本のスポーツマネジメントのスケール比較」，相原
正道・前田和範・林恒宏・本間崇教・松瀬学『SPORTS PERSPECTIVE SERIES 8　スポー
ツマネジメント入門』晃洋書房：1-14を抜粋し，加筆・修正して掲載したものである．

注

1 ）日本と世界の統計データ「日本の歴代テレビ視聴率ランキング」（https://toukeidata.
　　com/bunka/tv_rekidai_sityoritu..html, 2023年11月 1 日閲覧）．
2 ）1 ドル＝100円，1 ユーロ＝130円で計算．NCAAはカンファレンス，大学を含む全て
　　の収入の合計［トランスインサイト 2016］．（https://business.nikkei.com/atcl/opinion/
　　15/134915/072000007/?SS=imgview&FD=353070577, 2023年11月 1 日閲覧）．
3 ）『読売新聞』朝刊22面，2019年 2 月21日．
4 ）『日経産業新聞』1 面，2021年 6 月18日．

参考文献

A.T.Kearney ［2014］"Winning the Business of Sports"（https://www.scribd.com/
　　doc/293513109/ATKearney-Winning-in-the-Business-of-Sports#, 2023年11月 1 日閲覧）.
相原正道・林恒宏・半田裕・祐末ひとみ[2018]『SPORTS PERSPECTIVE SERIES 1 　スポー
　　ツマーケティング論』晃洋書房.
相原正道・上田滋夢・武田丈太郎 ［2018］『SPORTS PERSPECTIVE SERIES 2 　スポー
　　ツガバナンスとマネジメント』晃洋書房.
相原正道・庄子博人・櫻井康夫 ［2018］『SPORTS PERSPECTIVE SERIES 3 　スポーツ
　　産業論』晃洋書房.
相原正道・前田和範・林恒宏・本間崇教・松瀬学 ［2021］『SPORTS PERSPECTIVE

SERIES 8　スポーツマネジメント入門』晃洋書房.

海老塚修［2017］『マーケティング視点のスポーツ戦略』創文企画.

庄子博人［2018］「スポーツ産業論」，相原正道・庄子博人・櫻井康夫『SPORTS PERSPECTIVE SERIES 3　スポーツ産業論』晃洋書房.

スポーツ庁・経済産業省［2016］「スポーツ未来開拓会議中間報告」（https://www.meti. go.jp/policy/servicepolicy/1372342_1.pdf, 2023年11月1日閲覧）.

東洋経済新報社［2017］『会社四季報』.

トランスインサイト［2016］「Jリーグを遙かに凌ぐ，米大学NCAAの稼ぎ方」（https:// www.transinsight.jp/blog/?p=825, 2023年11月1日閲覧）.

野村総合研究所コンサルティング事業本部［2017］「企業スポーツに対する市民意識に関するアンケート調査」.

第10章
NIKEのスポーツマーケティングと
DX戦略

1　NIKEのスポーツマーケティング

創業者フィル・ナイトとNIKE

1959年, フィル・ナイトはオレゴン大学で経営学の学位を取得した後, スタンフォード大学のビジネススクールに進学しMBAを学んだ. スタンフォード大学の修士論文において, 低賃金の労働者を使って効率的な生産を行えば, 競技用シューズのマーケットでadidasやPUMAといったドイツの大企業がいる市場に参入できるという論文を発表した [半田 2018 : 87].

スタンフォード大学を卒業した後, フィル・ナイトは修士論文の内容を行動に移した. 日本のオニヅカタイガー (現在のアシックス) の米国販売権を取得し, オレゴン大学の陸上コーチであったビル・バウワーマンとブルーリボンスポーツ (BRS) を1962年1月25日に設立した. 1971年に会社名をギリシャ神話の勝利の女神「ニケ (ナイキ)」からもじりNIKEに変更し, ビル・バウワーマンが朝食時のワッフルメーカーを見て靴底をワッフルデザインにする方法を編み出した.

NIKEは, 1978年に売上高7100万ドルに達し, 1980年に株式上場している. 1982年には, ソール部分にエアクッションを入れたバスケットシューズ第1号となる「エアフォース1」が発売され, 1983年の売上高が1億4900万ドルに向上した. 2016年の売上高は, およそ340億ドル (約3兆4000億円) を超える大企業であり, ニューヨーク証券取引所のダウ30銘柄にも選ばれている.

1998年からNIKEの広告キャンペーンで使用された "just do it" は米国の広告マーケティング誌 *Advertising Age* で20世紀に5本に入るフレーズと称されている. 現在でも, NIKEの広告代理店を担当するのがワイデンアンドケネディである [平田 2012 : 348].

NIKEのマーケティング戦略

　世界最大のスポーツメーカーとなったNIKEの成功要因の1つとして，マイケル・ジョーダンをはじめとする有名選手とタイアップすることによるイメージ向上と，それに伴い，一般消費者に街中で普段使いの商品としてスポーツ用アパレルを着用させることに成功したことが大きい［庄子 2018：49］．

　NIKEが得意とするマーケティング戦略は，チームよりも有名選手個人とタイアップし，選手を前面に出した商品や広告でブランドイメージを向上させる戦略を展開する．スポーツメーカーは自社商品の宣伝のためにスポーツ選手と「エンドースメント契約（肖像権の利用や商品化権を独占的に契約すること）」を結び，その選手のハロー効果（後光効果．人の良いイメージが製品に対する評価を上げること）によって様々な商品を販売する手法をよく行う．NIKEはマイケル・ジョーダン選手とのエンドースメント契約によって成功を収め，スポーツマーケティングにおけるデファクトスタンダードを確立した．

　NIKEは，NBA入団前のマイケル・ジョーダンと契約し，1985年に「エアジョーダン」シリーズの成功で驚異的な売上を記録した．1990年に入ると，ゴルフ，テニス，サッカー，アメリカンフットボールなど様々な競技に対象を広げている．NIKEが1990年代以降に契約した選手は，NBAではケビン・デュラント，チャールズ・バークレー，コビー・ブライアント，レブロン・ジェームズ，テニスでは，アンドレ・アガシ，ロジャー・フェデラー，マリア・シャラポワ，陸上競技ではマイケル・ジョンソン，野球ではケン・グリフィーJr．自転車ではランス・アームストロング，ゴルフではタイガー・ウッズ，サッカーではクリスチャーノ・ロナウド，ロナウジーニョ等である．ゴルフのタイガー・ウッズがプロへの転向時に5年4000万ドル（当時43億円）とされる大型契約を交わし，新規参入したゴルフ部門の成長につなげた[1]．

　現役選手では，サッカーのクリスチャーノ・ロナウド（ポルトガル）（**写真10-1**），NBAキャバリアーズのレブロン・ジェームズ，テニスのロジャー・フェデラー（スイス）などが契約している．各競技のスターがNIKEのアイコン（象徴）となり，憧れの選手に近づきたいと夢見る消費者の心を掴んできた．

　近年その契約選手や契約チームに費やしている費用は年間13億ドルから15億ドルで，2021年5月末時点で将来支払い義務のある契約金額の総額は83億ドル（約1兆円）に達している．これまでNIKEは，バスケットボール，テニス，サッカー，ゴルフ，野球，自転車など様々なスポーツにおけるアスリートとエンドースメ

写真10-1　NIKIE本社にあるクリスチャーノ・ロナウド

（出所）筆者撮影．

ント契約を結んできた．その動きは今なお拡大し続け，年平均投資額は1500億円にも上る［白土 2022：217］．

　NFLやMLBはNBAよりも世界市場で優れた売上高を誇るが，特殊なスパイクシューズを使用するスポーツ競技であるため，シューズはカジュアル化できない．しかし，NBAのプロ選手が履くバスケットシューズはカジュアルシューズとして市販することができる．高校や大学のバスケットボール選手が着用するだけではなく，ミュージシャンやセレブが履くことでファッション化し，カジュアルシューズとして人気が集まる．

　近年は，アスリートだけでなく，NFLやMLB，NBAなどのリーグや人気サッカーチームなどと契約している［白土 2022：234］．

NIKEという企業のDNAを主張するアスリートの存在

　2016年 8 月当時NFLのSan Francisco 49ers（サンフランシスコ・フォーティナイナーズ）に在籍していたコリン・キャパニック選手は，黒人や有色人種への差別がまかり通る国に敬意は払えないと，有色人種に対する差別や暴力に抗議するために試合前の国歌斉唱中に起立することを拒否し，片肘をついたことで，現在に至るまで事実上NFLから追放されている．

　米国警官によるアフリカ系アメリカ人への人種差別に抗議するためであった．それ以来，彼は「ブラック・ライブズ・マター（黒人の命は大切だ）」運動の顔になった．NIKEはコリン・キャパニック選手を広告塔に起用した．現在に至るまで事実上NFLから追放されていることに対するNIKEなりのコリン・キャパニック選手へのサポートである．

　NIKEの広告は，9月に発表された"Just Do It"30周年記念キャンペーンのメーンビジュアルで，キャパニック選手の顔写真の上に"Believe in something, even if it means sacrificing everything（何かを信じろ．たとえそれで全てが犠牲になるとしても）"とメッセージが掲載されたもの．NIKEのスローガンでもある"just do it"の記念すべきキャンペーンであった．コリン・キャパニック選手以外でも，テニスプレーヤーのセリーナ・ウィリアムズやプロスケートボーダーのレイシー・ベイカー，ナショナル・フットボール・リーグ（NFL）のワイドレシーバーであるオデル・ベッカム・ジュニアといったアスリートが白黒写真で起用され，インパクトのある広告である．

　NIKEがコリン・キャパニック選手を広告塔に起用したことを受け，彼を非難したトランプ大統領の支持者は，NIKE製品の不買運動を呼びかけた．退役軍人や保守派らの一団は，その理屈に曖昧さは残るものの「NIKE製品のボイコット」を呼びかけ，NIKEのシューズを燃やす動画をネット上に投稿している．動画がツイートされると一気に拡散し，パロディ動画が次々と登場した．多くのブランドがメディアにおける「炎上」を恐れ，人々の非難に対して過敏になる中，NIKEの広告戦略は大胆なまでに流れに反している．すべての人を喜ばせる万人ウケを狙うのではなく，一部の顧客を切り捨てる決断をしたのである．発表後すぐに，この広告を「アメリカへの背信」と捉えた保守派の間で大炎上し，一時株価が3.2％減，時価総額が32億ドル（約3520億円）減とマーケットにまで影響を与えることとなった．

　しかし，この戦略は，成功した．キャンペーン開始から数日で，NIKEのオンライン販売は31％増加した．株価も一時的に下がったものの，その後反騰した．結果としてNIKEの広告は，24時間で4300万ドル（約47億5000万円）相当のメディア露出価値という驚くべきエンゲージメントを生み出し，直後のオンラインで驚異的な売り上げを記録．そして，同社史上最高値の株価となる86.06ドル（約9638円）を更新するなど，2018年6〜8月期決算で売上高が前年同期比10％増の99億5000万ドル（約1兆1144億円）という成長を支える要因となって

いた[2].

　NIKE同様, 黒人の命は大切だという運動と手を組もうとしたペプシの「woke（社会意識の目覚め）キャンペーン」は破壊的な大失敗を遂げた. ペプシは, 短略的過ぎた. 製品を売るために安易に人種差別を利用したと批判され, 広告は即座に打ち切られた. ペプシは短期的な広告キャンペーン展開に過ぎないが, NIKEが支持された理由はコリン・キャパニック選手を支持し, その代弁をしようとする企業姿勢が見て取れる.

　これまでもNIKEは, 服装規定に反抗したテニスコートの革命児であるアンドレ・アガシや, “悪童”と言われたテニスのジョン・マッケンロー選手のようなスポーツ界の先駆者と手を携えてきた. マイケル・ジョーダンやタイガー・ウッズという新しい時代のスターを若手の頃から支援して花を咲かせてきた実績がある. 近年では, 政治的で歯に衣着せぬ発言で知られるNBAのレブロン・ジェームズのように, トランプ大統領をあからさまに批判し, 恵まれない子どもたちのために故郷に公立小学校を創設した人物を支援している. この学校は無料の食事と自転車を児童に提供し, 卒業生は地元大学の授業料が無料になる. 主張するアスリートの存在は, NIKEという企業のDNAであり続けている. 数十年にわたってスポーツのライフスタイル化に取り組んできた[3].

　NIKEのコリン・キャパニック選手を起用した広告が, アメリカで最も権威ある広告・マーケティング誌 *Advertising Age* において, 最優秀マーケティング賞（Marketer of the Year）を受賞している.

　NIKEのメッセージ広告の本質は, あえて反感を買うことを覚悟する一方でNIKEのメッセージに強い共感を持つ, ロイヤルティーの高いファン作り, これによって売上を増加させることになる. この手法は単品の商品を宣伝するよりもはるかにコストパフォーマンスの高い手法であるが, 実行にはかなり勇気が必要である.

2　NIKEキャンパス訪問記

　米国オレゴン州ポートランド郊外にあるNIKE・ワールドヘッドウォーターズ（WHQ：本社ビル）通称「NIKEキャンパス」(**写真10-2**). 筆者は2017年7月8日に訪問している. 1981年に建設された本社ビルは, ポートランド市内から車で20分ほどのビバートンに, 40万フィートという広い敷地に建物と湖と緑がバ

ランスよく設計されている．それぞれの建物には，マイケル・ジョーダンビル，ジョンマッケンロービルといったNIKEを代表するアスリートの名前が冠されている．さらに，ビルの入口にはアスリートにちなんだ記念碑的シューズやウェアが陳列されている．もう1つのビルを巡る回廊にはNIKEがスポンサードするアスリート175名のレリーフが飾られていて，ウォークウェイフェイマス（有名人通り）と呼ばれている．

　スポーツクラブのような施設を備えているほか，シューズやウェアの新作を試すNIKEスポーツリサーチラボや社員がプレゼンテーションなどに利用する講堂が過不足なく揃っている．さらに，テニスコート，クライミング，サッカー場，ビーチバレーコート，カフェテリアおよび託児所まで完備している．森の中を走る感覚の400mトラック（**写真10-3**），おが屑が引かれているジョギングコース，フットサル場，バスケットボールのあるアリーナなど施設を説明するだけでも切りがない．タイガー・ウッズの冠した講堂の開館式典で，タイガー・ウッズ自身がドライバーで打ったボールの着地位置を示す看板まであった（**写真10-4**）．その中でも一際異彩を放つ日本庭園が双日庭園である（**写真10-5**）．総合商社である双日がかつて日商岩井という名称だった頃，資金繰りに苦慮していたNIKEに対して格別の配慮をしてくれた双日への感謝が表出している．日米交流の歴史的な記念碑となるかもしれない．スポーツセンターの名前は，かつては自転車のランス・アームストロング選手を使用したランス・アームストロングスポーツセンターであったが，ドーピング問題が発覚して以降，個人名[4]

写真10-2　NIKE・ワールドヘッドウォーターズ

（出所）筆者撮影．

写真10-3　森の中を走る400mトラック

（出所）筆者撮影.

写真10-4　タイガー・ウッズ自身がドライバーで打ったボールの着地位置を示す看板

（出所）筆者撮影.

写真10-5　双日庭園

（出所）筆者撮影.

はなく，スポーツセンターという名称へ変更されていた．タイガー・ウッズは不倫問題があったが，アスリートとしての実績には寄与しないと判断したのかタイガー・ウッズの名義はそのままであった．アスリートに対するドーピングと不倫問題の違いを解釈する一例になるかもしれない．

　これだけの施設とビル群を目にし，行き交う人々のほとんどがスーツ姿ではないので，学生のいるキャンパスを連想してしまう．まさに，キャンパスと呼ばれる由縁である．日本の会社とはかなり相違する存在である．

日本の働き方改革とNIKEキャンパス

　日本において働き方改革が重要視されている．NIKEキャンパスを見れば，"働く" ということに対するイメージが変わるのではないか．働かなければならないから働くという現実論は無論あるが，こんな風に働きたいという理想のイメージがNIKEキャンパスでは広がっている．都会の机にしがみついて働くためのオフィスではなく，企業と従業員が互いに得になる環境．従業員からしてみれば，自分を解放する環境として会社がどのような機能を持てばよい雰囲気になるのかを考えることが重要である．決して残業時間だけの問題ではない．

　過度なストレスは，健康の大敵である．過度なストレスにより，心身に大きな変調をもたらし，うつ病を引き起こす原因となる．厚生労働省の調査によると，働く人の約6割が仕事で強いストレスを感じている．心理的要因による生産性の低下は企業にとって無視できないコストだ．厚生労働省の2009年の推計だが，うつ病が原因の自殺や休職などによる社会的損失は年間約2兆7000億円に上るという．[5]

　うつ病を発症する仕組みを説明する．人間がストレスを受けると，刺激が脳の視床下部に伝わり，下垂体を通じて副腎からホルモンを放出する．副腎とは，腎臓の上にあるおにぎりの形をした数センチの臓器である．ストレスホルモンをはじめ，生きていく上で重要な様々なホルモンは副腎から出る．ステロイド薬は，こうしたホルモンの1つを人工的に合成し，炎症や免疫反応を抑える効果を強めたものである．

　ストレスホルモンは，心身を活性化させる物質を増やし，体を守る働きをするのだが，ストレスが続けば，このホルモンが放出し続けている状態に陥る．防衛反応といえるが，脳内で必要以上にホルモンの濃度が高まっていくと一転して，海馬の神経細胞にダメージを与え，うつ病を発症する引き金になってし

まうのである.

うつ病の治療は休養が最も大切なことだと考えられてきたが,海外ではストレスを軽減・解消できる運動がうつ病予防や治療に推奨されている. オックスフォード大学とイェール大学の研究グループは,2018年,米国疾病対策センターが行った計約120万人に及ぶ米国人を対象とした調査結果を発表した. スポーツから家事までの身体活動を行うことは,年齢や性別に関わらず,程度の違いはあっても,心の健康に好影響を及ぼすという結論を導いた[6].

英国では,うつ病の治療指針で,専門家の指導の下,1回45分から1時間の運動を週3回実施するように推奨している. 座って仕事をする時間が長い人ほどメンタルヘルス(心の健康)を害する傾向があるという. 重いうつ病でなければ運動は薬と同等の効果があるという[7].

仕事の合間に体を動かすことは,私達が思っている以上に心の健康の維持に役立っている. 運動は,感情に肯定的な影響を及ぼし,痛みから一時的に離れさせる効果がある. 運動は脳を活性化させることから,睡眠の質を改善させ,運動・食事・睡眠のバランスのとれた生活習慣を実践できるようになる.

米国シリコンバレーのIT企業が職場に卓球台を導入してから日本のIT企業でも卓球台を置くところが増えている. NIKEキャンパスを導入してくれる日本の企業が出現することを切に期待している [相原等 2019：1-9].

3　NIKEに対する不評

アスリートを活用して隆盛を極めているNIKEであるが,これまでにNIKEとして企業の逆風もあった. 先述したが,スタンフォード大学を卒業したフィル・ナイトは修士論文の内容を行動に移していく. NIKEのビジネスモデルは,スポーツ用品・衣料品のデザイン・開発は自社で担当し,製造は低コストのアジアなど発展途上国の工場に委託するというものであった. これにより多くの利益をあげて成長してきた.

しかし,そのグローバリゼーションを活用したビジネスモデルも盤石ではなかった. 実際は,発展途上国の労働者からの「搾取」があって,成立していたものだった. 1997年,NIKEが委託するインドネシアやベトナムといった東南アジアの工場で,低賃金労働,劣悪な環境での長時間労働,児童労働,強制労働が発覚した. この事態に際し,米国のNGOなどがNIKEの社会的責任につい

て痛烈に批判した．NIKEに対する世界的な製品の不買運動が起こり，経済的に大きな打撃を受けた[8]．

　NIKEは企業の社会的責任として，サプライヤーの労働環境や安全衛生状況の確保，児童労働を含む人権問題に取り組まなければならないことを，身をもって経験した．これを契機にCSR（企業の社会的責任）への配慮を進めていったのである．

　近年のNIKEの大失態としては，靴底がはがれたために足を滑らせて転倒した事件が挙げられる．ザイオン・ウィリアムソン選手が，2019年2月20日の大学バスケットボールの試合で，履いていたNIKE製シューズが壊れたため膝を痛めて負傷退場した．負傷したザイオン・ウィリアムソン選手は全米大学体育協会（NCAA）1部DUKE大学のエースで，抜群の人気を誇っていた．NIKEと契約しているレブロン・ジェームズ（NBA Lakers）の再来との呼び声も高いスター選手である．

　米国大学バスケットボールを代表するスター選手で，オバマ元大統領も観戦した有名校との黄金カードでの出来事だったので，会員制交流サイト（SNS）などでは，選手が苦痛にもだえる姿や，無残に壊れた靴の映像が瞬く間に広まった．DUKE大学は2月21日に「重傷ではない」と発表したが，事態は収束するどころか拡大していった．NIKEは「製品の質は最も重要．この件は特異な事例ではあるものの，問題の特定を進めている」との声明を出し，信頼回復に躍起となっていたが，ロイター通信によると，この影響でNIKEの株価が急落し，2月21日の時価総額への影響を約14億6000万ドル（約1621億円）と算出している[9]．

　2019年4月25日のロイター通信のよると，欧州連合（EU）の執行機関である欧州委員会は，NIKEが欧州の著名サッカーチームの商品の海外販売を阻害したとして，NIKEに対して1250万ユーロ（約15億5500万円）の制裁金を科した．

　欧州委員会によると，NIKEの違法行為は2004年から2017年に行われ，FCバルセロナ，マンチェスター・ユナイテッド，ユベントス，インテル・ミラノ，ASローマ，フランスサッカー連盟のライセンス商品が関連しているという．欧州委員会の競争政策担当のベステア委員は，NIKEの違法行為により，他国のサッカーファンがマグカップやバッグ，ベッドシーツ，文具，おもちゃなどのFC商品を購入する機会が奪われたと言及している．「NIKEは多くのライセンシーによるこれらのブランド商品の他国での販売を妨げ，消費者の選択肢を減らし，価格を上昇させた」と述べた．

　企業というのは栄枯盛衰を繰り返し，進んでいくものだと改めて思う．スポーツ企業の事例を見ているだけもよく理解できる今日この頃である．しかし，スポーツマーケティングの成長は継続していくことだろう．

NIKEの厚底スポーツシューズ

　世界のスポーツ用品企業は熾烈な生存競争に巻き込まれている．そのような熾烈な過当競争を極める中，2017年春に発売されたNIKEの厚底シューズ「ズーム ヴェイパーフライ ４％」が世界のランナーを魅了している．

　2018年９月のベルリンマラソンでエリウド・キプチョゲ（Eliud Kipchoge）選手が２時間１分39秒という驚異的な世界新記録を樹立した．10月にはシカゴマラソンで大迫傑選手が日本新記録を打ち立てたことで大きな話題になった．

　2019年３月３日に開催された東京マラソン2019における男子の１位から５位の全選手が，ヴェイパーフライシリーズの厚底シューズを着用していた．

　2019年１月３日に開催された「第95回箱根駅伝」では，青山学院大学の５連覇が焦点になっていたが，東海大学の初の総合優勝で幕を閉じた．箱根駅伝におけるNIKEの厚底シューズのシェアは23校の230人の選手のうち95人がNIKEのシューズを履いていた．昨年の箱根駅伝でも「ズーム ヴェイパーフライ ４％」は40人近い選手に履かれていたが，NIKEの箱根駅伝におけるシューズシェア率を前年の４位から１位へ一気に押し上げた．NIKEの厚底シューズは世界の主要レースの表彰台をほぼ独占してきたといってよい．他の競合他社がどのような商品を市場へ導入してくるのか，今後も目が離せない状態である．駅伝やマラソンでトップを競うランナーのように，スポーツマーケティングの世界も熾烈な競争が続いていく．

4　NIKEのDX戦略

　そもそもNIKEは，マーケティング志向の会社だとされているが，実はNIKEがマーケティング志向へ舵を切ったのはリーボックに苦しめられた1980年代後半のことである．この時，創業者フィル・ナイトがマーケティング1.0（製品中心主義）からマーケティング2.0（消費者中心主義）に転換し，NIKEを再び成長軌道に戻した．

　2020年に，14年ぶりにCEOが交代し，デジタルテクノロジーに明るいジョン・

ドナホーが就任した．コロナ危機の中でNIKEをマーケティング3.0の世界に移行させ，卸売中心のNIKEから直販重視のNIKEへ，リアルからデジタル重視のNIKEへと大きく戦略転換していく．2023年度にデジタル売上高を30％に向上させ，50％を目指す目標を掲げている．こうした過去の成功を否定できる企業文化は，まさにNIKEの大きな強みである．

　アプリ制作もアプリのゲーミフィケーション（ゲーム化）も，資金さえあればどの会社でもできる．それは技術の問題であって企業の成功の秘密ではない．NIKEのデジタルトランスフォーメーション（DX）成功の秘訣は，50年以上にわたって蓄積されたアスリート資本と過去の製品が，そこに生まれているストーリーとメッセージ，あるいは社会的メッセージの活用，そして革新的な製品開発にある．そうしたものこそがデジタル上での類稀なNIKEの成功を生み出している．

　すでにドナホーCEOは，2020年7月に米国本社でベテランの管理職も含めて500人をリストラし，11月にはさらに200人，中国支社でも400人を解雇した．リストラの対象となったのは卸売事業に関わってきた営業職が主体で，トラホーの意図は単なる経費削減のためのリストラではなく，事業の変化に合わせてIT人材を大量に雇用するためのものである．デジタル変革には優秀なIT人材を採用することが不可欠であるが，そうした人材の給与水準は往々にして卸売事業に関わってきた社員の給与を大きく上回る．おそらく今後，NIKEの中で伝統的な管理職や営業職のポジションはどんどん小さくなり，「伝統的なNIKE社員」は創造性や専門性を持ったデザイナーや研究者，あるいはマーケティング人材に集約されていくだろう［白土 2022：62］．

　2017年にNIKEはアマゾンへ出店したが，僅か2年で撤退している．理由は，アマゾンがマーケットプライス上で氾濫する偽物や並行輸入品を排除できなかったからである．有料か無料かの差こそあれ，アマゾンのロイヤルカスタマーであるアマゾンプライム会員は2020年度で2億人いるが，NIKEのアプリ会員は2億5500万人いる．消費者とより直接的で緊密な関係を築くことが可能となる．End to Endのテクノロジー基盤の上に成立するメンバーシップを企業の中心に据えることができる．NIKEは女性の参加率の高いインスタグラムに注力し，女性への訴求をグローバルで本格化させ，ウィメンズの売上がメンズの伸びを上回り，ウィメンズ売り上げの増加につなげている．もともとNIKEはNBA中心としたプロスポーツに大量のテレビ広告を投下してきたブランドで

あったが，SNSに移行したことで，若い女性層に強くリーチできる手段を得た．

　NIKEはSNSに発売情報やメッセージを投稿し，そこから自身のアプリに誘導し，誘導したアプリにメンバーが頻繁にアクセスできることで，アクティブ会員を維持拡大している．限定スニーカーのオンラインアプリである「SNKRS」で初の試みであるライブストリーミングによる製品ドロップ（動画配信による販売）が実施され，ライブ開始2分以内に対象スニーカーが完売した．ライブストリーミングはいわばテレビショッピングのデジタル版のようなものであるが，テレビショッピングと違い安売りで販売促進することはない．ライブインタラクションにより，NIKEとNIKEメンバー会員のエンゲージメントが強化され，NIKEの最高の製品とエクスペリエンスへのアクセスが向上している．デジタルに接続された消費者に対してプレミアムで一貫した体験を提供することはプレミアムブランドとして必要不可欠なことである［白土 2022：79］．

　また，ストリート系ファッションブランドとの協業やラッパーとの協業，さらに高級ブランドに属するデザイナーとの協業は若者をNIKEに惹きつけるための重要な役割を果たし，再販市場の膨張に寄与している．ラグジュアリーブランドも，ストリートファッションやアスレジャー（アスレチックとレジャーを組み合わせた造語．スポーツウェアをファッション志向にカジュアル化したもの）といわれる若者のトレンドを取り入れなければ次世代の消費者を取組むことができないので，NIKEとの協業関係を求めているのだろう．

NIKEのメタバース市場

　仮想世界のメタバースでNIKEは，限定スニーカーのオンラインアプリである「SNKRS」を超える，あるいは現実の製品を超える収益機会を追求していくことになる．2021年2月に7分で310万ドルのNFTスニーカーを販売した「RTFK」を買収した．ここを足掛かりに，NFTやデジタルコンテンツが物理的な製品以上に流通し，デジタル上に新たなスニーカー再販市場が出現する時代を実現していく［白土 2022：204］．

　NIKEはスニーカーを中心とした伝統的なスポーツ用品ビジネスに，新たなデジタルコンテンツビジネスを加えようとしている．スニーカーという履物でこれほどまでに強いブランドを作り上げ，勃興著しい再販市場を牽引し，さらに最新のデジタルの世界でもビジネスチャンスを拡大していく．もはやNIKEが目指しているのは，単なるスポーツブランドの巨人ではなく，エルメスや

LVMHのような高級ラグジュアリーブランドに近いのかもしれない．

付記

　本章は，相原正道［2019］「NIKEのスポーツマーケティング」，相原正道・工藤康宏・大野宏之・前田和範・岩浅巧『SPORTS PERSPECTIVE SERIES 6　スポーツマーケティング入門』晃洋書房：1-9を抜粋し，加筆・修正して掲載したものである．

注

1 ）『読売新聞』朝刊22面，2015年10月9 日．
2 ）小川陸「NIKEのコリン・キャパニックを起用した“炎上”広告が，広告誌の最優秀賞を受賞」WWD（https://www.wwdjapan.com/752744, 2023年11月1 日閲覧）．
3 ）Nike, Colin Kaepernick, and the Changing Role of the Athlete（https://www. wired. com/story/nike cokin kaepernick/，2023年11月1 日閲覧）．
4 ）ランス・アームストロング選手は，がんを克服して1999年から2005年にかけてツール・ド・フランスを7 連覇した自転車選手として世界的に著名であったが，のちにドーピングを使用しながらの7 連覇だということが発覚し，2012年に1998年以降の全記録を抹消されたうえ，永久追放となった［相原2016：39］．
5 ）『読売新聞』朝刊1 面，2019年3 月14日．
6 ）『読売新聞』朝刊32面，2019年3 月12日．
7 ）『読売新聞』朝刊24面，2019年3 月14日．
8 ）『日本経済新聞』夕刊2 面，1997年4 月15日．
9 ）『日本経済新聞』朝刊29面，2019年2 月24日．

参考文献

相原正道［2016］『現代スポーツのエッセンス』晃洋書房．
相原正道・林恒宏・半田裕・祐末ひとみ［2018］『SPORTS　PERSPECTIVE　SERIES 1　スポーツマーケティング論』晃洋書房．
相原正道・上田滋夢・武田丈太郎［2018］『SPORTS　PERSPECTIVE　SERIES 2　スポーツガバナンスとマネジメント論』晃洋書房．
相原正道・庄子博人・櫻井康夫［2018］『SPORTS　PERSPECTIVE　SERIES 3　スポーツ産業論』晃洋書房．
相原正道・工藤康宏・大野宏之・前田和範・岩浅巧［2019］『SPORTS　PERSPECTIVE

SERIES 6　スポーツマーケティング入門』晃洋書房.

カッツ，D．［1996］『Just Do it――NIKE物語――』（梶原克教訳），早川書房.

庄子博人［2018］「スポーツ産業論」，相原正道・庄子博人・櫻井康夫『SPORTS
　　PERSPECTIVE　SERIES 3　スポーツ産業論』晃洋書房.

白土孝［2022］「NIKE最強DX戦略」祥伝社.

ナイト，P．［2017］『SHOE DOG――靴にすべてを．――』（大田黒奉之訳），東洋経済新報社.

半田裕［2018］「スポーツマーケティング進化論」，相原正道・林恒宏・半田裕・祐末ひと
　　み『SPORTS　PERSPECTIVE　SERIES 1　スポーツマーケティング論』晃洋書房.

平田竹男［2012］『スポーツビジネス最強の教科書』東洋経済新報社.

松田義幸［2003］『スポーツブランド――NIKEは私たちをどう変えたのか?――』中央公
　　論新社.

第11章

地域スポーツにおける
地方創生

1 地方都市の危機的状況

　地方都市は少子高齢化に加えて大都市圏への人と金の流出が止まらない.

　この現状を打破するための地方都市政策は，国からの補助金によって促進される都市間競争の枠組みで展開されていて，いよいよ地方都市の持続可能性は極めて厳しい状況にあると言わざる得ない.

　自然災害の多い日本では，一貫して東京一極集中が進行しており，東京一極集中は大きなリスクとなる要因がある. 日本も高度経済成長以降は長期的に経済の低下傾向が続いている. 世界的な都市間競争の時代の中で，日本全体の成長力を高めるには，東京一極集中に頼るのではなく，国全体の成長をけん引する国際競争力を持つ拠点都市を複数創出することが望まれる. 総務省統計局[1]によると，日本の人口は1億2615万人となっており，そのうちの高齢者の割合は27.3%. 日本は人口減少が進行する中, 高齢社会が激化していく. 2060年には,総人口が8673万人にまで減ると予測されている. そのうちの高齢者の割合は約40%を占めることとなる. そのため，生産性の低下と労働力の低下が懸念されている.

2 「まち・ひと・しごと創生総合戦略」における地方創生

　このような背景がある中で，2014年に始まった政府の地方創生政策は5年が経過し，2020年度より第2期に入る. 2019年6月に公表された「まち・ひと・しごと創生基本方針2019」では新しい時代の流れを力にするとして，「新たなビジネスモデルの構築等による地域経済の発展」,「海外から稼ぐ地方創生」,「Society5.0の実現に向けた技術の活用」,「スポーツ・健康まちづくりの推進」が2020年度の取組みとして掲げられている.

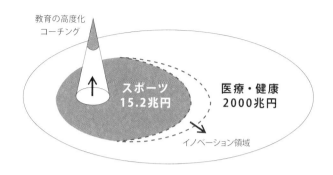

図11-1 2025年のスポーツ市場と医療・健康産業の概念図

（出所）筆者作成.

スポーツ・健康まちづくりの推進，海外から稼ぐ地方創生，Society5.0の実現に向けた技術の活用，新たなビジネスモデルの構築等による地域経済の発展という4つの観点から，地方都市におけるスポーツ政策は都市の質を高めるエンジンとして重要視されている．スポーツや健康が都市の発展にどのように関わっていくかは重要な課題となっている．4つの視点から検討していく．

「スポーツ・健康まちづくりの推進」

スポーツ庁における未来開拓会議中間報告によると，2025年のスポーツ産業の市場規模は15.2兆円と予測されている．一方で，医療・健康市場は2000兆円の産業市場規模を有している．医療・健康市場は，スポーツ市場のおよそ13倍の市場規模を有しており，その差は歴然としている．スポーツ単体の産業規模を見るのではなく「スポーツと健康」という関連付けることで市場規模の可能性は大いに拡大できる．**図11-1**におけるスポーツと医療市場を融合させる点線部分に大いに可能性がある．

ただし，コーチング分野における教育市場は市場規模ではなく，高度化を促進させるべきだと考える．

1つの分野のみで教育や研究を発展させることは学生数や予算など多面的に困難であり，これまで以上に連携が必要になる．大学においても，他では出来ないような連携によって独自色を出す必要がある．通常なら想定しないような異業種との融合に勝機（商機）があるのではないか．大学におけるスポーツ健

康まちづくりを学ぶコースには，スポーツ，ビジネス，医療従事者という専門領域に長けた学生を育成できる．このことを核とした学部構築は「スポーツと健康」という学部のコンセプトを具現化するのに最適なだけでなく，「融合」へのポテンシャルを大いに期待できる．

　近年，日本のスポーツイベントは，「スポーツによる街おこし」や「スポーツツーリズム」といった集客目的で実施されている．地方のスポーツ政策においても，賑わいを呼ぶイベントが頻発されている．イベントの成否が集客による経済効果のみで判断される傾向があるが，街の「賑わい」という魅力は，一過性のスポーツイベントでつくるだけでは持続可能性がない．

　スポーツは言語や人権，性別などの垣根を越えて楽しみながら互いの精神的距離を近づける絶好の行為だと言える．運動は気晴らしやストレスを取り除くことにも効果がある．こうしたスポーツの価値を最大限活用してこそスポーツを活用する価値があろう．

　スポーツの価値を検討する場合，経済価値だけでなく，社会価値が重要となる．さらに，近年では，環境価値と教育価値を加えた4つの観点からバランスよく組み合わせた都市の持続可能性につながる都市戦略が重要となっている．例えば，経済力を伸ばそうとするあまり社会から公平性が喪失されたり，長時間労働が日常生活における質の低下を招くような事態になると，都市の質は下降する．一方，ある程度の経済力がなければ，インフラの機能不全，失業などが生じて社会が不安定になり都市の質が低下してしまう．したがって，経済・社会・環境の要素がバランスよく整い，持続可能性を備えた都市こそ質の高いスポーツ都市といえるだろう．

　経済価値については，雇用は十分にあるか，キャリアアップのための継続的な教育機会があるか，輸出経済を担う事業者がどれくらいあるか，あるいは拠点の信頼性を高める長期的な投資が可能であるかなどが挙げられる．社会価値については，公共性の確保，富の最適な再分配，福祉や文化，教育の充実，生活の向上といったような取組みが挙げられる．環境については，自然保護，二酸化炭素（CO_2）排出の低減，持続可能なエネルギーの普及などの取組みが挙げられる．

スポーツを通じた健康寿命の延伸

　少子高齢化が進む日本は，人々が街に出かけてスポーツ活動に参加し，健康

に暮らすことが医療費・介護費を削減する上でも今後ますます求められるようになる．高齢化の進展に伴い，2014年度の国民医療費は，日本全体で40兆8071億円となり，8年連続で過去最高を更新している．年齢別では，65歳未満の16兆9005億円に対して，65歳以上は23兆円9066億円と全体の6割を占めている．高齢者の健康状況が医療費に与える影響が大きくなっている．また，保険料を健康年齢で算定する生命保険商品が登場するなど，従来のように，単に年齢ということだけでなく，健康である年齢ということが重要になってきている．

　大阪府の平均寿命は男性79.06歳（全国平均79.55歳），女性85.90歳（全国平均86.30歳），健康上の問題で日常生活が制限されることなく生活できる期間のことをいう健康寿命は，男性69.39歳（全国平均70.42歳），女性72.55歳（全国平均73.62歳）となっており，男女ともに全国平均を下回っている．さらに，「不健康な期間」（平均寿命と健康寿命の差）とされる期間も全国平均より長くなっている．「不健康な期間」が長くなれば，個人の生活の質を損なうだけでなく，医療費や介護費などが多く必要とする期間が増大することになる．

　しかし，1年間に渡る速歩トレーニングによる体力の向上，メタボリックシンドローム（内臓肥満に高血圧・高血糖・脂質代謝異常が組み合わさり，心臓病や脳卒中などの動脈硬化性疾患を招きやすい病態）の予防により，大阪市域で医療費が年間約1040億円削減されるとの試算がある．医療費抑制の観点からも，スポーツ・運動の実施は重要となってくる［大阪市 2017：12］．

　自分自身が健康増進に関心を持ち，ウォーキングやジョギング，健康体操やスポーツ・レクリエーションなどを行う人が増加しており，市民が気軽にスポーツ・運動を続けられる環境を整備することが重要である．そこで，大阪市では健康寿命を延伸し，活力ある長寿社会の実現のために，厚生労働省が定める「健康づくりのための身体活動基準2013」に基づき，大阪市民の身体活動量の現状を把握し，分かりやすく「見える化」することなどにより，働き盛りの世代や忙しくて時間の確保が難しい人，運動したくてもやり方がわからない人，および，高齢者などが，日常生活の中で取り組めるスポーツ・運動の普及，あるいは，スポーツ医・科学などと連携し知見に基づいた運動プログラムを気軽に取組めるような開発など，大阪市の健康局は連携しながら運動を習慣化する取組みを推進している．

「海外から稼ぐ地方創生」

　大阪も日本の現状と同じく人口が減少し，35年後には約13％減ると予測されており，2016年，2017年の訪日外国人の約4割が大阪に訪れている．さらに来阪外国人旅行者数は年々増加し，2011年の621万人から2017年には2869万人と約4.6倍となり，その消費も2014年から2017年で約4.45倍となっている．日本全体の人口減少が進み，消費も同様に減少されるが，訪日外国人8人分の消費（もしくは国内宿泊旅行者25人分）が定住人口1人分の消費に相当することから，観光交流人口を増大させることが重要になってくる．日本における人口減少から鑑みても，観光交流人口の増大はさらに必要性が高まるだろう．

地方都市は大都市圏のスポーツ政策（一過性スポーツイベント）に便乗せざるを得ない

　2019年からは，ラグビーワールドカップ2019，2020年東京オリンピック・パラリンピック競技大会，関西ワールドマスターズゲームズ2021と，「ゴールデン・スポーツイヤーズ」とも呼ばれる，国際的な大規模競技大会が3年連続で開催されることは，スポーツ振興を図る上で絶好の機会と捉えるべきであったが，コロナ禍の影響でラグビーワールドカップ2019以外は延期となってしまった．今後は，スポーツ人口の拡大やスポーツ産業の発展など様々な面において相乗効果を検討していくべきだ．1億総スポーツ社会の実現を目標に3大会の組織委員会による連携協定が2017年11月20日に締結している．

　ゴールデン・スポーツイヤーズ（ラグビーワールドカップ2019や2020東京オリンピック・パラリンピック（2021年7月に延期），2021年ワールドマスターズゲームズ関西（2027年5月に延期））の開催を契機として推進されている地域スポーツ関連の施策は，これまでの地域スポーツ施設（スタジアム・アリーナ）の開発やスポーツツーリズムの観光地開発などをエンジンとしたスポーツ産業振興や地域活性化を志向するものとなっている．BリーグやTリーグの創設やスポーツイノベーションの創出などが，プロスポーツビジネスの量的・質的な拡大を後押ししている．そのため，持続可能性の危機に晒された地方創生競争に巻き込まれた地方都市は，東京圏に負けまいと次のスポーツ政策に乗らざるを得ないのが現状だ．しかし，メガスポーツイベントを契機として施策の効果は持続的ではないし，プロクラブの経営の成否に依存した施策は継続的な安定をもたらすだろうか．

　また，メガスポーツイベントやプロスポーツに関連する人や金の循環をエネ

ルギー源としたスポーツ関連施策が都市間競争的であるため，勝機はより大き
なマーケットを抱える規模の都市か，あるいは挑戦的・先進的な施策に着手で
きる都市にしかない．

　そのようなことが懸念されるが，2府9県にまたがる広域で開催される「ワー
ルドマスターズゲームズ関西」に注目している．2014年「オリンピックアジェ
ンダ2020」提言6では，夏季オリンピック後に同一国でワールドマスターズゲー
ムズを開催することが調印されている．ラグビーワールドカップと東京オリン
ピック・パラリンピックとの一体的な推進により「みる」「ささえる」スポー
ツの機運を「する」スポーツへ醸成させることがワールドマスターズゲームズ
関西の基本理念の1つである．

　ワールドマスターズゲームズ関西の参加者5万人となる過去最大規模の大会
となる．特に，ワールドマスターズゲームズ関西は2府9県にまたがり広域
で実施される特徴がある．こうした運営のメリットやデメリットを整理すると，
メリットとしては，1461億円の経済効果．大阪や京都などのブランド力のある
観光地を抱え，宿泊や飲食などの消費額がさらに膨らむことになる．また，広
域開催なので，開会式は京都市，閉会式は大阪市．競技会場はラグビーワール
ドカップの試合が行われた花園ラグビー場もあれば，小さな公立体育館もある．
既存施設を利用するため，コストがかからず，収益率は高い．オリンピック・
パラリンピックは1兆円かかるが，大会運営費は約28億円と安価である．この
内，国，地方自治体，関西財界を中心とする企業に1/4ずつ割り当て，残り
を選手からの参加料で賄う方針である．

　東京オリンピックの参加選手は，約1万1000人，ラグビーは約1000人であるが，
ワールドマスターズゲームズ関西の参加選手は約5万人である．「する」スポー
ツというライフスタイルを参加した高齢者，観戦した子どもたちに普及させて，
健康社会を実現することで健康への意識が高まれば，医療費削減にもつながる．
家族，職場の同僚，世界から集まった約5万人の「する」スポーツの大会が少
子高齢化，長寿社会を迎えた日本の新たなスポーツ文化を切り開く可能性があ
る．スポーツ人口の増加は新しい市場が生まれ，関西に多いスポーツ用品産業
の利益にもなれば，持続可能な好循環モデルとなる可能性がある．

　デメリットは，東京オリンピック・パラリンピックの経済効果2兆円（コロ
ナ禍前）から比較すると，1461億円は少ない．スポーツイベントの売上高を向
上させる3本柱は入場料，放映権，グッズ売上である．阪神タイガースはチケッ

トだけで年間100億円を超える．Jリーグは2017年に英国のパフォーム・グルー
プと10年総額2100億円の放映権契約を結んでいる．また，観客やメディアの数
は少なく，選手村は存在しない．「みるスポーツ」の観点でなく，「するスポー
ツ」の観点で検討することが重要である．

　大阪や京都ではなく，地方都市である徳島県を事例としてあげる．徳島県で
は公式競技として，ウエイトリフティング，カヌー，ボウリング，ゴルフ，ト
ライアスロンという5競技6種目が行われ，開催期間に先立ってオープン競技
としてビリヤード，軟式野球，マラソン，タッチラグビー，サーフィン，ラフ
ティングの6競技6種目が実施される．

　徳島県における開催メリットは，関西国際空港に降り立った参加選手は開催
地である徳島県へ直接向かってくれることである．徳島県には，サテライトビ
レッジが設置されるので有効活用することが期待される．前回のオークランド
大会を視察したが，オークランド市中心部の波止場は交流会場「エンタテイメ
ント・ハブ」が設けられていて，音楽やパフォーマンスが繰り広げられ，参加
者の憩いの場となっていた．初対面で国籍の違う者同士がプレーやパフォーマ
ンスを讃えあう．スポーツ愛好者としてすぐに親しくなれる雰囲気がそこには
あった．サテライトビレッジでの日本文化の紹介などを含めた活動がどうなる
のか期待している．

　開催地域には選手の他にもその家族などが訪れることが予想される．大会を
活用して地域への経済効果などをもたらすには，地域住民は大会にどのように
関わることがよいのか施策を検討する必要がある．四国八十八カ所巡礼のお遍
路さんで有名な徳島県の方々には，すでにおもてなしの心が根付いている．こ
うした既に存在する日本人に対するおもてなしの文化を，外国人にも実施する
ことが重要である．気軽に挨拶をして話すだけでも，日本人の親切さが伝わる
と考えている．コミュニケーションを図るツールとして携帯電話の翻訳アプリ
を使えば，十分に親切なコミュニケーションが図れるので，外国語が話せる話
せないの問題ではない．そうした日本人のおもてなしが，日本でも知られてい
なかった新しい地方の魅力を外国人がSNSで世界へ発信してくれる．そういっ
た無形（インタンジブル）サービスがツーリズムなどを促進させていく．

　オークランドの郊外では会場までの案内板が手作りだった．組織委員会の手
が回らないことを，地元の人が親切で作成してくれているんだろうと推測し，
大変好感を持てた．こういう工夫ある親切をしてくれるだけでツーリストして

は大変助かった．パワーアシストスーツなどのロボット技術やITなどを活用
した新しい観光をパイロット版として実施してみるのはいかがだろうか？

3　「Society5.0の実現に向けた技術の活用」
事例：FCバルセロナ

　5G時代が到来し，高速で大容量なビックデータが出現する．Society5.0の
実現に向けた技術の活用においては，都市のデジタル化には幅広いテーマが想
定される．デジタル×まちづくりに関する背景として，今までの取組みとの親
和性および，市場性から観光，交通，スポーツ，健康教育をキーワードとして
検討を進めなければならない．目指すべき都市×デジタルの姿として，都市の
基盤の整備，新規ビジネス創出環境整備，地元企業の新規ビジネス創出，最終
的には，地元企業の雇用拡大，観光客増加，地域の知名度・魅力向上につなげ
ていく．また，その結果を計画策定に反映していくことが重要である．結果的に，
生活の質や都市の価値が高まる好循環が創出される．こうした都市のメカニズ
ムを高松［2020］は「クオリティ・ループ」という表現で提示している．スポー
ツイベントのデータを軸に，都市のオープンデータ等と連携したスマートシ
ティ・スーパーシティを目指すことで，地域でスポーツを享受する住民を中心
とした住民主導型のまちづくりが可能となる．

　Society5.0の実現に向けた技術の活用している都市の一例として，スペイン・
バルセロナ市をあげる．1992年のバルセロナオリンピックを契機に都市として
の知名度は向上した．しかし，オリンピック以降は，経済不況やインバウンド
の増加などで都市におけるバランスの矛盾が発生した．世界が注目する開催中
は誇りに持てるが，来年はオリンピックが開催されないことへの危機的感情に
陥る．

　現在，バルセロナ市の主導のもと，地域経済活性化だけでなく欧州5Gハブ
としての収益拡大を狙った自治体進化プロジェクトが進められており，FCバ
ルセロナは市の構想に合意し，スタジアムへのローカル5Gを導入する．

　南ヨーロッパにおける5GのリーディングHubとなることを目指し，カタ
ルーニャ州やバルセロナを中心に官民共同で2018年に発足されたプロジェクト
である．バルセロナで官民問わないコラボレーションを推進し，5G含めたテ
クノロジーに関する取組みを活性化することで，外国からの投資誘致や新たな
ビジネスや産業を生むことを狙いとしている．

写真11-1　FCバルセロナのMASIA

（出所）筆者撮影.

　FCバルセロナのEspai Barça projectは，Nou Camp Nou（スタジアム）を含むFC Barcelonaの施設インフラ（Palau Blaugranaや事務所，商業施設など）の大規模改善プロジェクトで，Nou Camp Nouのリノベーションに約430億円，プロジェクト全体では約720億円の投資見込み（市とFCバルセナの出資スキームは不明）．具体的な施策としては，Nou Camp Nouでの試合のライブ動画，１軍選手のトレーニングセッションやスタジアムのバーチャルツアーをファンにコンテンツとして提供．スタジアムに点在される360度カメラからのリアルタイム配信により，自宅からファンの好きな角度での観戦可能になる（写真11-1）．

「新たなビジネスモデルの構築等による地域経済の発展」地方都市のスポーツ施策

　プロスポーツやツーリズムによるスポーツイベントの影響により「観るスポーツ」の観点が重要視されている．日本国民の多くは学校体育で運動に接するが，好き，嫌いには個人差がある．年齢を重ねるごとにプロ野球や相撲などの観戦を楽しんでいても，スポーツをやってみようという意識が低くなりがちである．そのため，「するスポーツ」の観点が欠落している．イベントを含む実践的な身体活動を促進すべきである．地域住民が集い，参加するスポーツイベントこそが，身体運動を楽しむ活動となり，生活の質を向上させる社会価値

が高くなる.

　スポーツイベントに係る人々の関心は，経済価値に向けられる傾向がある．ミクロ的な視点で直接的な経済効果だけを求めるのではなく，マクロな長期的視点をもって，社会や環境への影響にも目を向けておく必要がある．毎年大きな経済効果を生み出すスポーツイベントであっても年々生態系を壊していたり，教育的な配慮が欠落しているようでは，継続することはできない．ここに示す経済価値・社会価値・環境価値の3つの条件が整っていることで，継続的にスポーツ施設利用者やイベント参加者がその地を訪問する仕組みができるのである．

　社会価値は，スポーツイベントへの参加およびその経験を通して満足が獲得されること，スポーツイベントに関与する人々の教育や健康に関するベネフィットが獲得されること，そして地域の社会・文化の発展が達成されることなどの多様な目的が含まれる．

　先述したように，大阪市によると，1年間に渡る速歩トレーニングによる体力の向上，メタボリックシンドローム（内臓肥満に高血圧・高血糖・脂質代謝異常が組み合わさり，心臓病や脳卒中などの動脈硬化性疾患を招きやすい病態）の予防により，大阪市域で医療費が年間約1040億円削減されるとの試算されている．医療費抑制の観点からも，スポーツ・運動の実施は重要となってくる．医療費が削減できるならば，経済価値を創出することになる．

　さらに，SDGsを含めた環境価値も重要となる．スポーツイベントの実施実施において悪影響を最小限に留めるような環境保護が果たせることや，施設建設などにおける自然環境との調和などが含まれる．国連やIOCも積極的に推進している．特に，感染症を含めた環境教育は課題となる．世界的に見ても，環境教育は体験型学習が少ないことを国連やIOCの環境政策の面から筆者も論文で指摘している．その中にあって，スポーツとゴミ拾いを組み合わせた「スポーツゴミ拾い大会」は国立環境研究所の調査でも教育効果が高いことが検証されている．子どもの運動効果や環境教育の観点から教育価値を創出するスポーツイベントとすることが求められる．

　そして，スポーツイベントという事業が行われる地域およびそのステークホルダーに経済的な便益をもたらすことも求められ，その地域における経済効果や各種産業の発展ができることで循環型持続可能性のあるサイクルが実現できる．そのため，まちづくりや都市計画などのマネジメントから地方都市の持続

可能性に寄与する４つの価値において，相乗効果を求めていく運営体制が重要となる．

　具体的な運営体制は，スポーツ経営のあり方を検討すべきである．都市におけるスポーツ経営の主体は多様だが，持続可能性のある都市の４つの価値を重視するという理念を共有する場合，各主体のスポーツ経営やその連動・連携・協働はどのようにあればよいのだろうか．通常，政府主導の国民運動であれば，政府が主導となり社会課題解決のために税金を使う．例えば環境省が主体となって実施している地球温暖化防止の「COOL　CHOICE」や農林水産省が実施している「食品ロス削減運動」などが事例となる．これらの国民運動の費用は，何千万から数十億円単位で計上されている．

　政府が主導する国民啓発運動の体制は，官民連携して大きく運動を広げ難い原因として，３つの理由が挙げられる．先ずは，政府が主導でする国民運動であるため企業の特定の商品のみのPRが使用できない．結果，企業としてはCSRでしか啓発活動が実施できなくなり，少額の予算でしか国民運動に参加できなくなる．社会課題に対して直接的な解決策となる商品を持っている企業でも商品PRとして運動に参加し難い運動体制になっていることが問題である．次に，政権交代により運動自体の名称や呼称，活動内容が変更されたり，事業仕分けなどにより，急に国民運動自体が無くなったりするため，継続性が担保されていない．企業としては，急に名称や呼称が変更するような国民啓発活動に参加しにくい．仮に，商品やパンフレットに国民運動名などを記載して配布していたら廃棄を余儀なくされる．企業だけでなく民間団体や地方自治体も同様だ．最後に，国民運動を委託される事務局も，毎年競争入札で変わるため，運営事務局自体の継続性がない．

　政府の担当者も社会課題の解決のため，効率良く運動を広げたいが，政府が主導で実施する国民運動では，我々の税金が使用されるため，その使途に責任が伴うのは当然である．そこで，税金を使って実施する政府主導の運動ではなく，官民（政府や企業・民間団体・地方自治体）が一体となって熱中症という社会課題を解決するために連携しやすい運営体制で運動を実施しているのが，「熱中症予防声かけプロジェクト」である．同プロジェクトでは，地方自治体，民間企業および民間団体と連携して官民一体で熱中症の啓発活動を実施する．政府は間違った情報を企業や自治体などが使って啓発活動を実施しないように監督役として支援している．こうすることで，より効率的に国民運動が盛り上が

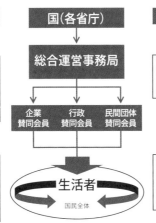

図11-2 政府主導体制におけるメリット・デメリット

（出所）熱中症予防声かけプロジェクト［相原 2017：165］.

りを見せ，継続的に運動している（**図11-2**）.

4 地域における持続可能性のあるスポーツプロモーションの 運営体制

　身体運動を楽しむ活動となり，生活の質を向上させる社会価値が高くなる「するスポーツ」の観点から，実践的なスポーツプロモーションを促進すべきである．地域における参加型スポーツプロモーションを実践する上で2つが重要なことがある．1つは，様々なスポーツ関連の活動を1つのテーマに沿って「パッケージ化」することだ．もう1つは，スポーツ関連活動を一堂に集め参加者が概観できる「パーク化」である．そのために，新たなコンテンツの楽しみ方を提供し，ファン層の拡大とロイヤリティを向上させることが重要であり，統合的なスポーツマネジメントが必要となる．さらに，スポーツをメディアやエンタテイメント分野で昇華させることができれば，「するスポーツ」である参加型スポーツイベントは最も効果的なプロモーションとなろう．

　その効果的な事例として，親子3世代が参加する一般社団法人CHIMERAのスポーツイベントを挙げられる．従来の社会課題に対する予算の使われ方ではなく，産官学一体で実施するソーシャルムーブメントにおける仕組みや体制・

図11-3　CHIMERA GAME

（出所）CHIMERA Union（https：//games.chimera-union.com/，2023年7月25日閲覧）.

啓発方法を工夫している．政府主導の社会問題解決プロジェクトにおいては，政権交代などにより継続性が担保されていないことと，企業PRなどにおける規制が厳しいことがデメリットである．しかし，CHIMERA Unionのスポーツイベントでは，産官学が一体となった事務局体制を構築し，運営を実践している（図11-3）．

80以上の遊びのコンテンツをパッケージ化→パーク化

CHIMERA Unionは，「昔の子どものように自由に遊べる“場所”と，何にでも挑戦できる“機会”を与えたい」という思いと目的を持って設立された団体である．CHIMERA GAMESは，普段の生活では経験できないようなアクティビティーが80種類以上も集結している．例えば，BMXやスケートボードといったアーバンスポーツや，ダンス，ダブルダッチなどのストリートスポーツ，進化したけん玉や鬼ごっこや親子で楽しめるキッズヨガ，スラックライン，ランバイク，ウォールトランポリン，ポゴスティックなど学校や公園で遊んでいるだけでは体験できない遊びまで80以上のコンテンツを提供し，中学生以下が無料となっている．様々な遊びのコンテンツが集まった巨大遊技場としてパーク

化している．

　スポーツからダンス，最先端鬼ごっこまで80種類以上の無料アクティビ
ティーを用意し，学校や公園では遊び足りないキッズ達を“遊びきらせる”た
めの巨大遊技場としてパーク化している．子どもの体育嫌いが50％に達しよう
かという現代において，CHIMERA GAMESは様々なアクティビティーを見る・
触れる機会を提供することで，子ども達の可能性を育むイベントになることを
目指している．いわゆる体育会競技ではないアーバンスポーツが楽しめること
に特徴がある．エクストリームスポーツや，ストリートスポーツをはじめ子ど
もたちがあらゆるカルチャーに出会える機会をつくり，自身が体験することに
よってその世界に興味を持ち，夢の選択肢を広げる環境をつくりだしている．

　あらゆるスポーツやコンテンツを融合したスタイルであるため，イベントや
ワークショップ，小学校での体験会などをパッケージ展開している．

　また，Xゲームのオリンピアン級のアスリートも参加し，会場装飾や演出レ
ベルが高いため，エンタテイメント性が非常に高い．楽しみながら学ぶ，エン
タテイメントとエデュケーション（教育）を合わせた「エデュテイメント」を
意識したスポーツイベントを実践している．3世代の親子を含めた地域住民，
行政，企業，ボランティアの学生などが一堂に会するためコミュニケーション
の場（社会資源装置）を創出している．

　こうしたCHIMERAスポーツの運営体制として，官民一体型のスポーツ推進
委員会を設立し運営している．学識者や行政機関などで全国組織を構成し，民
間企業の経済価値に偏らない体制を実践している．運営事務局はCHIMERA
UNIONが担当することで，継続的な運営が可能となっている（図11-4）．

　CHIMERAスポーツ推進委員会は，理事会＆第3者評価機関の機能を有しな
がら，運営事務局の連動・連携・協働体制の構築している．地域で開催され
る場合は，実施地域の委員会を発足させ，定期的に実施（事前，直前2回，事後），
各実施イベントを評価・報告していく．世界中どこを探しても見つからない最
大級のアーバンスポーツの祭典になることを大いに期待している．

　今後は，子ども達の体力や適性を発見する「スポーツテスト」を実施すれ
ば，親子3世代が参加するスポーツイベントのデータを軸に，都市のオープン
データ等と連携したスマートシティーを目指すことが可能となる．地域でス
ポーツを享受する住民を中心とした住民主導型のまちづくりが可能となれば，
Society5.0の実現に向けた技術を活用して地域住民の医療費削減を促進するこ

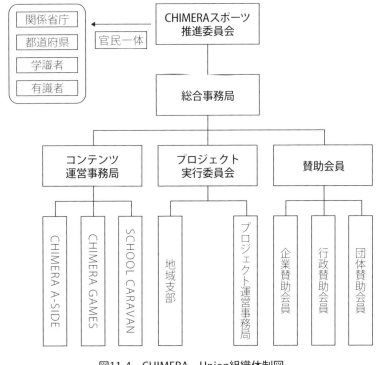

図11-4　CHIMERA　Union組織体制図

（出所）CHIMERA　Union.

とが可能となろう．また，災害などの危機管理対策，防犯対策の啓発するイベントも同時に開催すれば防災・防犯他対策にもなる．

　運動効果，医療費削減，防災や防犯，環境教育を含めた社会問題啓発効果，コミュニケーション効果など，社会価値・経済価値・環境・教育価値が創出できる社会資源装置の機能を果たしている．スポーツの特性を最大限活かした効果的な地域創生プロモーションとなっている．現代は経済→社会 →教育効果の順で検討するが，次世代を担う子どもたちへの教育から考え，教育→環境→社会→経済効果の順で検討するスポーツプロモーションが求められている［相原等 2020：1-16］．

　世界的なスポーツイベントの開催，スポーツ庁の活動，Jリーグ・Bリーグの方針などもあり，国内のスタジアム・アリーナ整備が進んでいる．従来「い

かに良いスタジアム・アリーナをつくれるか」という建設フェーズが重視されてきたが，現在は「どうスタジアム・アリーナで収益をあげて，地域に貢献するか」という運営重視型へ移行している．スタジアム・アリーナを核とした地域貢献を実践していくならば，サービス提供者である事業者・団体の収益向上はもちろん，自治体による都市運営の効率化，市民のQuality Of Life（QOL）向上，および社会・環境の改善などを創出しなければならない．

　スポーツや健康が都市の発展にどのように関わっていくかは重要な課題となっている．少子高齢社会が到来した日本において，デジタル化により促進されたグローバル社会を効果的に活用することがより重要となってきている．

　5G時代が到来し，高速で大容量なビックデータが出現した今，Society5.0の実現に向けた技術の活用は，都市のデジタル化において幅広いテーマが想定される．「デジタル×まちづくり」に関する背景として，今までの取組みとの親和性および，市場性から観光・交通・スポーツ・健康・教育をキーワードとして検討していかなければならない．目指すべき都市×デジタルの姿として，都市の基盤および環境整備，地元企業の新規ビジネス創出，最終的には，地元企業の雇用拡大，観光客増加，地域の知名度・魅力向上につなげていく．地域でスポーツを享受する住民を中心とした住民主導型のまちづくりが可能となれば，Society5.0の実現に向けた技術を活用して地域住民の医療費削減を促進することが可能となる．また，災害などの危機管理対策，防犯対策を啓発するイベントも同時に開催すれば防災・防犯対策にもなる．スポーツは，運動効果，医療費削減，防災や防犯，環境教育を含めた社会問題啓発効果，コミュニケーション効果など，社会価値・経済価値・環境価値・教育価値が創出できる社会資源装置の機能を果たしている．スポーツの特性を最大限活かした効果的な地域創生プロモーションが可能となる．

付記

　本章は，相原正道［2020］「地域スポーツにおける地方創生」，相原正道・佐々木達也・田島良輝・西村貴之・内田満・舟木泰世『SPORTS PERSPECTIVE SERIES 7　地域スポーツ論』晃洋書房：1-16を抜粋し，加筆・修正したものである．

注

1）「人口推計──2020年（令和 2 年） 6 月報──」(http://www.stat.go.jp/data/jinsui/

pdf/202006. pdf, 2023年11月1日閲覧).

参考文献

相原正道［2017］『多角化視点で学ぶオリンピック・パラリンピック』晃洋書房.

相原正道・佐々木達也・田島良輝・西村貴之・内田満・舟木泰世［2020］『SPORTS PERSPECTIVE SERIES 7　地域スポーツ論』晃洋書房.

大阪市経済戦略局スポーツ部スポーツ課［2017］『大阪市スポーツ振興計画』.

毛受敏浩［2016］『自治体がひらく日本の移民政策』明石書店.

久保隆行［2019］『都市・地域のグローバル競争戦略』時事通信社.

高松平蔵［2020］『ドイツのスポーツ都市』学芸出版社.

谷口守［2019］『世界のコンパクトシティ』学芸出版社.

広瀬憲三［2020］『関西復権の道』中央経済社.

第12章

ガバナンス変革が求められる
日本の大学経営と人材育成

1 ガバナンス変革が求められる日本の大学経営

　日本の大学は国際化やIT（情報技術）時代を担う人材教育で後れを取り，世界をリードしてきた科学技術でも陰りが見え始めている．この状況を変えるには何が必要なのか．大学が自ら強みを見つけ，それを伸ばす将来像を描くことが欠かせない．国頼みの姿勢や横並び体質から脱却する必要もある．特色ある戦略を打ち出すためには，ガバナンス（統治）改革が第一歩となる．

　有力教育誌や専門機関が発表する世界の大学ランキングによると，日本から上位100校に入るのは東京大学や京都大学などの数校だけである．中国やシンガポールの大学が急伸しているのに比べ，日本の大学は外国人教員や留学生が少ないなど国際化の遅れが目立つ．2013年の政府の成長戦略には，「今後10年以内に世界の大学ランキング上位100校に日本から10校以上が入る」と盛り込まれ，文部科学省は国際化の重点校を選定している．しかし，官の支援頼みでは実効性に疑問が残る．大学が自ら将来像を描き実践していく必要がある．確かに制度を設計するのは文部科学省の役割であるが，個々の大学の戦略づくりに国が口を挟むのではなく，大学の自主性を最大限引き出すようなガバナンス改革を実践していくべきである．

　2015年に学校教育法などが改正され，「教授会は意見を述べるが，最終決定は学長が下す」とガバナンス改革に踏み出している．しかし，ガバナンス改革はまだ不十分であると言わざるを得ない．学長や理事長が強いリーダーシップを発揮することが重要となる．

英国大学における経営改革　〜経営陣による強いリーダーシップ〜

　英国の大学において2012年のオリンピック・パラリンピック競技大会は，大学に革新をもたらす契機となっている．英国の大学は国内外における評価や知

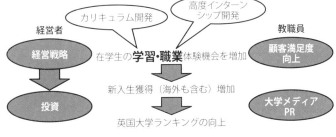

図12-1　英国5大学における総括

（出所）筆者作成.

　名度を高め，大会終了後もレガシーの創出へとつなげている．理事会は経営感覚を備え，経営戦略に基づく投資を欠かさない．グランドや寮などの施設における投資して利益を回収している．2017年1月30日から2月3日までの期間で，英国5大学（イースト・ロンドン大学，ボーンマス大学，カーディフ・メトロポリタン大学，マンチェスター・メトロポリタン大学およびシェフィールド・ハラム大学）への筆者をはじめとするメンバーの訪問調査により明らかになった．

　こうした背景には，英国政府が1992年に，職業教育を中心としたポリテクニック（Polytechnic：技術専門学校）を大学へ昇格させてことがあげられる．1980年代の大学進学率は15％に過ぎなかったが，2010年の大学進学率は45％にまで拡大した［苅谷 2012］．英国大学は進学率の向上に伴い新入生の獲得が激化した．これにより，顧客である在学生の顧客満足度を向上させる施策を展開している．具体的には，特徴的なカリキュラム開発とインターンシップ体験である．特徴的なカリキュラムを開発し顧客満足度の向上を図ることはもとより，大学広報にも役立てている．こうした大学の広報により，国内外の新入生を獲得している．国外への情報発信において，英国の母国語である英語が寄与していることは間違いない．カリキュラムの質的な向上を図り，世界中から優秀な新入生を

獲得することで大学ランキングの向上を目指している（**図12-1**）.

　このようにして好循環を起こし，良質の学生を獲得するために大学経営が重要視してきた．日本の学長や理事長にも強いリーダーシップを発揮して挑んでもらいたい.

2　日本の大学スポーツの課題

　日本の大学におけるガバナンスが問われる中，大学スポーツにはどのような問題点があるのだろうか．現在の大学スポーツにおける問題点は，次の３つの側面がある．第１は，大学全入時代が到来し，大学間の学生獲得競争は熾烈となっている．生き残りをかけた大学経営が行われる中，スポーツも例外ではなく，経営資源として活用されるようになっている．しかし，スポーツの活用法は，主に学生募集等のための広告宣伝色が強く，経営戦略として位置づけているとは言い難い状況である.

　スポーツは，大学にとってイメージ戦略のメディアとして格好の存在である．大学スポーツを活用した広報，いわゆるスポーツ広報と呼ばれるものである．従来，野球，サッカー，ラグビー，アメリカンフットボール，駅伝，陸上，水泳，柔道といった大学スポーツは，大学広報の宣伝材料として積極的に活用されてきた．大学に所属するチームや学生アスリートが活躍すれば，大学のステイタスの上昇とその年の受験生が増えるとまことしやかに囁かれている［苅谷1997］．こうした広告宣伝を目的とした広報では，競技における成績を上げ（勝利至上主義），様々なメディアに取り上げてもらうことで，主に受験生向けに知名度やブランド・ロイヤリティーを高めることをその主眼においてきた.

　岡本［2006］によると，これまでも大学の経営資源として大学スポーツを活用することは，私学を中心に検討されてきた．優秀な監督やコーチを招聘するとともに，全国からスポーツ推薦制度を利用して才能あるアスリートをリクルーティングし，メディアを通して大学の広告宣伝に利用する方法である．特に，野球，ラグビー，駅伝，サッカーなどの競技で活発に行われている.

　それゆえ，国内の高校有名選手は名門運動部の争奪対象となり，近年では発展途上国からのアスリートを斡旋するスカウト業まで現れているようだ．友添［2006］は「今や大学にとっても，また学生アスリートにとっても，スポーツがビジネスとなり，大学がアスリートを奨学金名目で雇用し，大学で安手のスポー

ツビジネスが実践されている感すらある」と指摘している.

　第2は，大学が推薦入試などのスポーツ政策を活発に行う一方で，大学の運動部員による様々な不祥事が顕在化してきた. 古くから運動部における問題は，「4年生・神，3年生・天皇，2年生・平民，1年生・奴隷」といわれる［玉木 2006］，理不尽な上下関係に象徴されるような体罰やいじめといった暴力行為である. その要因として，多様化するスポーツ政策とそれに伴う大学数の増加があったと考える. これまで教育的指導がなされていたことが，対外的目的（広告宣伝や勝利至上主義など）を重視した結果，倫理・道徳教育が疎かになり，このような問題を頻発させている. 学生に対する入学後のケアという意味では，大学運動部の指導は指導者に任せて全く関与していないのが現状であろう. 山本［2009］によると，監督やコーチといった指導者を専門職として雇用し，専門化することで競技力は飛躍的に向上し，短期間で運動部の強化を行うことができる. そして，そのことが急速に日本のスポーツ競技レベルを向上させたことは否めない. しかし，専門化するだけで，指導者の教育の質は問われなかった. かつて日本のスポーツが学校教育の中で教育目標に則した形態で発展を遂げたが，現在はルールの遵守と一般社会の規範の遵守を同一視していた倫理・道徳教育は失われつつあるという.

　第3は，運動部員の学業不足である. 米国における大学スポーツでは，NCAA（National Collegiate Athletic Association）が学生アスリートの成績を把握し，成績不良者にはペナルティが課せられる制度があり，日本でも同様な制度を設ける意見がある［岡本 2006；友添 2006；山本 2009］. しかし，NCAAの資金力や統括体制，日本の大学のカリキュラムの差違などを比較すると，早期の実現は困難であろう. まずは各大学が自助努力することで実施すべき時期であると考える. 学業不足の問題は，学生アスリート自身の問題が多分にあるが，大学としては学習支援として関与していくべき課題である. このような事態が今後ますます進行するのであれば，大学スポーツの存在意義そのものが問われてくるだろう.

　もちろん，学業不足は運動部員だけの問題ではなく，一般学生も同様である. 大学進学率は高まったが，不本意入学者が増え，せっかく入学した大学を退学する者も少なくない. 学生が入学後の大学生活をどのように過ごせるのかが，大きな課題となっている. スポーツ推薦制度同様，大学経営における入口重視政策による弊害が生じている.

　大学におけるスポーツの活用法は，学生募集等のための広告宣伝色が強く，経営戦略として位置づけているとは言い難い状況である．わずかに，岡本 [2006] は，大学スポーツにおける経営資源の要素を提示しているが，経営戦略について検討がなされていない．

　大学が推薦入試などのスポーツ政策を活発に行う一方で，友添 [2006] は大学の運動部員による体罰やいじめといった暴力行為などの様々な不祥事が顕在化してきた．また，玉木 [2006] は運動部員の学業不足も深刻な課題となっている．しかし，友添 [2006]，玉木 [2006] は，大学スポーツの問題点を指摘しているのみで，経営戦略について述べているわけではない．

大学スポーツアドミニストレーターの具体像

　前述の英国の大学が好例となろう．良質の学生を獲得する好循環を起こすために，まず在学生の顧客満足度を向上させる施策を展開している．具体的には，特徴的なカリキュラム開発とインターンシップ体験である．特徴的なカリキュラムを開発し，学生の満足度を向上させ，大学広報にも役立てるべきである．大学の広報においては，国内だけでなく，国外の新入生の獲得を目標にすべきである．日本の学長や理事長にも強いリーダーシップを発揮して挑んでもらいたい．

　大学体育会運動部のみのスポーツ政策ではなく，一般学生も含めて，経営戦略における手段として，スポーツを用いることを検討すべきである．各大学は，「建学の精神」や現在につながる教育理念に基づいて，入学（入口）から教育研究内容（中身），キャリア支援（出口）まで，一貫した経営の中にスポーツを組

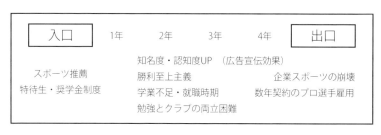

図12-2　学生運動部の現状

（出所）筆者作成．

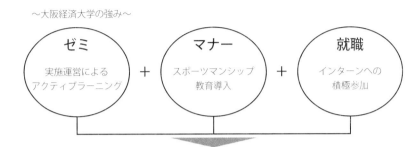

〜大阪経済大学の強み〜

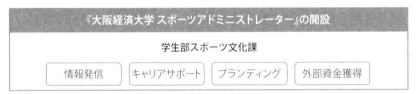

図12-3　大阪経済大学のスポーツアドミニストレーター案

（出所）筆者作成.

み込んで考えるべきである (**図12-2**). このことこそが,大学最大の差別化となり,大学スポーツの活路になると考える.

　大阪経済大学で導入するならば,主体となる組織を設定する大学スポーツアドミニストレーターを設置し組織運営を実施する. 大阪経済大学では「人間的実学」を教学の理念として高く掲げ,個性的な教育を目指し,「自由と融和」という建学の精神を堅持している. 教職員と学生のつながり,活発な研究活動,地域・国際社会とのつながりなど,具体的な制度や学風に現れており,つながる力を重視している. 特に,ゼミ,マナー,就職の3点を掲げている. そこで,ゼミ,マナー,就職に活用できる戦略を展開して,教育カリキュラム開発に活かしていけばよいと考える (**図12-3**).

　組織運営の主体となる大学スポーツアドミニストレーターは,米国版NCAAでは「Athletic Director」と呼ばれる存在で,英国では「Director of Sports」という存在である. 大阪経済大学のスポーツアドミニストレーターは学生部に位置付けられ,主な業務内容としては,広報を含めた情報発信,キャリアサポート,ブランディング,外部資金獲得となるだろう.

つながりの拡がり

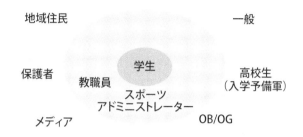

図12-4　大学におけるステークホルダー

（出所）筆者作成.

　大学には教員と職員がいるが，近年の大学改革では「大学リサーチアドミニ
ストレーター」や「地域連携コーディネーター」などが「専門的職員」の設
置されている．教育として「するスポーツ」の指導に特化している大学体育教
員は外部資金の導入については専門外であるため，専門家が求められる．ま
た，USR（University Social Responsibility）[3]の向上のため，大学生のためだけでなく，
地域住民にも提供できるサービスへ拡大していくべきである．
　情報発信においては，スポーツ文化振興を促進するため，学生，職員，保護
者，OB・OG，地域住民，メディア，一般および高校生などが集まる「プラッ
トフォーム」の場として，交流が活発化する仕組みを創出できるだろう．SNS
による情報共有は必須である．つながりの中で『共有・参加・情報拡散』する
ことで，一体となった共創関係を築き上げていく（図12-4，図12-5）．

活動内容

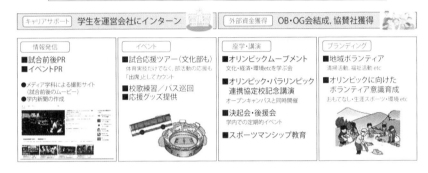

〈スポーツをきっかけにした仲間創り〉
■同じ空間で楽しみ，「仲間」を見つけ，共に学んでいく"友"を見つける
■コミュニケーションを育み，社会・学内での"友・仲間"を見つける

〈スポーツをきっかけにした能力育成〉
■能力や活動の成果をお披露目（撮影等）するきっかけを与える
■地域・社会とふれあい，広い視野や経験を身に着け，人間力育成につなげる

[キャリアサポート] 学生を運営会社にインターン　[外部資金獲得] OB・OG会結成，協賛社獲得

情報発信	イベント	座学・講演	ブランディング
■試合前後PR ■イベントPR ●メディア学科による撮影サイト （試合前後のムービー） ●学内新聞の作成	■試合応援ツアー（文化部も） 体育実技だけでなく，部活動の応援も 「出席」としてカウント ■校歌練習／バス巡回 ■応援グッズ提供	■オリンピックムーブメント 文化・経済・環境etcを学ぶ会 ■オリンピック・パラリンピック 連携協定校記念講演 オープンキャンパスと同時開催 ■決起会・後援会 学内での定期的イベント ■スポーツマンシップ教育	■地域ボランティア 清掃活動，福祉活動 etc ■オリンピックに向けた ボランティア意識育成 おもてなし・生涯スポーツ・環境etc

図12-5　大学におけるアドミニストレーターの活動事例

（出所）筆者作成.

日本の大学におけるイノベーション経営

　イノベーションにつながるアイデアは，既存の知と別の既存知の新しい組み合わせによって生まれるのである．これはイノベーションの父であるジョセフ・シュンペーター以来，経営学における基本原理の１つである．人はゼロから何も生み出せないので，「常にまだつながっていない何かと何か」を組み合わせる必要がある．ただ，人の認知には限界があるので，やがて「目の前の知と知を組み合わせ」は尽きる．したがって，それを克服するには，「自分から離れた遠くの知を幅広く探し，自分の知と新しく組み合わせる」ことが何より重要となる．これを専門用語で「知の探索（Exploration）」と呼ぶ．

　知は人が持つものである．新卒一括採用で，同じような人材が終身雇用で会社に居続けるといった従来の日本企業では，発想が似通った人材が集まりやすく，異なる知と知の組み合わせが起こりにくい．社内で精鋭を集めてイノベーション推進室などを作ってみても思うような成果が果たせないのはこのためである．これまでの日本企業の仕組みは欧米へのキャッチアップを目指した20

世紀には通用したが，イノベーションが求められる現代では不向きな仕組みとなっている．日本がイノベーションを起こす知の探索を進めるには，従来と正反対のことをしなければならない．

イノベーションを起こす方法は2種類ある．1つは，発明した技術をもとに，困難な問題を解決する方法である．もう1つは，困難な問題を解決するために技術を発明し，応用する方法である．前者の考え方は技術中心の日本的スタイルで，必ずしも消費者ニーズと新技術が合致しない弱点がある．一方，後者の考え方は，米国ではデザインシンキングと呼ばれる開発手法である．問題を発見することから始め，その解決策を見出すことで新たな開智を生み出す．重要なのは，革新的な技術ではなく，それを何のために使用するかということである．解決策を見出すには，チームワークが重要で，なおかつ専門性や背景が異なる人材でチームを構成することだ．米国スタンフォード大学の医療機器関連のプロジェクトでは，エンジニア，医師，経営者，科学者などを目指す学生でチームを構成する．背景が異なる人材が交流することこそがダイバーシティの醍醐味である［相原等 2018：1-10］．

3　スタンフォード大学訪問記

米国カリフォルニア州にあるスタンフォード大学へ，2017年7月10日に研究視察調査で訪問してきた．「東のハーバードと西のスタンフォード」と言われる米国が誇る名門大学である．敷地面積は，甲子園球場約830個分という世界で2番目の広さを誇る（モスクワ大学が世界1位）．アメリカンフットボール専用スタジアムやバスケットボール専用アリーナはもとより，全米大学で唯一保有するホッケー専用グランドや4面のビーチバレー場，18ホールのゴルフ場も完備されている．まさに圧巻のスポーツ施設だ．また，広いだけではなく，世界3大パイプオルガンの1つを備える教会やロダンの弟子が作成した彫刻もキャンパス内にある．全米No.1の医療施設と言われている大学病院も敷設されている．パフォーマンスとメディシンがガラス1枚で一体化している全米初の「Arrillaga Family Sports Center」もある．センター内の売店における選手の飲食は無料であるが，栄養士が管理しているそうだ．ピラティス専用のコーチもいるという．

そんな広大な施設を廻るのに最適なのが，カートだ！　スタンフォード大学

関係者のご厚意により，駆動させてもらった．歩いて廻っていたらどうなっていたことやら．

　スタンフォード大学ではアスレチックデパートメントが大学スポーツを推進しており，運営費の一部は自力で資金調達をしている．当該組織のトップには，大学スポーツのビジョンを持って，マーケティング，デベロップメント，チケット・グッズのセールス，ファシリティ管理，トレード，リクルーティング，広報，ガバニングボードとの交渉等の全てをマネジメントできる能力を有する者を配置している．

　しかし，スタンフォード大学では，大学スポーツの振興を教育面と切り分けて収益をあげることを目標にしているのではない．学業との両立を重視し，卒業後に社会に発信力を持つ人材の育成を使命としながら，経営収益を上げて大学スポーツを活性化させているのである．

　スタンフォード大学内の施設には，SAPの社長が38億円寄付した創設されたデザインセンターや，ネットスケープの創始者であるジムクラークが200億円寄付した医工連携のスケルトンビル "BIO X" などがある．BIO Xの建築デザインは，生み出すという意味で上空から見ると子宮の形をしている．今も90件の技術で70億円稼ぐそうだ．

　翻って，日本は1980年代に半導体で世界を席巻すると，米国に特許係争を仕掛けられ衰退の一因となった．デジタル家電では各社が特許出願数を競ったが，特許の成立後に公開された情報を吟味して技術を磨く中国や韓国勢に追い越されてしまった．技術の防衛や流出への意識が低かったのだ．

　自社や他社の知財を分析して将来の事業環境を予測し，どの分野ならば自社の強みを発揮できるかを探る「IP（知財）ランドスケープ」と呼ばれる手法が重要である．そのために，研究開発の初期段階から，何の特許を取得し，秘匿するかを判断するか決定しなければならい．米国のアップルは，スマートフォンの中核技術を囲い込む一方で，製品を安く作るための知財は中国などの生産委託先に公開している．米国のグーグルも検索エンジンの中身を明かさず，スマートフォン向けの基本ソフト（OS）を開放している．稼げるビジネスモデルを構築するため上手く知財を使いこなしている．今回の研究調査期間中，シリコンバレーにあるグーグル本社にも立ち寄らせて施設を見学させてもらっていたが，広大なキャンパスと呼ばれる敷地と滑り台をなどの器具を含めた開放的なワークスタイルに感銘した．

「シリコンバレーの父」と呼ばれるフレデリック・ターマン教授は，スタンフォードの卒業生の多くが就職先を求めてこの地域を離れ，東海岸に移ってしまう当時の状況を危惧していた．そこで教授は学生たちに，大学の周辺で自ら事業を起こすことを奨めるようになったという．

日本の大学における人材育成

日本のゼミ学習も背景の異なる人材を交流させるべきである．

学生は，安定さを失いつつある社会の中で，自分自身に市場価値をつけて這い上がっていく必要が出てくる．就職活動というのは，そういうことに学生が気づくことであり，多様な価値観を持つ若者を大人や企業がサポートするべきある．学生は自らのキャリアをビジュアル化し，どのような進路を選べば自分が成長できるかを考えるべきである．

人間の仕事は時代によって異なる．AIなどの新しい仕事を恐れる必要はない．昔，家具は手作りしていたが，大半は機械に置き換わった．歴史を振り返ると，機械は人間の仕事を壊したが，同時に新しい仕事を生み出してきた．

問題は新しい仕事が生まれるかどうかだ．

AIを巧みに活用する，人と人，企業と企業，国と国の差が鮮明になる．AIデバイド（格差）と呼ばれている．高い教育を得た人は多くの給与を得る一方，そうでない人は不安定になる．時代の進化に対応できる教育が不可欠だ．人口が多く教育水準が高く，数多くのエンジニアを輩出している中国に比べ，人口が減少している日本や教育水準が下がっている欧米諸国には困難な時代である．

情報にはインフォメーションとインテリジェンスの2種類があり，人間は後者（判断力）で生きていける．そのために，日本における教育のあり方は抜本的に問い直されるべきだ．

これから20〜30年といった期間で第4次産業革命は続く．学生は，今までとは違う世界で生き抜いていかなければならない．第4次産業革命の真っ只中を生き抜くんだという覚悟を持った方がいい．学生は，ある会社に就職するというよりも，第4次産業革命に就職すると考えておいた方がいいのかもしれない．

現在，日本の高等学校は，思考力や判断力の育成に取り組んでいるが，大学入試では一問一答形式や穴埋め形式の問題のままである．これでは，考え方が硬直化し，思考力が似てしまう．常に1つしかない正解を探したいというマインドになってしまう．俗にいう「間違えない達人」の教育である．クリエイティ

ブな問題解決が求められる時代に間違えない達人を量産する教育であってはならない.

　企業に偏差値はないし, 終身雇用の時代でもない. 自分で意思決定をし, 自分で成長できる職業に挑戦する時代である. 学生は（自由に過ごせる）可処分時間があるうちに視野を広くして社会を見た方が良い.

　日本の大学は, 伝統的にゼミや卒業研究があり, ディスカッションや実験を通じて失敗を経験させ, 自然と学生が思考する仕組みがあった. ただし, 教員の能力（職人気質）に依存しており, 教員により能力差が大きい.

　椅子に座って教員が一方的に話す内容をひたすらノートに取ることは楽だが, それでよいのだろうか. 自発的に学ぶ学力をつけていなければ社会に出てから自分の力で何かに取り組むことにはつながらない. 極端に言えば, 学生が教員の知識や考え方を吸収したいと思って望んでいれば, 一方的な講義でもアクティブラーニングになり得るのである. アクティブラーニングは学生の能動的学習として大学において組織的に求められるようになってきている.

　大学コンソーシアムなどにより, 他大学の講義を履修できる取組みはかなり進んできているが, 学生はあまり利用していない. 学部や学科ごとに入試を行っている影響もあると思うが, 学生は自分が所属する大学や学部からあまり出ようとしない. 既存知のみで外部の知が吸収できないのでは, イノベーションはおきない.

　目標を持ち講義や生活を組み立てるマインドを持つことで, 起業などにも挑戦していけるはずだが, 決められた枠組みの中で動いている. 枠内で移動した方が楽だからだろう. 就職活動においても, 安定さを失いつつある社会の中で自分自身に市場価値をつけて這い上がっていく必要が出てくる. 就職活動というのは, そういうことに学生が気づくことであり, 多様な価値観を持つ若者を大人や企業がよりサポートするべきである. 学生には自らのキャリアをビジュアル化し, どのような進路を選べば成長できるかを考えてほしい.

付記

　本章は, 相原正道 [2018]「大学におけるガバナンスとマネジメント」, 相原正道・上田滋夢・武田丈太郎『SPORTS PERSPECTIVE SERIES 2　スポーツガバナンスとマネジメント』晃洋書房：1-10を抜粋し, 加筆・修正して掲載したものである.

注

1 ）『日本経済新聞』朝刊34面：2017年 9 月 6 日.

2 ）日本私立学校振興・共済事業団調査データ「学校法人基礎調査」(2005)，井出草平「不本意入学における他大学への再受験，不本意入学における引きこもり，および，不登校等の理由により，他大学への転出・進路変更・再受験が21％」(http://blogos.com/article/83703/?p=1, 2023年11月 1 日閲覧).

3 ）私立大学社会的責任研究会は，大学の社会的責任 (USR：University Social Responsibility) を「大学が教育，研究等を通じて建学の精神等に柔軟に応え，その結果を社会に説明・還元できる経営組織を構築し，教職員がその諸活動において適性な大学運営を行うこと」と定義している.

参考文献

相原正道・上田滋夢・武田丈太郎 [2018]『SPORTS PERSPECTIVE SERIES 2　スポーツガバナンスとマネジメント』晃洋書房.

岡本純也 [2006]「大学運動部の現在」『現代スポーツ評論』14.

苅谷春郎 [1997]「これでいいのか──当世大学スポーツ事情──」『正論』299.

苅谷剛彦 [2012]『イギリスの大学・ニッポンの大学』中央公論新社.

私立大学社会的責任 (USR) 研究会 [2008]『USR入門──社会的責任を果たす大学経営を目指して──』宝印刷.

高谷邦彦 [2013]「全入時代の大学広報戦略」『名古屋短期大学研究紀要』51.

竹内光悦 [2010]「大学広報における広報媒体の効果測定とその展開」『実践女子大学人間社会学部紀要』6.

玉木正之 [2006]「大学はスポーツを行う場ではない」『現代スポーツ評論』14.

友添秀則 [2006]「大学スポーツという問題」『現代スポーツ評論』14.

山本順之 [2009]「大学におけるスポーツの役割に関する研究──大学スポーツの変遷と発展──」『社会文化研究所紀要』(九州国際大学), 64.

第13章
デザイン経営とアート支援における
スポーツ文化

1 オリンピック・パラリンピックにおける文化

クーベルタンが提唱した「オリンピズム」

　近代オリンピックの父といわれるピエール・ド・クーベルタン男爵は、1863年1月1日、イタリア系フランス貴族の三男として生まれた。フランスの教育改革のため、外国視察へ行ったとき、英国のスポーツによる教育と米国の自由さに感銘を受けた。特に、1883年に英国のパブリックスクールを訪問した際に、青少年教育にスポーツが重要な役割を果たしていることに関心を持ち、1888年に最初の著書となる『イギリスの教育』を出版した。当時、欧州では、古代ギリシャ遺跡の発掘が相次ぎ、古代オリンピックへの関心が高まっていた。これらのことにヒントを得たクーベルタンは、古代オリンピックを復興させることを目指した。スポーツにより、心身ともに成長できることに着目し、それが世界平和に役立つと考えたのである。

　1894年6月、クーベルタンは欧州や米国における49のスポーツ組織の代表者を招いてパリ・アスレティック会議を開催した。その場でスポーツによる青年たちの国際交流は世界の平和に貢献すると主張し、オリンピックの復興を提唱した。この案は満場一致で可決され、国際オリンピック委員会（IOC）の設置や1896年に第1回大会をアテネで開催することなどを決定した［内海 2012：98］。クーベルタンは肉体と精神の調和のとれた発達が重要であると考え、オリンピックを復興させて、スポーツによる教育を確立させることを目指したのである。このようなクーベルタンの思い描いた理想を「オリンピズム」と呼ぶ。

　「オリンピック憲章」の根本原則には次のように記されている。

　　1．オリンピズムは人生哲学であり、肉体と意志と知性の資質を高めて融合させた、均衡のとれた総体としての人間を目指すものである。スポー

　　ツを文化や教育と融合させるオリンピズムが求めるものは，努力のうち
　　に見出せる喜び，よい手本となる教育的価値，普遍的・基本的・倫理的
　　諸原則の尊重などに基づいた生き方の創造である．
　2．オリンピズムの目標は，スポーツを人間の調和のとれた発達に役立て
　　ることにある．その目的は，人間の尊厳保持に重きを置く，平和な社会
　　を推進することにある．

　ピエール・ド・クーベルタンは，スポーツを通じて心身を向上させ，さらに
は文化・国際など様々な差異を超え，友情，連帯感，フェアプレーの精神をもっ
て理解し合うことで，平和でよりよい世界の実現に貢献するビジョンを示した．
オリンピズムを広める活動をオリンピック・ムーブメントという．
　クーベルタンは，スポーツを取り入れた教育改革における推進者だった．そ
うしたオリンピックのあるべき姿（オリンピズム）を考えるとき，スポーツが持
つ価値の中核は人材育成にあると言える．スポーツを強くすると同時に，人間
を育てる教育が重要である．
　オリンピックというと，一般的に「スポーツの祭典」とみなされている．も
ちろん，その事実自体は間違いではない．ただし，オリンピックは実は「文化
の祭典」でもある．
　オリンピック競技大会の開催にあたっては，「オリンピリズム」という根本
思想に基づいて様々なオリンピック・ムーブメントが展開される．オリンピッ
クゲームという競技大会もその１つに過ぎない．オリンピリズムとは，「スポー
ツによって心身ともに調和のとれた若者を育成し，ひいては平和な国際社会
の実現に寄与する」という教育的価値があり，平和希求である．広辞苑などの
一般辞書に掲載されていないので，学校教育で教えられる機会も少ない．オリ
ンピズムという言葉が初めて登場するのは，1894年７月のパリ会議の閉会式
でクーベルタンがGreek Olympismという言葉を用いて演説した時だと言われ
ている．1894年第１回アテネ大会に向け，クーベルタンはアテネ市民へ「Neo
Olympism」（アテネ市民へのアピール）という演説でも「オリンピズム」という
用語を使用している．オリンピズムの概念は，1991年にようやくIOCオリンピッ
ク憲章における根本原則として定義されている．

オリンピック競技大会はIOCミッション項目におけるわずか1/16に過ぎない大会！

IOCはこのオリンピック憲章にしたがって，オリンピズムの普及に努め，16項目に及ぶ役割を担っている．

IOCの16に及ぶミッション項目としては，① スポーツの倫理の普及，フェアプレーの精神と保持の反響力，② スポーツ競技大会，組織の支援，③ オリンピック競技大会の定期的開催，④ スポーツを人類に役立て平和推進活動への参画，⑤ オリンピック運動の連帯と独立性の保持，⑥ オリンピック運動に反するいかなる差別にも反対，⑦ 女性スポーツ振興（男女平等），⑧ アンチドーピング，⑨ 競技者の健康保持，⑩ スポーツや選手の政治的・商業主義的悪用に反対，⑪ スポーツ競技者の将来の保証，⑫ スポーツ・フォア・オール，⑬ 環境問題対策とサスティナブル・ディベロップメント，⑭ オリンピック競技大会のレガシーの継承，⑮ スポーツと文化および教育の連携支援，⑯ 国際オリンピック・アカデミーとオリンピック教育機関への支援となっている．

「オリンピリズム」という根本思想に基づいて様々な展開をするオリンピック・ムーブメントのゴールは，オリンピズムとその価値に応じて，スポーツを実践することで若者たちを教育し，それによって，平和でよりよい世界を構築することに寄与することと，オリンピック憲章において記載されている．なお，1994年のオリンピック100周年記念パリ会議で，スポーツと文化というオリンピズムの2本柱に，「環境」が追加されている．

オリンピックにおける文化プログラム

オリンピック競技大会の開催にあたっては，オリンピズムの普及を目指す観点から，スポーツ競技と同時に文化芸術の振興も重要なテーマとなっている．これが文化プログラム(Cultural Programme)」と呼ばれている．IOCのオリンピック憲章における「第5章オリンピック競技大会」の「39 文化プログラム」にて，「OCOG（開催地の組織委員会）は少なくともオリンピック村の開村から閉村までの期間，文化イベントのプログラムを催すものとする．当該プログラムは，IOC理事会に提出し，事前に承認を得なければならない．」と記述している[1]．

こうした背景のもと，近年になってIOCは文化プログラムを重視している．オリンピック・パラリンピック競技大会の「立候補都市」は，IOCから提示される質問項目に基づき「立候補ファイル」を策定する．オリンピック・パラリ

ンピック開催のための全体計画であり，競技種目や競技会場のほか，開催による影響とレガシー，大会コンセプトと長期戦略との整合性等500以上の質問項目に回答する形式の書類がある．詳細な開催計画を説明する「立候補ファイル」をIOCに提出し，それを受けてIOCの評価委員会による現地評価調査を受けることになる．

　この立候補ファイルにおける文化プログラムの位置づけは，2012年度ではTheme17であったのに対して，2016年度からはTheme 2 に繰り上がり，大会全体のコンセプトに関連させて記述することが決められている．この変更はオリンピック全体における「文化プログラム」重要性が高まったものと理解することができる．

クーベルタンの芸術競技のアイデア

　近代オリンピックの提唱者であるクーベルタンは，オリンピック復興の当初から古代オリンピアの祭典競技のように，スポーツと芸術の両方をオリンピック競技に取り入れたかったとされる．クーベルタンは「新しい一歩のすすめ，オリンピアードを本来の美の姿に復旧する時が来た．オリンピアの偉大なる時代，……スポーツと調和して学術と文学がオリンピアの祭典競技を偉大なものにしていた．今後も同じ姿をしなければならない」[2]としている．特に，クーベルタンは儀礼という形でスポーツ競技を芸術と結びつける考えを温めていた．その考えは，より高尚な祝祭を生み出すためにスポーツと芸術および文化を結びつけること，および若者たちに精神と身体の調和のとれたトレーニングを施すという教育的な理念として構想されたものである．クーベルタンは，当初から抱いていた構想を実現するために1906年にパリでオリンピック改革会議を招集している．この会議は「芸術と文学によるオリンピアード改革Resounding collaboration by arts and letters in the renewal of the Olympiads」と称され，60名が参加し，その中には30人のアーティストが含まれていた．

　クーベルタンの芸術競技（アート・コンペティシャン）の構想は，「ミューズの五種競技」と呼ばれた建築，彫刻，絵画，文学および音楽の 5 部門で実施しようとするものであり，その題材はスポーツの理想を鼓舞するもの，あるいは直接スポーツに結びつけたものであった．芸術競技の受賞作品は大会期間中を通して展示または上演され，勝者はスポーツ競技の勝者と同じ表彰を受けた．作品は未公開のものでスポーツの概念を鼓舞するものとされた．彫刻だけは縦横

幅80cmの制限ルールが設けられた．クーベルタンはこの芸術競技を1908年の第4回ロンドン大会から実施しようとしたが，準備期間不足のために失敗し，1912年の第5回ストックホルム大会から実施されることになった．したがって，1896年の第1回アテネから1908年の第4回ロンドン大会までの時期は，オリンピックに文化的要素がない時代であった．

万国博覧会の時代

　この時期のオリンピックは，国際博覧会に併せて開催されるスポーツイベントという性質があった．第2回のパリ，第3回のセントルイス，第4回のロンドンについては「同年に同都市で開催された博覧会の添え物に過ぎなかった[関口 2009：1-37]と評価されている．特に，第3回セントルイス大会については，「当初シカゴに決まっていた開催を万国博覧会にあわせてセントルイスへ半ば強引に変更させられた」[道重 2009：99-126]ものであった．そもそもクーベルタンは，19世紀にパリ万博から強い影響を受けて，オリンピックの開会式や授賞式等のセレモニーを取り入れた．その意味ではこの時期のオリンピックは，万国博覧会の時代ということができる．

芸術競技の時代

　1912年の第5回ストックホルム大会から1948年の第14回ロンドン大会までの時期は，クーベルタンの強い要望があり，建築，彫刻，絵画，文学，音楽の5部門がオリンピック競技の1つである．「芸術競技」として実施されていた．具体的な5部門において，参加アーティストがスポーツを題材とした芸術作品を制作し，採点により順位を競うというものであった．しかし，一般のスポーツ競技においては，得点やタイム，距離等の達成値といった客観的な指標によって順位をつけることが可能であるのに対して，芸術作品について客観的な基準をもって採点を行うことは困難である．こうした理由から「芸術競技」は廃止された．

芸術展示の時代

　1952年の第15回ヘルシンキ大会から1988年の第24回ソウル大会までの時期においては，オリンピックの公式なプログラムとして「芸術展示」が行われた．ここで日本人にとっても馴染み深い1964年の東京大会における芸術展示の事例

を紹介しておく．1964年には「美術部門」で古美術 4 種目,「芸術部門」(パフォーミング・アーツ部門）で歌舞伎等 6 種目，計 2 部門10種目の芸術展示が開催された．

文化プログラムの（文化イベント）の時代

　1992年の第25回バルセロナ大会から第29回北京大会までは多彩な行事が行われる文化プログラム（文化イベント）の時代へと変わっていく．バルセロナ大会においては,［太下 2015]（表13-1）のとおり1988年から1992年までの間に様々な「文化プログラム」が実施されており，オリンピック開催後のバルセロナの都市ブランドの形成に大きなインパクトをもたらした．このようにバルセロナ大会において「文化プログラム」の位置づけが大きく変化した背景としては，冷戦終了後にグローバル化が加速する世界情勢の中で,多文化理解の観点から「文化」の重要性がより高まっていった点を指摘することができる．

　また，2004年の第28回アテネ大会の際には，2001年から 4 年間にわたり文化プログラム「カルチュアル・オリンピアード（文化オリンピック）」が実施された．カルチュアル・オリンピアードの企画・運営を目的として，2000年にアーツカウンシル「ギリシャ文化機構（Hellenic Culture Organization)」が創設し，文化プログラムにおいて，音楽・演劇・ダンス・パフォーマンス・オペラコンサートなどの舞台芸術から，展示，映画・文学など様々な文化イベントが開催された．

表13-1　近代オリンピックにおける文化的要素の変遷

年代	大会	文化プログラムの概要
1896～1908	第1回アテネ（ギリシャ） ～第4回ロンドン（英国）	万国博覧会の時代
1912～1948	第5回ストックホルム（スウェーデン） ～第14回ロンドン（英国）	芸術競技の時代
1952～1988	第15回ヘルシンキ（フィンランド） ～第24回ソウル（韓国）	芸術展示の時代
1992～2008	第25回バルセロナ（スペイン） ～第29回北京（中国）	文化プログラムの時代
2012～	第30回ロンドン（英国）・ 第31回東京（日本）～	新しい文化プログラムの時代

（出所）太下［2015].

スポーツイベントと並ぶもう1つのオリンピックが実現できた．2004年のカルチュアル・オリンピアード終了後に，ギリシャ文化機構は事業内容を再編成し，ギリシャの現代文化・芸術の国際的振興へと役割をシフトし，様々なフィールドへその活動を展開している．

ロンドンにおける文化プログラム

2012年ロンドン・オリンピックでは，文化プログラムの位置付けが極めて重要なものへと変化してきた．ロンドン・オリンピック招致におけるカルチュアル，オリンピック担当であったJude Kellyは，Sportsという言葉を使わずに，Cultureという言葉で活動を展開した．若者に特権はスポーツだけでなく，むしろイマジネーションにこそあると語っている．

スポーツ中心からもう1つの中核として文化の概念を明確化している．スポーツ競技はロンドン中心で開催し，文化プログラムは英国全土で開催した．件数，事業費，参加者数などの規模およびプログラムの多様性や内容から質量両面において過去にない圧倒的な水準であった．

ロンドンの文化プログラムにおいて，5つの目標があった．① 地球上で素晴らしいショー（オリンピック・パラリンピック）において，文化が重要な役割を果たすこと，② 一生忘れられないような体験を参加者に対して提供すること，③ 英国の類まれなる文化とクリエイティブ産業を，新たな観客に対して紹介すること，④ 英国の文化を世界中に発信すること，⑤ ロンドン2012フェスティバルに参加する機会をすべての人々に提供することである．ロンドン大会における文化プログラムの総事業費は，1億2622万ポンド（約222億円）という巨額なプロジェクトであり，演劇，音楽，ビジュアルアートなど，様々な分野のイベントなどが実施された．総参加者数は4340万人に達した．参加者のうち，ロンドン市内の参加者数は176万人であったのに対し，ロンドン市外の地域における参加者数は2580万人弱であった．ロンドン市内だけでなく，英国全土で展開されていたことが伺える（**表13-2，表13-3**）

表13-2 London 2012 Festivalと文化プログラム全体の比較

項目	London 2012 Festival	文化プログラム全体
活動数	33,631件（18.9%）	177,717件
参加者	2,020万人（46.5%）	4,340万人
アーティスト数	25,000人（61.8%）	40,464人
うち　新進アーティスト	1,299人（21.1%）	6,160人
新たな委嘱作品	2,127件（40.0%）	5,370件
事業費	6,300万£（49.8%）	1億2,662万£

（出所）太下［2015］.

表13-3 8つのナショナルプロジェクトの概要

名称	文化プログラム全体
Stories of World	英国内の59の博物館，図書館，文書館が2011年から2012年にかけて35件以上の展示を行うもので，英国図書館の展示"Your Own Words"は，国内の若者が英国図書館で選んだ資料を図書館やオンラインで展示．たとえば，ミュージアムと若者たちを結びつけるため，（美術館にほど遠い）若者たちによるキュレーション展示会を開催した．現在もこうした取組みを継続している美術館がある．長期教育プログラムとなっている．
Somewhereto	素晴らしいクリエイティブなアイデアを持つ若者がそれを実現するために必要なスペースを見つける仕組み．自分のニーズに合ったスペースを探し出すことができるだけでなく，そのスペースは無料で利用できる．
Film Nation	Panasonicとクリエイティブ・イングランドによる14−25歳の若者を対象にしたショート・フィルム・コンテスト．2010年から3年間にわたりエントリーのあった439件のショート・フィルムの中から10部門において優秀作品を選び，賞を授与した．受賞作品はオリンピック会場で上映される栄誉を得た．
Discovering Places	英国中の隠れた名所や誰かに伝えたい話にまつわる場所などを英国国民に紹介し，英国の素晴らしさを発見・探求し，そこから何かを感じてもらおうというプロジェクト．25,000人を超える人が参加した．
Artists Taking the Lead	英国のアーツカウンシル主催のプロジェクト．アーティストとプロデューサーによって構成される独立委員会の選考により，パブリックアートなど合計12件の文化プログラムが選定され，委嘱制作された．
Unlimited	身体障がい者による芸術表現の可能性を開拓し，より高い水準に向上させることを目的としている．パラリンピックのオープニング・セレモニーと，その他26作品を委嘱した．ShapeとArts Adminという2つのNPOによって，現在もプログラムを継続している．

名称	文化プログラム全体
World Shakespeare Festival	シェイクスピアを国際的にアピールし，英国と世界の劇団との交流やコラボレーションを促進した．この中には，シェイクスピアの37の戯曲を35カ国の劇団が37の言語で演じる「Globe to Globe」プロジェクトも含まれている．
Sounds	BBC Proms, BBC Hackney, BT River of Music, Youth Music Voice, Music 20x12 Music Nationなどの国際的音楽プロジェクトの総称．

（出所）太下［2015］．

2　英国政府のデザイン・イノベーション

　ロンドン大会における文化プログラムの背景には，英国政府の果たした役割が大きい．1997年に発足したブレア政権は「クリエイティブ・ブリテン（創造的な英国）構想を掲げ，文化・メディア・スポーツ省（DCMS：現在のデジタル・文化・メディア・スポーツ省）を創設した．

　1997年から2001年まで文化・メディア・スポーツ省の大臣を務めていたクリス・スミスは，著書 *Creative Brain* の中で，科学や芸術，技術について古いイメージを超えていく必要があるという．

　2005年から2007年（ブレア政権第3期）は転換期といえ，日本でいえば，文部科学省と経済産業省が一緒になって，英国が創造的な仕事が生まれる場所へと生まれ変わるための戦略を掲げ始めた時期である．2005年にデザイン・カウンシルの議長であるジョージ・コックスが，経済成長やイノベーションにデザインが大きな役割を果たすことを提言した「コックス・レビュー」を発表した．コックス・レビュー以降，デザインという言葉は公的な文書においてもイノベーションを創出する行為やプロセスを意味する言葉として使用され，企業や大学にも大きな影響を与えたと言われている［木村 2018：42-43］．コックス・レビューが発表された2005年は，ロンドン大会（2012年）の招致が決定した年でもある．

　2007年にブレア政権と同じ労働党のブラウン政権が誕生すると，コックス・レビューを背景にクリエイティブ人材やデザイン人材を育成するための社会的基盤が整備されていく．イノベーションという言葉を冠にした省庁「イノベーション・大学・技能省（DIUS）」が創設され，クリエイティブ産業に関わる戦略「Creatibe Bratian：New Talents for the New Economy」を発表された．同年に，RCA（ロイヤル・カレッジ・オブ・アート）は，ビジネス，テクノロジー

表13-4　英国デザイン経営の発展史

年代	区分	党	政権	概要
1997〜2005	草創期	労働党	ブレア政権（第1・2期）	創造的な英国の実現にむけたビジョンが提示され，クリエイティブ産業の経済状況が可視化される．
2005〜2007	転換期	労働党	ブレア政権（第3期）	デザインセクター中心に，クリエイティブ産業と他の産業との恊働を促す政策が実現できるようになる．
2007〜2010	進展期	労働党	ブラウン政権	構想は研究・教育現場に浸透し，創造性やクリエイティブ産業の役割を高めるための社会的基礎が整備される．
2010〜2016		保守党	キャメロン政権	クリエイティブ産業推進体制は継続される．

（出所）木村［2018］を基に筆者作成.

およびデザインの融合を可能とする「イノベーショントライアングル」人材の育成を目指すと発表している．同時期に，インダストリアル・デザイン・エンジニアリングコースを「イノベーション・デザイン・エンジニアリング」コースへ名称変更している．2008年には，ロンドン芸術大学が「イノベーションマネジメント」コース（修士）を設置した．大学においてもイノベーションが科学・技術・経済だけに関わる課題ではないことを象徴する動きといえる．

　2010年に13年ぶりに労働党から保守党へ政権が交代し，キャメロン政権が誕生した．ダイソンの創業者であるジェームス・ダイソンは保守党に対して，「Ingenious Britain（発明の才のある英国）」という提言を行う．その中で，科学技術そのものでなく，科学技術を評価できる文化の必要性を訴求している．保守党でもクリエイティブ産業への期待は継続され，2012年の英国におけるオリンピック・パラリンピック競技大会が開催された［木村 2018：42-43］.

　こうした英国の政策的背景から，オリンピック・パラリンピック競技大会において，映画監督のダニー・ボイルが開会式を担当し，テクノバンド「アンダーワールド」が音楽監督を務めた．聖火台のデザインはトーマス・ヘザウィックが担当し盛大な開会式が開催された．

3　米国におけるデザイン経営

　米国でもデザイン経営が浸透している．世界の時価総額の上位を占める
「GAFA（Google,Apple,Facebook（現：メタ）,Amazon）」といわれる企業は経営幹部
にデザイナーを置き，そのデザイナーたちが研究開発や財務にも精通していて，
デザイン目線で技術と経営をつなぐ重要な役割を演じている．近年，IBMもエ
ンジニア8人につきデザイナー1人を付ける人事制度を始め，重要なプロジェ
クトには必ずデザイナーが参画している．

　デザイン経営を推奨する米国機関デザイン・マネジメント・インスティテュー
トによると，デザイン経営を実践する企業の株価は2015年までの10年間でS＆
P500種株価指数の銘柄全体と比べ2倍上昇している．[3]

　米国ではリーマンショック以降，ビジネススクールに応募する学生が減って
いるが，企業がアートスクールに送り込む幹部候補社員の数は増加していると
いう．ビジネススクールが伸び悩む理由は，経営学修士（MBA）が増え過ぎた
ことにある．経営学や財務の理論，いわゆるサイエンスから導かれる解は1つ
ということが多いが，同じスキルを持ち，同じ答えを出せる人が増えると「正
解の陳腐化」現象が起き，企業は差別化する手段を失ってしまう可能性がある．
一方，アートスクールで教えるのは美術などのリベラルアーツ（教養）である．
答えは感性や美意識によって導かれ，人の数だけ存在すると言っても過言では
ない．企業にとっての差別化戦略に大いに役立つこととなる．

集中化・標準化・効率化を求める工場制が教育システムを確立

　本来，経営戦略とデザイン戦略の両者は左脳と右脳，理性と感性に例えられ
るほど正反対な性質をもつものだが，この相反するものを融合し成立させた
ならば俄然威力を発揮する．そもそも左脳思考と右脳思考を選択する必要性が
いつごろから認識されるようになったのか，歴史を辿ってみると，教育システ
ムが確立した18世紀末から19世紀初頭までにさかのぼる．西洋では，伝統的に
知識を科学・芸術・技術の3つに分けていた．18世紀は，世界中から集められ
た科学・芸術・技術についての知識が情報として広まることによって新しい文
化や産業が生まれていった時代だった．産業革命による産業化が進んだことで，
専門化が重要性を増していき，生産が急速に拡大し，新しい管理法が必要となっ

た．工場制が生まれ，集中化・標準化・効率化が求められた．こうした工場制は教育システムの設計にも影響を及ぼし，労働市場のニーズを満たす制度となり確立していく．

ニール・ヒンディ[2018]によると，学校では，未来の工場労働者を育成するため，生徒をひとまとめにして効率的で画一的な教育が施された．教室にいる生徒全員に同じ教科を同じ方法で教え，学力は相対評価された．生徒は適切なスキルと知識を身につけると良い成績が収められることができ，そうすれば，仕事につけることを知った．そして，仕事に励み，しかるべき時期に退職するのだ．生徒は分析的・直線的・実際的な思考を身につけると，より良い人生が待っていることに気づいた．仕事で成功するには主要なスキルをマスターしておけばよい．そのスキルとは，分析・計画・細心の注意・熱心な仕事ぶり，そして常に規律正しいことであった．

生徒が教室で学んだことは他にもあった．質問より答えが常に歓迎される．教室で教師に盾を突くと罰を受け，停学になることさえある．聞きたいことや言いたいことがあっても控えると，教師に目をかけられ，良い成績がつく．つまりきちんと仕事に就くことができるのである．

工場制に基づいた教育システムに従い，産業化時代の従業員を育成してきた．その結果，産業は大いに発展した．しかし，同じスキルを持ち，同じ答えを出せる人が増えると「正解の陳腐化」現象が起き，企業は差別化する手段を失ってしまう．デジタル化によるグローバル化した市場経済および社会における変化の速度に対応できない．こうした時代に教育者は未だ画一的な方法で昔ながらの教育を行っている．

4　サイエンス経営からデザイン経営へ

経営に求められるものがサイエンスからアートへ変わってきている．理論・理性から感性・情緒へ，左脳から右脳へバランスの転換が起きている．分析的思考・データ・測定・実行の重要性を疑問視するわけではない．実行することで企業は成長し，大規模な国境を越えたグローバルな事業展開が可能となるからだ．ただし，左脳型手法に偏るのではなく，バランスの取れた転換が必要な時期が到来している．

通常，デザインというと，製品の形や色を意味することが多い．しかし，デ

ザイン経営の場合，製品を市場に送り込む際，社会にどのようなインパクトを創り出していくかを戦略的に考えて動く，欧米では一般的な経営手法である．

　日本では情報技術が進歩し，普及したデジタル時代において，技術や製品が革新的である「コト」よりも，そういった技術や製品を生み出す「人」の見方や考え方中心の議論が求められる．最近，日本でも「UI（ユーザーインターフェイス）」「UX（ユーザーエクスペリエンス）」といった言葉を耳にすることが増えたが，それらはどれもデザイン経営の一部分である．デジタル化は産業構造を変える好機であり，デザイン経営は産業競争力の強化につながる．日本も産官学でゲームチェンジを積極的に仕掛ける必要がある．

　2018年5月，経済産業省と特許庁は「産業競争力とデザインを考える研究会」の報告書としてデザイン経営宣言を公表した．日本のレクサスインターナショナル，日産自動車，マツダなどの自動車産業では，経営の中枢に参画するデザイナー出身者が現れている．日本企業はインハウスデザイナー（正規雇用のデザイナー）を多く抱えている．その人材は，経営全体を変革するゲームチェンジャーとして重要な経営資源となる可能性がある．

デザイン経営が日本のアート市場そのものを活性化

　デザイン経営の観点がアート市場そのものの活性化に通じるのではないかと考えている．世界のアート市場は，約6.6兆円といわれている．それに対し，国内最大級の見本市を開く「アート東京」などの調査（2017年）によると，日本の美術市場は約2037億円と推定されている．世界に占める国内市場の割合は3％程度である．世界シェア3位の中国の20％に約7倍にも及ぶ差がある．国内総生産（GDP）の規模に比べて小さく，その分成長余地が大きいと考えられる．

　このため，日本における美術市場の活性化が叫ばれて久しい．文化庁が2018年度からアート市場活性化事業に取り組むなど，国も市場の育成に本腰を入れ始めた．2022年度までの5年間で，日本人作家や作品の制作などを一覧できるデータベース構築や日本美術を海外に発信するアートフェア開催支援などを進める．美術館には作家と作品の国際的な評価につながる所蔵品の拡充などを求めている．

　しかし，政府がアート市場に資金を投入するだけでは上手くいくわけがない．実際に，1970年代のアムステルダムでは，芸術家を呼び込もうと潤沢な予算で様々な支援策を用意したが，上手くいかなかった．

　欧米では幼い頃から教育の中で美術館に出かけて一流の作品に親しむ機会が設けられている．日本も教育から見直さなければならない．日本人は美意識が高いのだが，相手に意見や感想を伝えるのが苦手だ．教育システムを左脳と右脳教育のバランスを求めることで新たなイノベーションを促進することが可能ではないだろうか．

　東京オリンピック・パラリンピック競技大会組織委員会と大学連携協定を締結している大阪経済大学では，大阪市と共催で関西初となる日本では2回目のTOKYO2020文化オリンピアードイベント「Daikeidai Move For 2020」を2017年11月28日に開催している．ボッチャやノルディックウォーキングなどのスポーツ体験はもとより，目隠しをした参加者に対し効果音を流しながら読み聞かせる体験やスマートフォンの音楽アプリを演奏する体験などを通し，子どもの集中力や感性を高める教授法を試みている．運営は大学生が主体となり，実施されている面からも学生に対する教育効果が高い．

　東京オリンピック・パラリンピック競技大会はスポーツだけでなく，文化の祭典でもある．日本の伝統文化の発信ばかりでなく，教育を含めた文化の創造こそが新しいオリンピックレガシーになると考える．新しい文化が国内外に広まれば，より経済効果を生み出すことが可能となり，イノベーションとなる．

　日本でイノベーションという言葉は，技術革新と訳されるが，英国が技術革新を必要としたのは1950・1960年代のことである．他国との競争が激化する中で，英国の企業が生き残るために発展させたものであった．しかし，英国も日本同様，多くの社会的課題を抱えており，生き残る手段へと変わっていった．

　1980年代までのデザインは，製造業の競争力を高め，経済を成長させる役割を担っていた．1990年代以降になると，デザインの役割は経済的な課題を解決することへシフトしていき，2005年にコックス・レビューが発表されて以来，デザインという言葉は，公的な文書においてもイノベーションを創出する行為やプロセスを意味して使われ始めました．1997年の「クリエイティブ・ブリテン」は自然資源や機械，製造中心であった工業社会後の行政・企業・大学のあり方を問うものであり，今の日本が必要とする変化について考えるためのヒントが英国のデザイン経営には詰まっている．ロンドン・オリンピック・パラリンピック競技大会のレガシー，デザイン経営など日本はまだまだ学ぶべきことはある．アートにおける文化面からもオリンピック・パラリンピック競技大会を捉えて活用することを強く望んでいる［相原・谷塚 2019：1-16］．

日本におけるアート支援

　日本におけるアート作品の保存を検討する上で，興味深い問題が東京で2つ発覚した．1つは，東京大学生協中央食堂における宇佐美圭司の絵画が廃棄処分された事件．もう1つは，世界的に著名なストリートアーティストのバンクシーの作品に似た落書きが防潮扉で発見され，東京都がアルミ製の板を取り外し倉庫で保管していることである．

　廃棄と保存という，東京大学と東京都でまさに対照的な対処方法であった．

　東京大学は，2017年9月，生協中央食堂における改修工事の際に，食堂に飾られていた宇佐美圭司の作品である「きずな」を廃棄処分していた．絵画「きずな」は食堂が竣工した1977年に設置され，生協が所有していた．食堂の改修にあたっては担当教授が監修したものの，内部に権限が及ばず廃棄が見過ごされたという[5]．

　一方，東京都は，バンクシーの作品に似た絵がゆりかもめの日の出駅近くの防潮扉（東京・港区）で見つかり，本物かどうかを調査している．ネズミのような動物が傘を持っているA4サイズほどの大きさの絵で，東京都は2019年1月16日に描かれた部分のアルミ製の板を取り外し，倉庫で保管している[6]．現場は東京都港湾局が管理する設備だったが，本物なら文化的価値があるとして，現在は東京都生活文化局が中心となり対応している．生活文化局が取り外したのは「本物なら扉が盗まれたり，絵を消されたりしかねないためだ」という．今後，専門家に相談し，本物かどうか調べるそうだ（朝日新聞デジタル2019年1月17日）．バンクシーでなければ，他人の敷地や公共施設に忍び込んでの落書きは，法律上，不法侵入や財産棄損などの犯罪行為に当たるのだが，バンクシーとなると対応が大きく違うものである．

　同じ東京という文字が名称につきながら，東京大学と東京都で廃棄と保存という対照的な対応だったのが興味深い．公共空間に設置された芸術作品の管理・保存を巡る問題は以前からあったが，この2つの事件を機にさらに広く注目されることだろう．

　それにしても，"落書き"ということでは，芸術の保存において後進と言わざるを得ない日本において，異例の対応を実現させたバンクシーという人物は特に興味深い．バンクシーは素顔も本名も不明なアーティストで，英国ロンドンを中心に活動している．街なかの建物などにメッセージ性の強い作品を描くのが特徴で，2017年もオークションで落札された作品を直後にシュレッダー

で細断し話題となった．バンクシーは他人の敷地や公共施設に忍び込み，スプレーで吹き付けるステンシル画法で「落書き画」を残すことで有名な覆面画家である．英国でも落書きは不法侵入や財産棄損など法律上は犯罪行為にあたるが，その芸術性の高さや平和を訴えるメッセージが評判を呼び，オークションで高値がつく人気アーティストとなった．

　1990年代は警官から逃げ回りながらゲリラ制作を続け，反戦や解放をモチーフとした風刺に満ちた画風で専門家の評価を獲得した．ロンドン・イシリングトンにある薬局の外壁に描かれたバンクシーの壁画は，20万ポンド以上の鑑定結果を受け，通行人の記念撮影の名所となっている．壁画鑑賞のついでに立ち寄る買い物客が増えるなど思わぬ経済効果も出ている．バンクシーの壁画作品は，財産棄損という犯罪行為どころか，建物の財産価値を急騰させている．そのため，イシリングトン自治会は風雨による壁画の損傷を防ぐ透明版を域内にある約20のバンクシー作品にかぶせる保全活動を実施している．現在は，ロンドンの画廊が代理人となり，落書き以外の展覧会も開かれるようになった．老舗画廊も扱い始め，アウトサイダーから一気にメインストリームに駆け上がるバンクシーの才能には脱帽せざるを得ない．現代におけるサクセスストーリーだといえる．

　日本におけるアート支援ということで，2つ紹介したい．1つは，芸術家を個人的に支援する少額の「パトロン」サービスである．もう1つが大阪市における支援体制である．少額のパトロンサービスとは，イラストや音楽などの創作活動をするクリエイターと支援したい人をつなげるインターネット上のサービスである．支援者は毎月決まった額を送り，見返りとして一般公開されていない投稿を閲覧できたり作品を受け取れたりする．高価な作品を買うのはハードルが高いが，月数百円から継続的に支援できるため人気を集めている．日本人は金銭的な支援をためらう人も多いが，近年ではインターネット上で小口資金を募るクラウドファンディングや「SHOWROOM」に代表されるライブ配信の投げ銭機能が浸透している．以前より環境が受け入りやすくなっているため，IT社会ならではの現代的な個人による支援策として大いに期待できる．

　行政における支援体制としては，大阪市の柔軟な運営形態を取り上げたい．現在，全国に約4300ある公立博物館のうち約7割は自治体が直接運営し，約3割は指定管理者制度で運営している．大阪市では，大阪市立の博物館・美術館5館の運営を，2019年春から指定管理者制度から地方独立行政法人へ移行する．

ミュージアムとしては全国初の試みだ．一方で，指定管理を維持する施設も併存させる．運営形態の最適解を探る大阪市の取組みに今後注目が集まる．

　地方独立行政法人化するのは大阪歴史博物館，市立美術館，東洋陶磁美術館，自然史博物館，市立科学館の５館．2019年春から，大阪市が設置する地方独法「大阪市博物館機構」に運営を移す．理事長にはＪＲ西日本の真鍋精志会長が就任し，2020年度に開設した新美術館も傘下に入る．

　博物館や美術館には，長期的な視点で調査研究や展示企画に取り組む専門家が欠かせないが，指定管理者制度ではそうした人材の確保と育成が難しかった．指定管理者制度は公的施設に民間ノウハウを導入し，コスト削減とサービス向上を図る狙いで始まったが，通常３〜５年で契約更新を重ねるため，新規の採用者は原則，有期任用となる．2019年春独法化した５館でも，計約60人いる学芸員のうち，すでに期限つきの採用が２割弱を占めていた．これでは長期的な人材育成は困難である．

　歴史，美術，自然科学と分野の異なるミュージアム群を一体化できる経営も注目されている．５館は都心部に集積し，年間入館者数は計200万〜250万人と増加傾向にある．また，動物園も博物館法が定める博物館の一種である．大阪市が直営する天王寺動物園も2018年夏に，有識者懇談会が「地方独立行政法人化が最適」との結論を出した．2019年度に具体案を検討しはじめた．これも全国で最初の試みとなる．人材やノウハウを共有し，利便性や魅力を高められるほか，歴史，美術，自然科学と分野における周遊パスなどの相乗効果が期待できる．

　地方独立行政法人化が唯一の道ではないと５館には合流せず，指定管理者制度を続ける博物館が大阪市内に２つある．大阪城内にある歴史博物館「大阪城天守閣」と大阪市立住まいのミュージアム「大阪くらしの今昔館」である．大阪城天守閣は2015年度から大和ハウス工業など５社が共同で指定管理者となり，大阪城公園と一体的に経営しているが，館長ら学芸員５人は市職員の身分で勤務を続けている．学芸部門を指定管理から分離して自治体が直営すれば，地方独法化せずとも指定管理の欠点は補えるという．同じ方式は島根県をはじめ愛媛県や山梨県が導入している．大阪城公園では2020年の長期契約を結ぶことで計51億円の投資を呼び込み，公園内に飲食物販などの施設を充実．天守閣も，戦国・安土桃山期の武士の文化の紹介に特化した展示が外国人旅行者の人気を集め，2017年度の入館者数は全国トップ級の275万人に向上している．

　大阪市立「住まいのミュージアム　大阪くらしの今昔館」も，指定管理者制度を維持する．住宅相談などを担う施設内で運営しており「博物館だけ分離するのは難しい」（谷直樹館長）ためだ．こちらも江戸期の町並みを再現した展示がインバウンドの波に乗り，2017年度の入館者は約59万人と，2017年前の開館時の4倍を超えているそうだ[7]．

　地方独立行政法人化と指定管理者制度のどちらが良いかという問題ではなく，運営形態に挑戦しその地域における最適解を見つけることが大切である．これまで選択肢があまりにも少なかった．これからが行政としてどのように芸術・文化活動を支援していくかが重要となる．バンクシーのように落書きがアートになる時代である．八百万の神が存在する日本であれば，適材適所の最適解を探り当てることができるのではないかと考える．柔軟に全国に先駆けて実践する大阪市の文化支援活動に大いに期待している．

付記

　本章は，相原正道［2019］「オリンピック・パラリンピックにおける文化」相原正道・谷塚哲『SPORTS PERSPECTIVE SERIES 4　スポーツ文化論』晃洋書房：1-16を抜粋し，加筆・修正したものを掲載したものである．

注

1 ）IOC "Olympic Charter In FORCE AS FROM 9 SEPTEMBER 2013", 2013.
　（＝JOC訳（2014）「オリンピック憲章2013年度版・英和対訳」2013年9月9日から有効.p.1-95）（http://www.joc.or.jp/olympic/charter/, 2023年11月1日参照), p. 67.

2 ）IOC, Art competitions at the Olympic Games, IOC Department of Communications and New Media Public Information, 199, p. 1.

3 ）『日本経済新聞』朝刊6面, 2018年10月12日.

4 ）「Art Basel&UBS 」「アート東京」「芸術と創造」の2017年の資料を元に日本経済新聞が作成．市場規模の推定方法などが異なる複数の調査を採用しているため，日本市場の数値は参考値である（『日本経済新聞』朝刊40面，2018年11月3日）.

5 ）『日本経済新聞』朝刊44面，2021年6月15日.

6 ）『日本経済新聞』朝刊39面，2019年1月18日.

7 ）『日本経済新聞』朝刊36面，2018年11月17日.

参考文献

相原正道・谷塚哲［2019］『SPORTS PERSPECTIVE SERIES 4　スポーツ文化論』晃洋書房.

内海和雄［2012］『オリンピックと平和——課題と方法——』不昧堂出版.

舛本直文［2002］「近代オリンピック開会式にみる文化プログラム——その歴史的展開と目的性——」『体育原理研究』32.

東京文化資源会議［2016］『オリンピックの文化プログラム』勉誠出版.

太下義之［2015］「オリンピック文化プログラムに関する研究および『地域版アーツカウンシル』の提言」『季刊政策・経営研究』(三菱UFJリサーチ＆コンサルティング),Vol.2-3合併号.

関口英里［2009］「東京オリンピックと日本万国博覧会」，老川慶喜編『東京オリンピックと社会経済史』日本経済評論社.

道重一郎［2009］「ロンドン・オリンピック」，老川慶喜編『東京オリンピックと社会経済史』日本経済評論社.

ヒンディ，N.［2018］『世界のビジネスリーダーがいまアートから学んでいること』(長谷川雅彬監修・小巻靖子翻訳)，インプレス.

文化庁［2015］「文化プログラム実施に向けた文化庁の基本構想」

木村めぐみ［2018］「英国式イノベーションの20年」,『ＷＯＲＫ　ＭＩＬＬ』5 (13).

索　　引

《執筆者紹介》

相 原 正 道（あいはら　まさみち）[はじめに，第1章，第Ⅰ，Ⅲ部]

大阪経済大学人間科学部教授.

> 筑波大学大学院体育科学研究科スポーツ健康システム・マネジメント専攻修了. 著書に『ロハス・
> マーケティングのスヽメ』（木楽舎，2006年），『携帯から金をつくる』（ダイヤモンド社，2007年），
> 『現代スポーツのエッセンス』（晃洋書房，2016年），『多角化視点で学ぶオリンピック・パラリンピッ
> ク』（晃洋書房，2017年），SPORTS PERSPECTIVE SERIES 1〜8.（共著，晃洋書房，2018〜2020
> 年）などがある. 令和3年度　文部科学大臣表彰　科学技術賞受賞.

大 島 良 隆（おおしま　よしたか）[第Ⅱ部]

KPMGコンサルティング株式会社 ビジネスイノベーションユニット スマートシティチーム ディレ
クター，KPMGモビリティ研究所コアメンバー，KPMGジャパン建設セクターメンバー，大阪経済大
学人間科学部非常勤講師，一般社団法人京都スマートシティ推進協議会アドバイザー，つくば市スー
パーシティアーキテクト会議エキスパート.

> 慶應義塾大学理工学部卒業, 同大学院理工学研究科修了, ヘルシンキ工科大学建築学部, 設計事務所,
> 慶應義塾大学研究員, 東京都スポーツ振興局, シンクタンクを経て現職. 著書に『日経MOOK スマー
> トシティ3.0』（日本経済新聞出版，2022年），『慶應大生が学んでいるスタートアップの講義』（日本
> 経済新聞出版, 2023年）など. 専門は, スポーツまちづくり, スタジアム・アリーナ, スマートシティ,
> 新規事業創発など.

大阪経済大学研究叢書第 94 冊

スポーツがつくる未来
——30 年後のあなたの地域と社会——

2024年3月20日　初版第1刷発行　　　＊定価はカバーに
　　　　　　　　　　　　　　　　　　　表示してあります

著　者	相　原　正　道 © 大　島　良　隆
発行者	萩　原　淳　平
印刷者	出　口　　淳

発行所　株式会社　晃　洋　書　房

〒615-0026　京都市右京区西院北矢掛町7番地
電　話　075(312)0788番㈹
振 替 口 座　01040-6-32280

装丁　仲川里美(藤原印刷株式会社)　　　印刷・製本　㈱エクシート

ISBN978-4-7710-3795-3